本书系2019年辽宁省社会科学规划基金项目"'理论'和'实践'双重视角下的社会主义初级阶段理论研究"（项目编号：L19BZX004）

马克思主义研究文库

马克思主义基本原理与中国化时代化发展

徐浩特　朱晓林　王建敏｜著

光明日报出版社

图书在版编目（CIP）数据

马克思主义基本原理与中国化时代化发展 / 徐浩特，
朱晓林，王建敏著 . -- 北京：光明日报出版社，2024.
8. -- ISBN 978 - 7 - 5194 - 8221 - 3

Ⅰ. D61

中国国家版本馆 CIP 数据核字第 20249ME525 号

马克思主义基本原理与中国化时代化发展

MAKESI ZHUYI JIBEN YUANLI YU ZHONGGUOHUA SHIDAIHUA FAZHAN

著　　者：徐浩特　朱晓林　王建敏

责任编辑：李壬杰　　　　　　　责任校对：李　倩　李学敏
封面设计：中联华文　　　　　　责任印制：曹　净

出版发行：光明日报出版社
地　　址：北京市西城区永安路 106 号，100050
电　　话：010-63169890（咨询），010-63131930（邮购）
传　　真：010-63131930
网　　址：http：//book. gmw. cn
E － mail：gmrbcbs@ gmw. cn
法律顾问：北京市兰台律师事务所龚柳方律师
印　　刷：三河市华东印刷有限公司
装　　订：三河市华东印刷有限公司
本书如有破损、缺页、装订错误，请与本社联系调换，电话：010-63131930
开　　本：170mm×240mm
字　　数：286 千字　　　　　　印　　张：15
版　　次：2025 年 3 月第 1 版　　印　　次：2025 年 3 月第 1 次印刷
书　　号：ISBN 978 - 7 - 5194 - 8221 - 3
定　　价：95. 00 元

前　言

党的十八大以来，特别是习近平总书记亲自主持召开学校思想政治理论课教师座谈会以来，思政课在党中央治国理政战略全局中的地位日益凸显，发展环境和整体生态发生根本性转变，习近平新时代中国特色社会主义思想铸魂育人成效显著，包括"马克思主义基本原理"课在内的思政课建设得以全面推进。在"马克思主义基本原理"课教学中，结合中国共产党的伟大历史实践和理论创新把马克思主义基本立场、基本观点、基本方法讲准、讲深、讲透、讲活，进而强化以习近平新时代中国特色社会主义思想铸魂育人。广大思政课教师进行了多方面的探索，取得了诸多教学经验和教学成果。本书根据中共中央办公厅、国务院办公厅印发的《关于深化新时代学校思想政治理论课改革创新的若干意见》和中共中央宣传部、教育部制定的《新时代学校思想政治理论课改革创新实施方案》的精神，在"马克思主义基本原理"课教学中列出十个问题，深入讨论并结合马克思主义中国化时代化发展学习和理解马克思主义基本原理，试图在马克思主义基本原理教学中较充分地体现以党的创新理论铸魂育人的要求。

在本书编写过程中，试图坚持以下原则：第一，坚持守正创新。马克思主义基本原理是对马克思主义立场观点方法的集中概括，是马克思主义在其形成、发展和运用过程中经过实践反复检验而确立起来的具有普遍真理性的理论。习近平总书记把马克思主义视为我们的"看家本领"，强调马克思主义是中国共产党和中国人民的精神旗帜、行动指南。中国共产党自成立以来，在确立马克思主义为指导思想的基础上，不断探索把马克思主义基本原理同中国具体实际相结合、同中华优秀传统文化相结合，不断推进马克思主义中国化时代化，不断丰富和发展马克思主义。毛泽东思想、邓小平理论、"三个代表"重要思想、科学发展观、习近平新时代中国特色社会主义思想，就是马克思主义中国化时代化的重要理论成果。特别是党的十八大以来，习近平总书记围绕坚持和发展什么样的中国特色社会主义、怎样坚持和发展中国特色社会主义等重大时代课题，创立了习近平新时代中国特色社会主义思想。习近平新时代中国特色社会主义思想是对马克思列宁主义、毛泽东思想、邓小平理论、"三个代表"重要思想、科学发展观的继承和发展，是当代中国马克思主义、21世纪马克思主义，是中国文化和中国精神的时代精华，谱写了马克思主义中国化时代化的新篇章，是强国建设、民族复兴的根本指南。在党的二十大报告中，习近平总书记进一步指出："实践告诉我们，中国共产党为什么能，中国特色社会主义为什么好，归根结底是马克思主义行，是中国化时代化的马克思主义行。"① 所以，"马克思主义基本原理"课教学必须守正，把马克思主义基本立场基本观点基本方法讲清楚，又必须创新，把党的创新理论融进来，把党的创新理论对马克思主义的丰富发展和实践要求讲明白。

第二，坚持理论联系实际。马克思主义具有鲜明的科学性、人民性、实践性、发展性特征，体现了马克思主义的理论品质，也展现了马克思主义的理论形象。它是科学的理论，创造性地揭示了人类社会的发展规律；它是人民的理论，第一次创立了人民实现自身解放的思想体系；它是实践的理论，指引着人民改造世界的行动；它是不断发展的开放的理论，始终站在时代前沿。马克思主义作为博大精深、逻辑严密的理论体系，其科学性、真理性被不断检验和确认。马克思指出："哲学家们只是用不同的方式解释世界，而问题在于改变世界。"② 这就要求我们坚持理论联系实际，坚持理论与实践的统一，在"运动"中理解和把握马克思主义，在马克思主义中国化时代化的历史进程中理解和把握马克思主义。习近平新时代中国特色社会主义思想把马克思主义基本原理同中国具体实际相结合、同中华优秀传统文化相结合，不断回答中国之问、世界之问、人民之问、时代之问，不断夯实马克思主义中国化时代化的历史基础和群众基础，深化对共产党执政规律、社会主义建设规律、人类社会发展规律的认识，开辟了马克思主义中国化时代化的新境界。在"马克思主义基本原理"课教学中，充分联系习近平新时代中国特色社会主义思想的真理力量和实践伟力，充分联系十八大以来的伟大变革对于广大青年学生深刻领悟"两个确立"的决定性意义，增强"四个意识"、坚定"四个自信"、做到"两个维护"，在强国建设、民族复兴的伟大事业中绽放青春风采、谱写青春之歌，具有极其重

---

① 习近平. 高举中国特色社会主义伟大旗帜 为全面建设社会主义现代化国家而团结奋斗——在中国共产党第二十次全国代表大会上的报告 [M]. 北京：人民出版社，2022：12.

② 中共中央马克思恩格斯列宁斯大林著作编译局. 马克思恩格斯选集：第一卷 [M]. 北京：人民出版社，2012：140.

要的现实意义。

第三，坚持历史与现实相贯通。马克思主义自诞生以来，在 170 多年时间内深刻地改变了世界，深刻地改变了历史。社会主义由空想变为科学，社会主义由理论变为现实，社会主义由一国胜利变为多国胜利，科学社会主义在 21 世纪的中国焕发出新的蓬勃生机。尤其是中国共产党人，历经百年奋斗，在马克思主义旗帜下，在马克思主义中国化时代化的理论成果指引下，取得了新民主主义革命的伟大成就，取得了社会主义革命和社会主义建设的伟大成就，取得了改革开放和社会主义现代化建设的伟大成就，取得了中国特色社会主义新时代的伟大成就。马克思主义不仅要揭示规律、探索真理，而且要指导实践、开辟未来。在"马克思主义基本原理"课教学中，更多关照马克思主义中国化时代化的历史进程和历史贡献，更多关照习近平新时代中国特色社会主义思想的理论体系、精神实质、丰富内涵、实践要求，引导青年学生立足中国式现代化，立足强国建设、民族复兴，着眼于新的实践和新的发展，着眼于党的创新理论的贯彻和应用，听党话、跟党走，为社会主义现代化强国建设、为中华民族伟大复兴建功立业。

用习近平新时代中国特色社会主义思想铸魂育人，是思想政治理论课教师的光荣使命，也是一项浩大工程。我们的工作仅仅是一种探索和尝试，选出的十个专题很难达到全面系统完整，对各个专题的阐述也很难达到应有的理论和实践高度，期待以此推动更多同行继续进行这方面的研究。

目 录
CONTENTS

第一章

世界的物质统一性原理与我国发展新的历史方位

世界的物质统一性原理是辩证唯物主义最基本、最核心的观点，是马克思主义哲学的基石。一切从实际出发，坚持实事求是，是我们在实际工作中和现实生活中确立的正确的思想路线和思想方法，也是我们在坚持和发展中国特色社会主义伟大实践中想问题、办事情的根本立足点。我们既要从社会主义初级阶段的基本国情出发，又要充分认识社会主义初级阶段呈现出的阶段性特征，即中国特色社会主义进入了新时代，这是我国发展新的历史方位。

第一节　世界的物质统一性原理的内容及思想方法

世界的物质统一性原理主张世界有共同的本质或本原，世界是多样性的统一，世界统一于物质。世界的物质统一性原理具体包括三个方面的内容：世界是物质的世界，万事万物的共同特性即客观实在性；物质资料的生产方式是社会得以存在和发展的基础，人类社会统一于物质；意识是客观世界的主观映像，是移入人的头脑并在人的头脑中改造过的物质的东西而已。恩格斯指出："世界的真正的统一性在于它的物质性，而这种物质性不是由魔术师的三两句话所证明的，而是由哲学和自然科学的长期的和持续的发展所证明的。"①

第一，世界是物质的世界，万事万物的共同特性即客观实在性。恩格斯总结了19世纪哲学和自然科学的发展成果，对物质概念做了初步概括，"物、物质无非是各种物的总和，而这个概念就是从这一总和中抽象出来的"②。20世纪初，列宁对物质概念做了全面的科学的规定："物质是标志客观实在的哲学范

---

① 中共中央马克思恩格斯列宁斯大林著作编译局．马克思恩格斯文集：第1卷［M］．北京：人民出版社，2009：47.

② 中共中央马克思恩格斯列宁斯大林著作编译局．马克思恩格斯文集：第9卷［M］．北京：人民出版社，2009：481.

畴，这种客观实在是人通过感觉感知的，它不依赖于我们的感觉而存在，为我们的感觉所复写、摄影、反映。"① 马克思主义的物质范畴从客观存在着的物质世界中抽象出万事万物的共同特性——客观实在性。所谓物质，就是不依赖于人类的意识而存在，并能为人类的意识所反映的客观存在；所谓物质范畴，就是标志客观实在的哲学范畴。

世界是物质的世界，物质处在不断运动变化发展之中，物质运动总是在一定的时间和空间中进行的。时间是指物质运动的持续性、顺序性，特点是一维性，即时间的流逝一去不复返。空间是指物质运动的广延性、伸张性，特点是三维性，即空间具有长、宽、高三方面的规定性。具体物质形态的时空是有限的，而整个物质世界的时空是无限的。物质、运动、时间、空间具有内在的统一性，它要求我们想问题、办事情都要以具体的时间、地点和条件为转移。

第二，物质资料的生产方式是社会形态和社会制度得以存在和发展的基础，人类社会也统一于物质。社会形态是关于社会运动的具体形式、发展阶段和不同质态的范畴，是同生产力发展一定阶段相适应的经济基础与上层建筑的统一体。社会形态包括社会的经济形态、政治形态和意识形态，是三者历史的、具体的统一。经济形态是社会形态的基础，生产资料所有制关系具有决定性的意义，建立在经济基础之上的上层建筑则是社会形态不可分割的组成部分。一定的社会形态总要以一定的社会制度形式呈现出来，社会制度能够集中体现社会形态的性质，所以人们往往用社会制度来指代社会形态。

人类社会的物质性主要表现在以下几个方面：其一，人类社会是物质世界的组成部分。劳动创造了人，人是物质世界发展到一定阶段的产物，人的生命形态和生命活动仍然是物质的，人赖以生存的全部生活资料也只能取之于物质世界，离开了一定的物质自然环境，人类社会就不可能存在和发展。其二，人类获取生活资料的活动是物质性的活动。人类获取物质生活资料的实践活动虽然有意识做指导，但仍然是以物质力量改造物质力量的活动，如果仅仅停留在意识或思想的范围内，人类是无法获取物质生活资料的。其三，人类社会存在和发展的基础是物质资料的生产方式。生产方式是生产力和生产关系的总和。生产力是人类改造自然的物质力量，生产关系是在物质生产过程中形成的不以人的意志为转移的物质关系。马克思说："手推磨产生的是封建主的社会，蒸汽

① 中共中央马克思恩格斯列宁斯大林著作编译局. 列宁选集：第2卷 [M]. 北京：人民出版社，1995：128.

磨产生的是工业资本家的社会。"① 生产力状况是生产关系形成的客观前提和物质基础。物质资料的生产方式构成了人类社会存在和发展的基础，集中体现着人类社会的物质性。

第三，意识是客观世界的主观映像，是移入人的头脑并在人的头脑中改造过的物质的东西而已。意识是自然界长期发展的产物，它由一切物质所具有的反应特性到低等生物的刺激感应性，再到高等动物的感觉和心理，最终发展为人类的意识。意识不仅是自然界长期发展的产物，而且是社会历史发展的产物。社会实践，特别是劳动，在意识的产生和发展中起着决定性的作用，劳动为意识的产生和发展提供了客观需要和可能，在人们的劳动和交往中形成的语言促进了意识的发展。意识是人脑这种特殊物质的机能和属性，是客观世界的主观映像。因此，意识在内容上是客观的，在形式上是主观的，是客观内容和主观形式的统一。马克思指出，观念的东西不外是移入人的头脑并在人的头脑中改造过的物质的东西而已。意识能动性的发挥必须以尊重物质世界的客观规律为前提。人在认识客观世界、尊重客观规律的同时，还总是根据一定的目的和要求去确定反映什么、不反映什么以及怎样反映，从而表现出主体的选择性。人的意识不仅采取感觉、知觉、表象等形式，反映事物的外部现象，而且运用概念、判断、推理等形式，对感性材料进行加工制作和选择建构，在思维中构造一个现实中没有的理想世界。因此，在统一的物质世界之外，没有任何非物质的存在或非物质的活动。

世界的物质统一性原理思想方法要求我们在认识世界和改造世界的过程中，要坚持一切从实际出发，实事求是。一切从实际出发，就是要把客观存在的事物作为我们观察和处理问题的根本出发点，从变化发展着的客观实际出发，从特定的社会历史条件出发，按照客观世界的本来面目认识世界。从根本上说，就是要从客观事物存在和发展的规律出发，在实践中按照客观规律办事。

从实际出发，首先要从事实出发，从变化发展着的客观实际出发。恩格斯曾经把从事实出发看作唯物主义思想路线的根本点，并以此与从观念出发的唯心主义思想路线相对立。马克思主义是以事实而不是以可能性为依据的，马克思主义者只能把经过严格和确凿证明的事实作为自己政策的前提。一切从实际出发，还要从不断发展变化的客观实际出发，思想方法必须跟上时代发展变迁的步伐。当代中国最大的客观实际就是我国仍处于并将长期处于社会主义初级

---

① 中共中央马克思恩格斯列宁斯大林著作编译局．马克思恩格斯文集：第一卷［M］北京：人民出版社，2009：634.

阶段，这是我们认识当下、规划未来、制定政策、推进事业的客观基点，不能脱离这个基点，否则就会犯错误，甚至犯颠覆性的错误。当然，客观实际不是一成不变的，而是不断发展变化着的。坚持一切从实际出发，既要看到社会主义初级阶段基本国情没有变，也要看到我国经济社会发展每个阶段呈现出来的新特点。我国的社会主要矛盾已经转化为人民日益增长的美好生活需要和不平衡不充分的发展之间的矛盾，所以在当代中国，一切从实际出发，就是一切要从中国特色社会主义进入新时代这个我国发展新的历史方位出发。

从实际出发，就是要做到实事求是，探求和掌握事物发展的规律。毛泽东指出："'实事'就是客观存在着的一切事物，'是'就是客观事物的内部联系，即规律性，'求'就是我们去研究。"① 习近平总书记指出："实事求是，是马克思主义的根本观点，是中国共产党人认识世界、改造世界的根本要求，是我们党的基本思想方法、工作方法、领导方法。"② 坚持实事求是，关键在于"求是"。深入探求和掌握事物发展的规律，勇于实践、善于实践，在实践中积累经验、进行理论升华，再用以指导实践、推动实践，在实践中使认识得到检验、修正、丰富和发展，这是认识客观规律的根本途径。做决策、办事情、谋发展，都要认识规律、遵循规律。

从实际出发，就是要在实践中按照客观规律办事，正确发挥人的主观能动性。尊重客观规律是正确发挥主观能动性的基础，人们只有在认识和掌握客观规律的基础上，才能正确地认识世界，有效地改造世界，人只有遵循历史的规律和进程，把握时代的脉搏和契机，才能真正成为历史的主人。从实际出发是正确发挥人的主观能动性的前提，只有从实际出发、充分反映客观规律的认识，才是正确的认识，只有以正确的认识为指导，才能形成正确的行动。实践是正确发挥人的主观能动性的基本途径，正确的认识要变为现实的物质力量，只能通过物质的活动——实践才能实现。

从实际出发，还需要不断解放思想，与时俱进。解放思想与从实际出发是辩证统一的，要求思想认识符合客观实际，冲破落后的传统观念和主观偏见的束缚，改变因循守旧、不接受新事物的精神状态，与时俱进地把我们的事业和各项工作不断推向前进。客观实际是不断发展变化着的，对客观事物及其规律的认识是不断深化的，实事求是永无止境，解放思想也永无止境。只有解放思

① 毛泽东选集：第三卷 ［M］. 北京：人民出版社，1991：801.
② 习近平. 在纪念毛泽东同志诞辰 120 周年座谈会上的讲话 ［M］. 北京：人民出版社，2013：15.

想，才能真正做到实事求是；只有从实际出发，才是真正解放思想。新时代新征程要求我们进一步解放思想，坚持真理、修正错误，勇于变革、勇于创新，永不僵化、永不停滞，在深入研究新情况、不断解决新问题的实践中增强本领、提高能力。

第二节　社会主义初级阶段理论的提出及经济社会发展的阶段性特征

从 1956 年年初开始，以毛泽东为主要代表的中国共产党人对中国的社会主义建设道路进行了艰苦的探索，并取得了积极的成果。以《论十大关系》《关于正确处理人民内部矛盾的问题》的发表以及中共八大路线的制定为主要标志，中国共产党对怎样建设社会主义有了自己的新认识。然而，由于对基本国情的认识和对社会主义本质的认识还不成熟，我们在建设社会主义过程中也出现了一些失误。但也应当看到，新中国成立之后前 30 年的探索依然取得了多方面的巨大成绩，为改革开放新时期开创中国特色社会主义提供了宝贵经验、理论准备和物质基础。

改革开放以后，邓小平以及中国共产党人经过积极探索，逐步深化对社会主义本质的认识，做出了我国还处于并将长期处于社会主义初级阶段的科学论断，准确地把握了我国的基本国情。

十一届三中全会以后，邓小平提出，现在搞建设，要适合中国情况，走出一条中国式的现代化道路。邓小平谈到我国社会主义建设的经验时指出："不要离开现实和超越阶段采取一些'左'的办法，这样是搞不成社会主义的。"① 党的十三大召开前夕，邓小平指出："我们党的十三大要阐述中国社会主义是处在一个什么阶段，就是处在初级阶段，是初级阶段的社会主义。社会主义本身是共产主义的初级阶段，而我们中国又处在社会主义的初级阶段，就是不发达的阶段。一切都要从这个实际出发，根据这个实际来制订规划。"②

党的十三大系统地论述了社会主义初级阶段的理论，阐述了社会主义初级阶段的基本内涵：一是我国已经进入社会主义社会，必须坚持而不能离开社会主义。二是我国的社会主义社会还处在不发达的阶段，必须正视而不能超越初

---

① 邓小平文选：第二卷［M］. 北京：人民出版社，1994：312.
② 邓小平文选：第三卷［M］. 北京：人民出版社，1993：252.

级阶段。社会主义初级阶段，就是指我国在生产力落后、商品经济不发达条件下建设社会主义必然要经历的特定阶段，即从我国进入社会主义到基本实现社会主义现代化的整个历史阶段。我国进入社会主义社会的历史条件和社会状况，又决定了我们进入社会主义社会以后，还必须经历一个很长的初级阶段，去实现别的国家在资本主义条件下实现的工业化和生产的商品化、社会化、现代化。社会主义初级阶段至少需要上百年时间。

党的十五大进一步阐述了社会主义初级阶段的基本特征，指出社会主义初级阶段是逐步摆脱不发达状态，基本实现社会主义现代化的历史阶段；是由农业人口占很大比重、主要依靠手工劳动的农业国，逐步转变为非农业人口占多数、包含现代农业和现代服务业的工业化国家的历史阶段；是由自然经济半自然经济占很大比重，逐步转变为经济市场化程度较高的历史阶段；是由文盲半文盲人口占很大比重、科技教育文化落后，逐步转变为科技教育文化比较发达的历史阶段；是由贫困人口占很大比重、人民生活水平比较低，逐步转变为全体人民比较富裕的历史阶段；是由地区经济文化很不平衡，通过有先有后的发展，逐步缩小差距的历史阶段；是通过改革和探索，建立和完善比较成熟的充满活力的社会主义市场经济体制、社会主义民主政治体制和其他方面体制的历史阶段；是广大人民牢固树立建设有中国特色社会主义共同理想，自强不息、锐意进取、艰苦奋斗、勤俭建国，在建设物质文明的同时努力建设精神文明的历史阶段；是逐步缩小同世界先进水平的差距，在社会主义基础上实现中华民族伟大复兴的历史阶段。这一概括，充分体现了社会主义初级阶段历史发展的过程性特征。

邓小平关于社会主义初级阶段的论断以及党的十五大阐述的社会主义初级阶段的基本特征，使我们对社会主义建设的长期性、复杂性、艰巨性有了更加清醒的认识。1992年，邓小平在南方谈话中深刻指出："我们搞社会主义才几十年，还处在初级阶段。巩固和发展社会主义制度，还需要一个很长的历史阶段，需要我们几代人、十几代人，甚至几十代人坚持不懈地努力奋斗，决不能掉以轻心。"① 社会主义初级阶段理论基于对中国国情的准确把握，揭示了当代中国的历史方位，是建设中国特色社会主义的总依据，是对马克思主义关于社会主义发展阶段理论的重大发展和重大突破。

2002年，党的十六大进一步丰富和发展了社会主义初级阶段理论，指出我国正处于并将长期处于社会主义初级阶段，现在达到的小康还是低水平的、不

---

① 邓小平文选：第三卷［M］．北京：人民出版社，1993：379-380.

全面的、发展很不平衡的小康，人民日益增长的物质文化需要同落后的社会生产之间的矛盾仍然是我国社会的主要矛盾。党的十六大指出，社会主义建设的实践，加深了我们对什么是社会主义、怎样建设社会主义，建设什么样的党、怎样建设党的认识，积累了十分宝贵的经验。其中包括坚持以邓小平理论为指导，不断推进理论创新；坚持以经济建设为中心，用发展的办法解决前进中的问题；坚持改革开放，不断完善社会主义市场经济体制；坚持四项基本原则，发展社会主义民主政治；坚持物质文明和精神文明两手抓，实行依法治国和以德治国相结合；坚持稳定压倒一切的方针，正确处理改革发展稳定的关系；坚持党对军队的绝对领导，走中国特色的精兵之路；坚持团结一切可以团结的力量，不断增强中华民族的凝聚力；坚持独立自主的和平外交政策，维护世界和平与促进共同发展；坚持加强和改善党的领导，全面推进党的建设新的伟大工程。

　　从党的十六大到十七大，中国共产党对社会主义初级阶段的认识伴随着全面建设小康社会的历史进程不断趋于深化，党的十七大从八个方面对新世纪新阶段我国经济社会发展呈现出新的阶段性特征进行了深入分析和概括：一是经济实力显著增强，同时生产力水平总体上还不高，自主创新能力还不强，长期形成的结构性矛盾和粗放型增长方式尚未根本改变；二是社会主义市场经济体制初步建立，同时影响发展的体制机制障碍依然存在，改革攻坚面临深层次矛盾和问题；三是人民生活总体上达到小康水平，同时收入分配差距拉大趋势还未根本扭转，城乡贫困人口和低收入人口还有相当数量，统筹兼顾各方面利益难度加大；四是协调发展取得显著成绩，同时农业基础薄弱、农村发展滞后的局面尚未改变，缩小城乡、区域发展差距和促进经济社会协调发展任务艰巨；五是社会主义民主政治不断发展、依法治国基本方略扎实贯彻，同时民主法制建设与扩大人民民主和经济社会发展的要求还不完全适应，政治体制改革需要继续深化；六是社会主义文化更加繁荣，同时，人民精神文化需求日趋旺盛，人们思想活动的独立性、选择性、多变性、差异性明显增强，对发展社会主义先进文化提出了更高要求；七是社会活力显著增强，社会结构、社会组织形式、社会利益格局发生深刻变化，社会建设和管理面临诸多新课题；八是对外开放日益扩大，同时面临的国际竞争日趋激烈，发达国家在经济科技上占优势的压力长期存在，可以预见和难以预见的风险增多，统筹国内发展和对外开放的要求更高。这些阶段性特征是社会主义初级阶段基本国情在新世纪新阶段的具体表现，反映了我国经济社会发展面临的新形势、新矛盾和新问题。只有既牢牢把握社会主义初级阶段这个大的历史阶段，又认真分析不同时期具体的阶段性特征，才能准确判断我国社会发展的主流和方向，并据此制定正确的发展战略和政策。

第三节 新时代的基本内涵及其重大意义

党的十八大以来，以习近平同志为核心的党中央以强烈的历史担当、高超的政治智慧和顽强的意志品格，团结带领全国人民统筹推进"五位一体"总体布局，协调推进"四个全面"战略布局，推动当代中国取得了历史性成就，发生了历史性变革。党的面貌、国家的面貌、人民的面貌、军队的面貌、中华民族的面貌发生了前所未有的变化。党的十九大指出中国特色社会主义进入了新时代，但是没有改变我们对我国社会主义所处历史阶段的判断，我国仍处于并将长期处于社会主义初级阶段的基本国情没有变，我国是世界最大发展中国家的国际地位没有变。全党要牢牢把握社会主义初级阶段这个基本国情，牢牢立足社会主义初级阶段这个最大实际。

中国特色社会主义进入了新时代，这是我国发展新的历史方位。历史方位，是指客观事物在历史进程中的前进方向和所处位置。认清经济社会发展所处的历史方位，是决定发展成败的关键性问题。中国特色社会主义进入了新时代，是经济社会发展到一定阶段发生的必然历史飞跃。

中国特色社会主义进入新时代，是依据新的发展阶段做出的科学论断。党的十八大以来，以习近平同志为核心的党中央科学把握国内外发展大势，顺应实践要求和人民愿望，推动党和国家事业发生历史性变革，中国特色社会主义进入了新的发展阶段，呈现出新的阶段性特征：社会生产力水平显著提高，综合国力跃居世界前列；经济发展进入新常态，发展格局发生重大变化；人民生活显著改善，社会事业加速发展；我国国际地位和影响力大幅提升，日益走近世界舞台中央。我国的发展已经站到新的历史起点上，但是面临的挑战也是前所未有的。世界经济增速放缓，保护主义、单边主义加剧，国际大宗商品价格大幅波动，不稳定不确定因素明显增加，外部输入性风险上升。国内经济下行压力加大，消费增速减慢，有效投资增长乏力。实体经济困难较多，民营和小微企业融资难融资贵问题尚未有效缓解，营商环境与市场主体期待还有差距。自主创新能力不强，关键核心技术短板问题凸显。一些地方财政收支矛盾较大。金融等领域风险隐患依然不少。深度贫困地区脱贫攻坚困难较多。生态保护和污染防治任务仍然繁重。在教育、医疗、养老、住房、食品药品安全、收入分配等方面，人民还有不少不满意的地方。少数干部懒政怠政。一些领域腐败问题仍然多发。思危方能居安，我们要清醒看到我国发展面临的问题和挑战。

　　中国特色社会主义进入新时代，是根据我国社会主要矛盾发生新变化做出的哲学判断。社会主要矛盾状况及其变化是社会发展阶段性划分的重要依据。党的十九大提出，我国社会主要矛盾已经由人民日益增长的物质文化需要同落后的社会生产之间的矛盾，转化为人民日益增长的美好生活需要和不平衡不充分的发展之间的矛盾。这个论断反映了我国发展的实际状况，揭示了制约我国发展的症结所在，指明了解决当代中国发展主要问题的根本着力点。经过改革开放40多年努力，我国解决了8亿多人的贫困问题，总体上实现了小康，全面建成了小康社会，人民对美好生活的需要不仅对物质文化生活提出了更高要求，而且在民主、法治、公平、正义、安全、环境等方面的要求日益增长。同时，我国社会生产力水平显著提高，社会生产能力在很多方面进入世界前列，更加突出的问题是发展不平衡和不充分，这已经成为满足人民美好生活需要的主要制约因素。

　　中国特色社会主义进入新时代，是根据历史交汇期新的奋斗目标做出的政治判断。从党的十九大到党的二十大，是"两个一百年"奋斗目标的历史交汇期，我们既要全面建成小康社会、实现第一个百年奋斗目标，又要乘势而上开启全面建设社会主义现代化国家的新征程，向第二个百年奋斗目标进军。党的十九大综合分析国际国内形势和我国的发展条件，既对决胜全面建成小康社会提出明确要求，又将实现第二个百年奋斗目标分为两个阶段安排。从2020年到2035年，在全面建成小康社会的基础上，再奋斗15年，基本实现社会主义现代化；在基本实现现代化的基础上再奋斗15年，到21世纪中叶把我国建成富强民主文明和谐美丽的社会主义现代化强国。这是新时代中国特色社会主义发展的战略安排，不仅使实现"两个一百年"奋斗目标的路线图、时间表更加清晰，而且意味着原定的我国基本实现现代化的目标将提前15年完成，第二个百年奋斗目标则充实提升为全面建成社会主义现代化强国。

　　中国特色社会主义进入新时代，还是根据我国国际环境发生新变化做出的战略判断。世界正处于大发展大变革大调整时期，我国发展仍处于重要战略机遇期和历史机遇期。经过改革开放40多年的发展，中国已不再是国际秩序的被动接受者，而是积极的参与者、建设者和引领者。中国日益走近世界舞台中央，世界对中国的关注从未像今天这样广泛深切聚焦，中国对世界的影响也从未像今天这样全面深刻长远。同时也要看到，前景十分光明，挑战也十分严峻，我国正处在从大国走向强国的关键时期，树大招风效应日益显现，外部环境更加复杂，一些势力对我国的阻遏、忧惧、施压不断增大。我们需要从新的历史方位、新的时代坐标，科学认识和全面把握国际局势和周边环境的新变化。

　　中国特色社会主义进入新的发展阶段，这个新的发展阶段，是改革开放40

多年来发展历程的必然接续，同时又有许多与时俱进的新特征，具有丰富厚重的思想内涵、实践内涵和历史内涵。

第一，新时代是指决胜全面建成小康社会，进而全面建设社会主义现代化强国的时代。党的十九大围绕实现"两个一百年"奋斗目标，对经济建设、政治建设、文化建设、社会建设、生态文明建设等做出战略部署，具有很强的战略性、前瞻性、针对性。2020年全面建成小康社会，是我们党向人民、向历史做出的庄严承诺。全面建成社会主义现代化强国，是第二个百年奋斗目标。从世界发展史看，已经实现现代化的国家和地区，其现代化大多从产业革命以来近300年的时间才逐步完成，而我国要用100年时间走完发达国家几百年走过的现代化路程，这种转变不但速度、规模超乎寻常，变化的广度、深度和难度也超乎寻常。因此，坚忍不拔、锲而不舍地为全面建成小康社会、全面建成社会主义现代化强国而奋斗，是中国特色社会主义新时代的必然要求和历史任务。

第二，新时代是全国各族人民团结奋斗、不断创造美好生活、逐步实现全体人民共同富裕的时代。在新时代，中国共产党把不断创造美好生活、逐步实现全体人民共同富裕作为发展的目标和归宿，体现了以人民为中心的发展思想，体现了全心全意为人民服务的根本宗旨，体现了中国特色社会主义的本质要求。我们党的重大任务，就是要更加关注人民对美好生活新的多样化需求，更加关注社会公平正义，更加注重多谋民生之利、多解民生之忧，着力使全体人民在共建共享发展中有更多获得感、幸福感、安全感，着力使全体人民享有更加幸福安康的生活，着力在实现全体人民共同富裕上不断取得实实在在的新进展。

第三，新时代是在新的历史条件下继续夺取中国特色社会主义伟大胜利的时代。改革开放以来特别是党的十八大以来，我们党带领人民走中国特色社会主义道路，极大激发了中国人民的创造力，极大解放和发展了社会生产力，极大增强了社会活力，极大提升了我国的国际地位，社会主义在中国展现出强大生命力。中国特色社会主义是不断发展、不断前进的，需要一代又一代中国共产党人带领人民接续奋斗。习近平总书记反复强调，坚持和发展中国特色社会主义是一篇大文章，我们这一代共产党人的任务，就是继续把这篇大文章写下去。在中国特色社会主义新时代，中国共产党治国理政第一位的任务，就是紧紧围绕坚持和发展中国特色社会主义这个主题，团结带领人民奋力实现"两个一百年"奋斗目标，谱写中国特色社会主义新的伟大篇章，让社会主义在中国展现出更加强大的生命力。

第四，新时代是我国日益走近世界舞台中央、不断为人类做出更大贡献的时代。当今世界，中国人民的梦想同各国人民的梦想息息相通，实现中国梦离不开和平的国际环境和稳定的国际秩序。在中国特色社会主义新时代，面对国际格局和国际关系的深度调整，面对局部冲突和动荡频发、人类需要应对许多共同挑战的外部环境，我们必须统筹国内国际两个大局，始终高举和平、发展、合作、共赢的旗帜，恪守维护世界和平、促进共同发展的外交政策宗旨，牢牢把握构建人类命运共同体的目标追求，始终不渝走和平发展道路、奉行互利共赢的开放战略，坚持正确义利观，树立共同、综合、合作、可持续的新安全观，谋求开放创新、包容互惠的发展前景，促进和而不同、兼收并蓄的文明交流，始终做世界和平的建设者、全球发展的贡献者、国际秩序的维护者。

第五，新时代是全体中华儿女勠力同心、奋力实现中华民族伟大复兴中国梦的时代。实现中华民族伟大复兴，是近代以来中国人民最伟大的梦想，凝聚了几代中国人的夙愿。新中国的成立，为民族复兴奠定了坚实基础。改革开放新的伟大革命，为民族复兴注入了强大生机活力。在中国共产党的领导下，中国这个世界上最大的发展中国家创造了人类社会发展史上的发展奇迹。在中国特色社会主义新时代，中国比历史上任何时期都更接近、更有信心和能力实现中华民族伟大复兴的目标。凝聚起全体中华儿女同心共筑中国梦的磅礴力量，接续奋斗、砥砺前行，就一定能够到达民族复兴的光辉彼岸。

习近平在十九大报告中指出："中国特色社会主义进入新时代，在中华人民共和国发展史上、中华民族发展史上具有重大意义，在世界社会主义发展史上、人类社会发展史上也具有重大意义。"[①] 党的十九大用"三个意味着"，对中国特色社会主义进入新时代的重大意义做出高度概括，即中国特色社会主义进入新时代，意味着近代以来久经磨难的中华民族迎来了从站起来、富起来到强起来的伟大飞跃，迎来了实现中华民族伟大复兴的光明前景；意味着科学社会主义在 21 世纪的中国焕发出强大生机活力，在世界上高高举起了中国特色社会主义伟大旗帜；意味着中国特色社会主义道路、理论、制度、文化不断发展，拓展了发展中国家走向现代化的途径，给世界上那些既希望加快发展又希望保持自身独立性的国家和民族提供了全新选择，为解决人类问题贡献了中国智慧和中国方案。

中国特色社会主义进入新时代，意味着近代以来久经磨难的中华民族迎来了实现中华民族伟大复兴的光明前景。实现中华民族伟大复兴是近代以来中华民族团结奋斗的最大公约数，是中国共产党与生俱来的历史使命。1840 年鸦片战争以后，无数仁人志士不屈不挠、前仆后继，矢志不渝地探索复兴之路。中

---

① 习近平. 决胜全面建成小康社会 夺取新时代中国特色社会主义伟大胜利——在中国共产党第十九次全国代表大会上的报告 [M]. 北京：人民出版社，2017：10.

国共产党创建以后，带领人民历经 28 年浴血奋战，解决了民族独立和人民解放的问题，使"占人类总数四分之一的中国人从此站立起来了"①。新中国成立以来特别是改革开放 40 多年来，中国共产党带领人民成功地走出一条中国特色社会主义道路，中国人民逐步富裕起来。中国特色社会主义进入了新时代，中华民族正在实现从富起来到强起来的伟大飞跃。到 21 世纪中叶，我国将全面建成富强民主文明和谐美丽的社会主义现代化强国，物质文明、政治文明、精神文明、社会文明、生态文明将全面跃升，成为综合国力和国际影响力领先的国家，中华民族将以更加昂扬的姿态屹立于世界民族之林。

中国特色社会主义进入新时代，意味着中国特色社会主义伟大旗帜在世界上高高举起。20 世纪 80 年代末 90 年代初，苏联解体、东欧剧变，世界社会主义遭受严重曲折。"社会主义失败论""历史终结论"一度甚嚣尘上，"中国崩溃论"在西方也不绝于耳。然而，中国顶住了巨大压力和挑战，坚守和捍卫了社会主义。中国特色社会主义取得了巨大成功，创造出令人惊叹的"中国奇迹"，谱写了社会主义发展的辉煌篇章，为历经磨难的社会主义注入强大生命力，在世界上重振了人们对社会主义的信心。进入新时代，中国特色社会主义这面旗帜在当今世界更加鲜艳夺目、更加令人神往，成为引领 21 世纪科学社会主义发展的伟大旗帜。

中国特色社会主义进入新时代，意味着中国特色社会主义道路、理论、制度、文化给世界上那些既希望加快发展又希望保持自身独立性的国家和民族提供了全新选择。许多发展中国家追随欧美资本主义国家的发展理念和发展道路，到头来并没有解决发展问题，有的国家甚至战乱不断、民不聊生。改革开放 40 多年来，中国创造了世界历史上的发展奇迹，成功走出了一条独具特色的社会主义现代化道路，打破了发展中国家对西方国家现代化的"路径依赖"，为发展中国家树立了发展榜样，提供了全新选择。中国的实践向世界说明了一个道理，世界上没有一种普遍适用的发展模式，推动一个国家实现现代化并不是只有西方制度模式这一条通道，各国完全可以依据各自的国情走出自己的发展道路。

习近平总书记在党的二十大报告中指出："从现在起，中国共产党的中心任务就是团结带领全国各族人民全面建成社会主义现代化强国、实现第二个百年奋斗目标，以中国式现代化全面推进中华民族伟大复兴。"②

---

①　毛泽东文集：第五卷 ［M］. 北京：人民出版社，1991：343.

②　习近平. 高举中国特色社会主义伟大旗帜　为全面建设社会主义现代化国家而团结奋斗——在中国共产党第二十次全国代表大会上的报告 ［M］. 北京：人民出版社，2022：16.

中国式现代化创造了人类文明新形态。世界上既不存在定于一尊的现代化模式，也不存在放之四海而皆准的现代化标准。中国式现代化是中国共产党领导的社会主义现代化，既有各国现代化的共同特征，更有基于自己国情的中国特色。

中国式现代化是人口规模巨大的现代化。我国 14 亿多人口整体迈进现代化社会，规模超过现有发达国家人口的总和，艰巨性和复杂性前所未有，发展途径和推进方式也必然具有自己的特点。我们始终从国情出发想问题、做决策、办事情，既不好高骛远，也不因循守旧，保持历史耐心，坚持稳中求进、循序渐进、持续推进。

中国式现代化是全体人民共同富裕的现代化。共同富裕是中国特色社会主义的本质要求，也是一个长期的历史过程。我们坚持把实现人民对美好生活的向往作为现代化建设的出发点和落脚点，着力维护和促进社会公平正义，着力促进全体人民共同富裕，坚决防止两极分化。

中国式现代化是物质文明和精神文明相协调的现代化。物质富足、精神富有是社会主义现代化的根本要求。物质贫困不是社会主义，精神贫乏也不是社会主义。我们不断厚植现代化的物质基础，不断夯实人民幸福生活的物质条件，同时大力发展社会主义先进文化，加强理想信念教育，传承中华文明，促进物质的全面丰富和人的全面发展。

中国式现代化是人与自然和谐共生的现代化。人与自然是生命共同体，无止境地向自然索取甚至破坏自然必然会遭到大自然的报复。我们坚持可持续发展，坚持节约优先、保护优先、自然恢复为主的方针，像保护眼睛一样保护自然和生态环境，坚定不移走生产发展、生活富裕、生态良好的文明发展道路，实现中华民族永续发展。

中国式现代化是走和平发展道路的现代化。我国不走一些国家通过战争、殖民、掠夺等方式实现现代化的老路，那种损人利己、充满血腥罪恶的老路给广大发展中国家人民带来深重苦难。我们坚定站在历史正确的一边、站在人类文明进步的一边，高举和平、发展、合作、共赢旗帜，在坚定维护世界和平与发展中谋求自身发展，再以自身发展更好地维护世界和平与发展。

中国式现代化既切合中国实际，体现了社会主义建设规律，也体现了人类社会发展规律。中国式现代化破解了人类社会发展的诸多难题，摒弃了西方以资本为中心的现代化、两极分化的现代化、物质主义膨胀的现代化、对外扩张掠夺的现代化老路，拓展了发展中国家走向现代化的途径，为人类对更好社会制度的探索提供了中国智慧和中国方案。

第二章

唯物辩证法的基本思想与思维方法、思维能力

唯物辩证法既是认识世界的世界观，又是改造世界的方法论；既是认识矛盾、抓住重点，又是分析矛盾、推进实践的工作方法。唯物辩证法的思想方法和工作方法是有机统一、不可分割的。中国共产党历来重视唯物辩证法的思想方法和工作方法的学习和运用，不论在革命战争年代，还是在和平发展时期，都强调运用马克思主义的立场、观点和方法来分析问题、解决问题。习近平总书记要求党的各级领导干部要提高辩证思维能力，把辩证思维与战略思维、历史思维、创新思维、法治思维和底线思维统一起来，作为一个完整的思想方法和工作方法体系予以学习掌握，并运用到解决中国的实际问题中去。

第一节　唯物辩证法的基本思想与思维方法

唯物辩证法的思想内容丰富，强调事物的普遍联系和永恒发展，回答事物变化发展的内在动力，体现了事物发展的渐进性和飞跃性的统一，揭示了事物发展的前进性和曲折性的统一，主张透过现象把握本质、善于敏锐地识别和把握机遇等。

唯物辩证法的核心思想是强调矛盾以及和谐对事物发展的作用。对立统一规律主张，矛盾的同一性和斗争性相互联结、相辅相成。没有斗争性就没有同一性，没有同一性也就没有斗争性，斗争性寓于同一性之中，同一性通过斗争性来体现。矛盾的同一性是有条件的、相对的，矛盾的斗争性是无条件的、绝对的。矛盾的同一性和斗争性相结合，构成了事物的矛盾运动，推动着事物的变化发展。矛盾的同一性和斗争性在事物发展中各自具有重要作用。矛盾的同一性在事物发展中的作用表现为，同一性是事物存在和发展的前提，在矛盾双方中，一方的发展以另一方的发展为条件，发展是在矛盾统一体中的发展。同一性使矛盾双方相互吸取有利于自身的因素，在相互作用中各自得到发展。同

一性规定着事物转化的可能和发展的趋势。事物之所以能够转化，是由于事物内部矛盾双方具有相互贯通的关系。事物的发展方向、趋势不是随意的，而是有规律地向自己的对立面转化。矛盾的斗争性在事物发展中的作用主要表现为，矛盾双方的斗争促进矛盾双方力量的变化，竞长争高、此消彼长，造成双方力量发展的不平衡，为对立面的转化、事物的质变创造条件。矛盾双方的斗争是一种矛盾统一体向另一种矛盾统一体过渡的决定力量。矛盾双方的相互排斥和否定促使旧的矛盾统一体破裂，新的矛盾统一体产生，旧事物发展为新事物。在事物发展过程中，矛盾的同一性和斗争性相互结合，共同发生作用，但在不同条件下，二者所处的地位会有所不同。在一定的条件下，矛盾的斗争性可能处于主要方面，而在另外的条件下，矛盾的同一性又可能处于主要方面。

　　事物是由多种矛盾构成的，事物的矛盾具有复杂的系统。主要矛盾是矛盾体系中处于支配地位、对事物发展起决定作用的矛盾。次要矛盾是矛盾体系中处于从属地位、对事物的发展起次要作用的矛盾。不仅如此，在每一对矛盾中，有一方处于支配地位，起着主导作用，这是矛盾的主要方面，处于被支配一方的则是矛盾的次要方面。事物的性质是由主要矛盾的主要方面所决定的。事物的矛盾具有复杂的系统，存在着矛盾的普遍性和矛盾的特殊性的辩证关系问题。矛盾的普遍性是指矛盾存在于一切事物中，存在于一切事物发展过程的始终，旧的矛盾解决了，新的矛盾又产生，事物始终在矛盾中运动。"矛盾无处不在，矛盾无时不有"，就是对矛盾的普遍性的形象表述。矛盾的特殊性是指各个具体事物的矛盾、每一个矛盾的各个方面在发展的不同阶段上各有其特点。矛盾的特殊性决定了事物的不同性质。只有具体分析矛盾的特殊性，才能认清事物的本质和发展规律，并采取正确的方法和措施去解决矛盾，推动事物的发展。矛盾的普遍性和特殊性是辩证统一的关系。矛盾的普遍性即矛盾的共性，矛盾的特殊性即矛盾的个性。矛盾的共性是无条件的、绝对的，矛盾的个性是有条件的、相对的。任何现实存在的事物的矛盾都是共性和个性的有机统一，共性寓于个性之中，没有离开个性的共性，也没有离开共性的个性。矛盾的共性和个性、绝对和相对的道理，是关于事物矛盾问题的精髓，是正确理解矛盾学说的关键，不了解它，就不能真正掌握唯物辩证法。

　　运用矛盾辩证发展的思想指导实践，还要正确把握和谐对事物发展的作用。和谐是矛盾的一种特殊表现形式，体现着矛盾双方的相互依存、相互促进、共同发展，和谐并不意味着矛盾的绝对同一。和谐是相对的、有条件的，只有在矛盾双方处于平衡、协调、合作的情况下，事物才展现出和谐状态。社会的和谐、人与自然的和谐，都是在不断解决矛盾的过程中实现的。构建社会主义和谐社会就是在发展的基础上正确处理各种矛盾的过程和结果。矛盾的共性和个性相统一的关系，既是客观事物固有的辩证法，也是科学的认识方法。人的认识的一般规律就是由认识个别上升到认识一般，再由认识一般到认识个别的辩证发展过程。矛盾的普遍性和特殊性辩证关系的原理是马克思主义普遍真理同各国具体实际相结合的哲学基础。中国共产党坚持把马克思主义普遍真理与中国具体实际结合起来，在推进马克思主义中国化的进程中不断取得革命、建设、改革的新的胜利。

唯物辩证法揭示了事物发展的渐进性和飞跃性的统一。量变引起质变，在新质的基础上，事物又开始新的量变，如此交替循环，构成了事物的发展过程。事物的矛盾运动表现为量变与质变及其相互转化。量变和质变是事物变化的两种基本状态和形式。量变与质变的相互作用、相互转化构成了量变质变规律。量变是事物数量的增减和组成要素排列次序的变动，是保持事物的质的相对稳定性的不显著变化，体现了事物发展渐进过程的连续性。质变是事物性质的根本变化，是事物由一种质态向另一种质态的飞跃，体现了事物发展渐进过程和连续性的中断。量变和质变的辩证关系表现为，量变是质变的必要准备，任何事物的变化都有一个量变的积累过程，没有量变的积累，质变就不会发生；质变是量变的必然结果，单纯的量变不会永远持续下去，量变达到一定程度必然引起质变；量变和质变是相互渗透的。一方面，在总的量变过程中有阶段性和局部性的部分质变；另一方面，在质变过程中也有旧质在量上的收缩和新质在量上的扩张。量变和质变是相互依存、相互贯通的，量变引起质变，在新质的基础上，事物又开始新的量变，如此交替循环，构成了事物的发展过程。

唯物辩证法还揭示了事物的发展呈现出波浪式前进或螺旋式上升的总趋势。事物的辩证发展过程经过肯定—否定—否定之否定三个阶段。第一次否定使矛盾得到初步解决，而处于否定阶段的事物仍然具有片面性，还要经过再次否定，即否定之否定，实现对立面的统一，使矛盾得到根本解决。事物的辩证发展就是经过两次否定、三个阶段，形成一个周期。其中，否定之否定阶段仿佛是向原来出发点的"回复"，但这是在更高阶段的"回复"。事物的发展呈现周期性，不同周期的交替使事物的发展呈现出波浪式前进或螺旋式上升的总趋势。前进性体现在每一次否定都是质变，都把事物推进新阶段；每一个周期都是开放的，前一个周期的终点是下一个周期的起点，不存在不被否定的终点。曲折性体现在回复性上，其中有暂时的停顿甚至倒退，但是，曲折性终将为事物的发展开辟道路。这表明，事物的发展不是直线式前进，而是螺旋式上升的。否定之否定规律的原理对于人们的认识和实践活动具有重要的指导意义。按照否定之否定规律办事，就要求我们树立辩证的否定观，反对形而上学肯定一切或否定一切，要对事物采取科学分析的态度，使实践活动符合事物自我否定的辩证本性。同时，又要求我们正确看待事物发展的过程，既要看到道路的曲折，更要看到前途的光明。

唯物辩证法还认为，世界上的万事万物都处于普遍联系和永恒发展之中，普遍联系引起事物的运动发展。联系和发展的观点是唯物辩证法的总观点和总特征。联系和发展是通过一系列基本环节得以实现的，内容与形式、本质与现象、原因与结果、必然与偶然、现实与可能构成了联系和发展的基本环节。

世界上没有孤立存在的事物，每一种事物都是在与其他事物的联系之中存在的，事物的联系是事物本身所固有的，不是主观臆想的。联系的客观性要求我们从客观事物本身固有的联系出发去认识事物。坚持联系的客观性，就是在联系的观点上坚持唯物论。任何事物内部的不同部分和要素之间都是相互联系的，也就是说，任何事物都具有内在的结构性。任何事物都不能孤立存在，都同其他事物处于一定的联系之中。整个世界是相互联系的统一整体。从无机界到有机界，从自然界到人类社会，任何事物都处在普遍联系、交互作用之中。实践作为人的生命活动和社会存在的形式，实质上是人类所特有的联系形式，即人类社会与自然界、社会中人与人的一切现实联系的基本方式和途径，这已为人类的实践经验和科学发展所证明。任何事物都是统一的联系之网上的一个网结，并通过这个联系之网体现出联系的普遍性。需要指出的是，事物的普遍联系是通过中介来实现的，是通过中间性的联系和过渡性环节而实现的。世界上的事物是多样的，事物之间的联系也是多样的。事物联系的主要方式有直接联系与间接联系、内部联系与外部联系、本质联系与非本质联系、必然联系与偶然联系等。不同的联系构成事物内部和事物之间的存在状态和发展趋势。条件是对事物存在和发展发生作用的诸要素的总和。对条件要唯物辩证地去看待，条件对事物发展和人的活动具有支持或制约作用。有利条件支持和促进事物的发展和人的活动，不利条件制约和阻碍事物的发展和人的活动。改变和创造条件不是任意的，必须尊重事物发展的客观规律，不能强行去改变事物存在和发展的条件，否则就是揠苗助长。发展是前进的、上升的运动，发展的实质是新事物的产生和旧事物的灭亡。事物的发展是一个过程，只有经过一定的过程，事物才能实现自身的发展。事物发展的过程，从形式上看，是事物在时间上的持续性和空间上的广延性的交替；从内容上看，是事物在运动形式、形态、结构、功能和关系上的更新。

内容是事物存在的基础，对形式具有决定作用，有什么样的内容，就有什么样的形式，内容发生了变化，其形式也要发生相应的变化。形式对内容具有反作用。适合内容的形式，对内容的发展起积极的推动作用；不适合内容的形式，对内容的发展起消极的阻碍作用。形式对内容的反作用表明，形式具有相对独立性，这种相对独立性使得在内容与形式的关系中，同一内容可以通过多种形式来体现。内容与形式的矛盾贯穿于事物发展过程的始终，从最初的基本适合到基本不适合，随着矛盾的解决，再到新的基本适合。本质与现象是揭示事物内在联系和外在表现的一对范畴。本质是事物的根本性质，是构成事物的诸要素之间的内在联系。现象是事物的外部联系和表面特征，是事物本质的外在表现。本质决定现象，本质总是通过一定的现象表现自己的存在；现象表现本质，现象的存在和变化归根结底依赖于本质。本质与现象的相互依存表明：不表现为现象的本质和不表现本质的现象都是不存在的。原因与结果是揭示事物引起和被引起关系的一对范畴。在事物的普遍联系中，引起某种现象的现象就是原因，被某种现象所引起的现象就是结果。在事物因果联系的长链中，任何原因都必然引起一定的结果，没有"无果之因"；任何结果都是由一定的原因引起的，没有"无因之果"。一种现象在一种联系中是原因，在另一种联系中则是结果，反之亦然。必然与偶然是揭示事物产生、发展和衰亡过程中不同趋势的一对范畴。必然是指事物联系与发展中确定不移的趋势，在一定条件下具有不可避免性，偶然是指事物联系与发展中不确定的趋势。事物的发展既包含着必然的方面，也包含着偶然的方面。必然与偶然相互依存。一方面，没有脱离偶然的必然。现实事物的发展，不通过偶然而只表现为纯粹必然的情况是不存在的。必然总是伴随着偶然，必然要通过偶然表现出来，并为自己开辟道路。另一方面，没有脱离必然的偶然。在似乎是偶然起支配作用的地方，实际上是必然起着决定性作用，并制约着偶然的作用形式及其变化。现实与可能是反映事物的过去、现在和将来关系的一对范畴。现实是指相互联系着的实际存在的事物的综合。可能是指包含在事物中、预示事物发展前途的种种趋势，是潜在的尚未实现的东西。现实蕴藏着未来的发展方向，会不断产生新的可能；可能包含着发展成现实的因素和根据，一旦主客观条件成熟，可能就会转化为现实。发展就是现实与可能相互转化的过程。

唯物辩证法强调任何事物都不能孤立存在，整个世界是相互联系的统一整体。事物的发展是一个过程，发展的实质是新事物的产生和旧事物的灭亡，事物的发展变化是渐进性和飞跃性的统一，是前进性与曲折性的统一。唯物辩证法的这些基本原理，为我们在实践中提供了基本的思维方法和工作方法，主要有矛盾分析方法和整体分析方法等，具体包括在对立中把握同一和在同一中把握对立的方法、"两点论"和"重点论"相结合的方法、批判与继承相统一的方法、普遍联系的观点和方法、发展的思路和办法、可能向现实转化的方法等等。

在对立中把握同一与在同一中把握对立的方法，是指在分析事物的矛盾时，要充分认识到事物的同一是包含着差别的同一，事物的对立是在统一体中的对立。正确把握和谐对事物发展的作用，和谐体现着矛盾双方的相互依存、相互促进、共同发展，和谐并不意味着矛盾的绝对同一，和谐是有条件的，不意味着矛盾的绝对同一。在实际工作中正确把握和谐对事物发展的作用，就要做到求同存异、执两用中，追求合作共赢的格局和目标。

"两点论"和"重点论"相结合的方法，是指在分析事物矛盾时，既要全面、客观地认识事物的全局，又要把握住事物发展的主题、事物发展的趋势。"两点论"是指在分析事物的矛盾时，不仅要看到矛盾双方的对立，而且要看到矛盾双方的统一；不仅要看到矛盾体系中存在着主要矛盾、矛盾的主要方面，而且要看到次要矛盾、矛盾的次要方面。"重点论"是指在矛盾体系中要着重把握主要矛盾、矛盾的主要方面。在实际工作中，把握"两点论"和"重点论"相结合的方法，要做到实事求是、具体问题具体分析、突出问题导向，以解决主要矛盾作为打开局面的突破口。

批判与继承相统一的方法，是指在分析事物矛盾时，既要克服其消极因素，又要保留其积极因素，正确认识事物发展的前进性与曲折性。事物的否定是自我否定，是事物内部矛盾运动的结果，辩证的否定即是扬弃，是新事物对旧事物既批判又继承，使事物的发展呈现出波浪式前进或螺旋式上升的过程。在实际工作中，把握批判与继承相统一的方法，要做到既不肯定一切，也不否定一切，困境中要想办法亡羊补牢，顺境中也要增强忧患意识。

普遍联系的观点和方法，即要认识到任何事物都不能孤立存在，事物的联系是具体和多样的，不同的联系构成事物内部和事物之间的存在状态和发展趋势。任何事物都具有内在的结构性，任何事物都同其他事物处于一定的联系之中，整个世界是相互联系的统一整体。事物之间有直接联系与间接联系、内部联系与外部联系、本质联系与非本质联系、必然联系与偶然联系等。不同的联系构成事物内部和事物之间的存在状态和发展趋势。在实际工作中，用普遍联系的观点和方法看问题，从动态中考察事物的因果关系，揭示事物的本质，把握有利于事物发展的机遇，争取实现好的可能。

用发展的思路和办法解决问题，即要认识到事物的发展是一个过程，一切事物只有经过一定的过程才能实现自身的发展，也才能解决现有的问题。发展的实质是新事物的产生和旧事物的灭亡，发展是前进的、上升的运动，无论是自然界还是人类社会，发展变化都需要一个过程。从形式上看，是事物在时间上的持续性和空间上的广延性的交替；从内容上看，是事物在运动形式、形态、结构、功能和关系上的更新。在实际工作中，用发展的思路和办法解决问题，要坚持邓小平提出的发展才是硬道理的思想，在发展中敢于创新和勇于创新。

把握可能向现实转化的方法，重点把握条件对事物发展和人的活动具有支持或制约的作用。现实蕴藏着未来的发展方向，会不断产生新的可能；可能中包含着发展成现实的因素和根据，一旦主客观条件成熟，可能就会转化为现实。发展就是现实与可能相互转化的过程。必须尊重事物发展的客观规律，不能强行去改变事物存在和发展的条件，否则就是揠苗助长。既善于充分利用有利条件，又善于化不利条件为有利条件，把握契机，促成事物的转化。在实际工作中，既要立足现实，脚踏实地，又要善于创造有利条件，顺势而为。

第二节　毛泽东、邓小平对唯物辩证法思维方法的学习和运用

中国共产党历来重视马克思主义思想方法和工作方法的学习和运用，对于中国共产党来说，思想方法和工作方法是在实际工作中如何运用马克思主义指导实践的问题，是党的理论、路线和策略的重要组成部分。对于一个政党来说，思想方法和工作方法错了，理论、路线、大政方针就会错，行动也会错。即使有正确的理论、路线、方针和政策，如果具体行动者的思想方法和工作方法错了，落实到实际工作中仍然会出现偏差或失误。

毛泽东在革命战争年代，十分注重运用马克思主义思想方法和工作方法认识中国革命规律，探索了一条适合中国实际的中国革命新道路，解决了中国革命问题。大革命失败以后，1927 年 8 月 7 日，中共中央在汉口秘密召开紧急会议（八七会议），毛泽东在会上着重阐述了党必须依靠农民和掌握枪杆子的思想，强调党"以后要非常注意军事，须知政权是由枪杆子中取得的"。会议还提出了"整顿改编自己的队伍，纠正过去严重的错误，而找着新的道路"的任务。八七会议使中国共产党在政治上大大前进了一步，开始了从大革命失败到土地革命战争兴起的转折。

大革命失败以后，还有一个问题摆在中国共产党人面前，即中国共产党领导的武装斗争的主攻方向究竟应当指向城市，还是指向农村呢？这个问题是当时摆在中国共产党面前必须回答的紧迫问题，毛泽东把马克思列宁主义与中国

实际相结合，在理论和实践上进行了艰苦的探索。当时从国际共产主义运动的历史来看，无论中外，都找不到农村包围城市的经验。革命工作应当以城市为中心，这是那个时期全党的共同认识。中共中央继续留在上海，党的工作重心仍然放在中心城市。但是，实践中所有以占领中心城市为目标的起义很快就失败了。起义失败后保留下来的部队，大都经过摸索，逐步转移到远离国民党统治中心的农村区域，在那里发动农民群众、开展游击战争、进行土地革命和创建工农政权。除毛泽东率领的秋收起义部队及时转移到井冈山地区、创建农村革命根据地，南昌起义余部一部分转移到海丰、陆丰地区与当地农民会合，主要部分由朱德、陈毅率领转移到湘南农村，在那里开始探索上山打游击、开展农村革命新的途径，后来也上了井冈山。广州起义余部一部分也转移到海丰、陆丰地区与农民会合，一部分后来随朱德上了井冈山，另一部分则从广州西北郊转入农村，后来参加了广西左右江起义。客观环境迫使一批又一批的中国革命者深入农村区域坚持革命斗争。

1931 年 2 月，毛泽东进一步总结根据地土地革命的经验，要求各地各级工农民主政府发布公告，明确规定农民已经分得的田归农民个人私有，可以自主租借买卖，别人不得侵犯；生产的产品，除向政府缴纳土地税，均归农民个人私有，任凭自由买卖。毛泽东还和邓子恢等人一起制定了土地革命中的阶级路线和土地分配方法：坚定地依靠贫农、雇农，联合中农，限制富农，保护中小工商业者，消灭地主阶级；以乡为单位，按人口平分土地，在原耕地的基础上，实行抽多补少、抽肥补瘦。这样，中国共产党就在中国历史上第一个制定了可以付诸实施的比较完整的土地革命纲领和路线。

在中国共产党的土地革命纲领和路线的指引下，根据地开展了热火朝天的"打土豪，分田地"的斗争，充分调动了广大农民发展生产和参军参战的积极性。中国没有单独代表农民的政党，民族资产阶级的政党没有坚决的土地纲领，因此，只有制定和执行了坚决的土地纲领、为农民利益认真奋斗，因而获得最广大农民群众作为自己伟大同盟军的中国共产党，成了农民和一切革命民主派的领导者。在大革命失败、白色恐怖极其严重的条件下，中国革命之所以能够得到坚持和发展，根本的原因就在于中国共产党紧紧地依靠了农民，并领导农民进行了土地制度的革命。

毛泽东不仅在实践中首先把革命的进攻方向指向了农村，而且从理论上阐明了武装斗争的极端重要性和农村应当成为党的工作中心的思想。早在 1928 年10 月和 11 月，毛泽东就写了《中国的红色政权为什么能够存在？》和《井冈山的斗争》两篇文章，明确地指出以农业为主要经济的中国革命，以军事发展暴动，是一种特征；同时还科学地阐述了共产党领导的土地革命、武装斗争与根据地建设这三者之间的辩证统一关系，强调工农武装割据的思想，是共产党和割据地方的工农群众必须具备的一个重要思想。1929 年 4 月，针对共产国际和中共党内某些人担心农村斗争超过城市斗争将不利于中国革命的观点，毛泽东指出：半殖民地中国的革命，只有农民斗争得不到工人的领导而失败，没有农民斗争的发展超过工人的势力而不利于革命本身的。随着红军的发展和根据地的扩大，1930 年 1 月，毛泽东在《星星之火，可以燎原》一文中进一步指出，红军、游击队和红色区域的建立和发展，是半殖民地中国在无产阶级领导之下的农民斗争的最高形式，和半殖民地农民斗争发展的必然结果，并且无疑是促进全国革命高潮的最重要因素。① 以毛泽东为书记的红四军前敌委员会还明确地提出了"农村工作是第一步，城市工作是第二步"② 的思想。

农村包围城市、武装夺取政权的理论，是对 1927 年革命失败后中国共产党领导的红军和根据地斗争经验的科学概括。它是在以毛泽东为主要代表的中国共产党人同当时党内盛行的把马克思主义教条化、把共产国际决议和苏联经验神圣化的错误倾向做坚决斗争的基础上逐步形成的。1930 年 5 月，毛泽东在《反对本本主义》一文中，阐明了坚持辩证唯物主义的思想路线即坚持理论与实际相结合的原则的极端重要性，提出了"没有调查，没有发言权"和"中国革命斗争的胜利要靠中国同志了解中国情况"的重要思想，表现了毛泽东开辟新道路、创造新理论的革命首创精神。农村包围城市、武装夺取政权理论的提出，标志着中国化的马克思主义即毛泽东思想的初步形成。这是马克思主义在中国创造性地运用和发展。

这些事实说明，以农村为工作重点，到农村去发动农民，进行土地革命，开展武装斗争，建设根据地，这是 1927 年以后中国革命发展的客观规律所要求的。农村包围城市、武装夺取政权这条革命新道路的开辟，依靠了党和人民的集体奋斗，凝聚了党和人民的集体智慧，而毛泽东则是其中的杰出代表。随着革命新道路的开辟，中国革命开始走向复兴。中国共产党领导的红军和根据地逐步发展起来。到 1930 年年初，共产党领导人民群众建立了大小十几块农村根据地，红军发展到 7 万人，连同地方武装约 10 万人。重要的根据地有赣南、闽西、湘鄂西、鄂豫皖、闽浙赣、湘鄂赣、湘赣、广西的左右江、广东的东江

---

① 毛泽东选集：第一卷 ［M］. 北京：人民出版社，1991：98.
② 中共中央文献研究室，中央档案馆. 建党以来重要文献选编（1921—1949）：第 7 册 ［M］. 北京：中央文献出版社，2011：276.

和琼崖等。红军游击战争实际上已经成为中国革命的主要形式，农村根据地成为积蓄和锻炼革命力量的主要战略阵地。

邓小平在改革开放初期总结社会主义建设经验教训时强调："主要的是要用马克思主义的立场、观点、方法来分析问题，解决问题。马克思主义的活的灵魂，就是具体地分析具体情况。"①为了冲破"两个凡是"的严重束缚，清除"左"的指导思想，邓小平提出要完整地、准确地理解毛泽东思想的科学体系，强调毛泽东思想的精髓就是实事求是，旗帜鲜明地提出"两个凡是"不符合马克思主义。邓小平还同叶剑英、陈云、李先念、胡耀邦等支持和领导了从1978年5月开始的关于真理标准问题的大讨论，强调实践是检验真理的唯一标准。这场讨论，是继延安整风之后又一场马克思主义的思想解放运动，成为拨乱反正和改革开放的思想先导，为党重新确立实事求是的思想路线，纠正长期以来的"左"倾错误，实现历史性的转折做了思想理论准备。1978年11月10日至12月15日，中共中央在北京召开工作会议。12月13日，邓小平在中央工作会议闭幕会上做了题为《解放思想，实事求是，团结一致向前看》的讲话。这个讲话实际上成为随后召开的中共十一届三中全会的主题报告，它为全会实现具有划时代意义的伟大转折奠定了重要基础。

1978年12月18日至22日，中共十一届三中全会在北京召开。全会冲破长期"左"的错误的严重束缚，彻底否定了"两个凡是"的错误方针，高度评价了关于真理标准问题的讨论，并且果断停止使用"以阶级斗争为纲"的口号，做出了把工作重点转移到社会主义现代化建设上来和实行改革开放的战略决策。全会恢复了党的民主集中制的优良传统，审查解决了历史上遗留的一批重大问题。中共十一届三中全会是新中国成立以来党的历史上具有深远意义的伟大转折。全会结束了粉碎"林彪、江青反革命集团"后党和国家工作在徘徊中前进的局面，标志着中国共产党重新确立了马克思主义的思想路线、政治路线、组织路线，开始了在思想、政治、组织等领域的全面拨乱反正。会后，从党的指导思想的确立和实际工作的领导来说，形成了以邓小平为核心的中央领导集体，揭开了改革开放的序幕。以这次全会为标志，中国进入了改革开放和社会主义现代化建设的历史新时期。党和国家充满希望和活力地踏上了实现社会主义现代化的伟大征程。

为了进一步推进改革开放的深入发展，1992年1月18日至2月21日，邓小平先后视察武昌、深圳、珠海、上海等地，发表了系列重要谈话，深入阐释

---

① 邓小平文选：第二卷 [M]. 北京：人民出版社，1994：142.

了社会主义的本质，为我国经济体制改革目标的确立奠定了理论基础。

邓小平强调，革命是解放生产力，改革也是解放生产力。不坚持社会主义，不改革开放，不发展经济，不改善人民生活，只能是死路一条。他指出，改革开放胆子要大一些，敢于试验。看准了的，就大胆地试，大胆地闯。判断的标准，应该主要看是否有利于发展社会主义社会的生产力，是否有利于增强社会主义国家的综合国力，是否有利于提高人民的生活水平。邓小平指出，计划多一点还是市场多一点，不是社会主义与资本主义的本质区别。计划经济不等于社会主义，资本主义也有计划；市场经济不等于资本主义，社会主义也有市场。计划和市场都是经济手段。社会主义的本质，是解放生产力，发展生产力，消灭剥削，消除两极分化，最终达到共同富裕。他强调，基本路线要管一百年，动摇不得。右可以葬送社会主义，"左"也可以葬送社会主义。中国要警惕右，但主要是防止"左"。邓小平强调，发展才是硬道理。抓住时机，发展自己，关键是发展经济。科学技术是第一生产力。邓小平指出，中国要出问题，还是出在共产党内部。对这个问题要清醒。要坚持两手抓，一手抓改革开放，一手抓打击各种犯罪活动。这两只手都要硬。在整个改革开放过程中都要反对腐败。邓小平强调，我们搞社会主义才几十年，还处在初级阶段。巩固和发展社会主义制度，还需要一个很长的历史阶段，需要我们几代人、十几代人，甚至几十代人坚持不懈地努力奋斗，决不能掉以轻心。社会主义经历一个长过程发展后必然代替资本主义，这是社会历史发展不可逆转的总趋势，但道路是曲折的。一些国家出现严重曲折，社会主义好像被削弱了，但人民经受锻炼，从中吸取教训，将促进社会主义向着更加健康的方向发展。邓小平的南方谈话，在重大历史关头科学地总结了十一届三中全会以来党的基本实践和基本经验，明确回答了长期困扰和束缚人们思想的许多重大认识问题，对整个社会主义现代化建设事业产生了重大而深远的影响。

邓小平第一次比较系统地初步回答了中国这样的经济文化比较落后的国家如何建设、巩固和发展社会主义的一系列根本性问题，是马克思列宁主义基本原理同当代中国实际和时代特征相结合的产物，是毛泽东思想的继承和发展，是全党和全国人民集体智慧的结晶，是中国共产党和中国人民最宝贵的精神财富。1992年10月在北京召开的中国共产党第十四次全国代表大会，是在我国加快改革开放和现代化建设的新形势下召开的。党的十四大总结了十一届三中全会以来14年的实践经验，概括了邓小平同志建设有中国特色社会主义理论的主要内容。大会明确提出了我国经济体制改革的目标是建立社会主义市场经济体制。社会主义市场经济，是同社会主义基本制度结合在一起的，就是要使市场在社会主义国家宏观调控下对资源配置起基础性作用。大会要求，围绕社会主义市场经济体制的建立，抓紧制定总体规划，有计划、有步骤地进行相应的体制改革和政策调整。大会还要求全党抓住机遇，加快发展，集中精力把经济建设搞上去。以邓小平南方谈话和中共十四大为标志，改革开放和现代化建设事业进入从计划经济体制向社会主义市场经济体制转变的新阶段，由此打开了中国经济、政治、文化发展的崭新局面。

第三节　善于把握事物规律，提高六种思维能力

中共十八大之后，习近平多次要求全党要学习和掌握马克思主义哲学，坚持马克思主义思想方法和工作方法，从纷繁复杂的事物表象中把准脉搏、掌握规律，在对历史的深入思考中做好现实工作，更好地走向未来。习近平指出，"恩格斯说过：'一个民族要想站在科学的最高峰，就一刻也不能没有理论思维。'中华民族要实现伟大复兴，也同样一刻不能没有理论思维。"① 习近平强调中国特色社会主义进入新时代，在实现中华民族伟大复兴的前进道路上，我们要学习掌握辩证唯物主义的世界观和方法论，提高战略思维、历史思维、辩证思维、创新思维、法治思维、底线思维能力，善于从纷繁复杂的矛盾中把握规律，不断积累经验、增长才干。② 加强宏观思考和顶层设计，坚持问题导向，聚焦我国发展面临的突出矛盾和问题，深入调查研究，鼓励基层大胆探索，坚持改革决策和立法决策相衔接，不断提高改革决策的科学性。我们既要敢为天下先、敢闯敢试，又要积极稳妥、蹄疾步稳，把改革发展稳定统一起来，坚持方向不变、道路不偏、力度不减，推动新时代改革开放走得更稳、走得更远。

第一，战略思维能力。战略思维能力强调统揽全局、高瞻远瞩，是善于把握事物发展总体趋势和方向的能力，体现思维的整体性、全局性、长期性。战略思维能力是综合决策、驾驭全局、赢得主动的理论思维能力，战略思维是进行全局性、长远性谋划以取得总体性、根本性实践效果的理论思维。习近平指出："战略问题是一个政党、一个国家的根本性问题。战略上判断得准确，战略

---

① 习近平. 在纪念马克思诞辰 200 周年大会上的讲话 [N]. 人民日报，2018-05-05
(2).

② 习近平. 提高防控能力着力防范化解重大风险　保持经济持续健康发展社会大局稳定
[EB/OL]. 人民网，2019-01-22.

上谋划得科学，战略上赢得主动，党和人民事业就大有希望。"① 战略思维能力之所以重要，是因为它是一种充分发挥人的主观能动性、积极性和创造性的思维活动，事关社会发展的远程选择与宏观谋划，旨在谋求长远生存与整体利益。战略思维能力的强弱，直接关系一个国家、一个民族的兴衰。

战略思维能力问题主要包含以下几方面内容：

一是要确立战略目标。党的十九大的主题是不忘初心、牢记使命，高举中国特色社会主义伟大旗帜，决胜全面建成小康社会，夺取新时代中国特色社会主义伟大胜利，为实现中华民族伟大复兴的中国梦不懈奋斗。这个主题蕴含着习近平新时代中国特色社会主义思想所确立的实现中华民族伟大复兴中国梦的战略目标，这个战略目标引导着我们党推进新时代中国特色社会主义总体布局、战略布局和战略安排等的谋划和实施，引导着我们统筹推进"五位一体"总体布局、协调推进"四个全面"战略布局，踏上从全面建成小康社会到基本实现社会主义现代化，再到全面建成社会主义现代化强国的新征程。

二是要明确发展方向。习近平同志指出："中国共产党人的初心和使命，就是为中国人民谋幸福，为中华民族谋复兴。"② 他多次强调，人民对美好生活的向往，就是我们的奋斗目标。中国共产党始终把人民立场作为根本立场，把为人民谋幸福作为根本使命，把全心全意为人民服务作为根本宗旨，团结带领人民共同创造历史伟业。为中国人民谋幸福的战略诉求，决定着实现中华民族伟大复兴中国梦的战略目标；实现中华民族伟大复兴中国梦的战略目标，体现着为中国人民谋幸福的战略诉求。

三是要树立大局意识。习近平强调，要树立大局意识，善于从大局看问题，放眼世界，放眼未来；善于观大势、谋大事，把握工作主动权；既有雷厉风行的作风，也有闲庭信步的定力。树立大局意识，要求我们不断开阔视野，拥有博大胸襟，紧跟时代前进步伐，学会站在战略和全局的高度观察和处理问题，透过纷繁复杂的表面现象把握事物的本质和发展的规律，做到既抓住重点又统筹兼顾，既立足当前又放眼长远，既熟悉国情又把握世情，在原则性问题上坚定立场不动摇，在整体性、方向性抉择面前冷静观察、谨慎从事、谋定而后动。

增强战略思维能力，需要始终保持强大战略定力。要一以贯之坚持和发展

---

① 习近平.在纪念邓小平同志诞辰110周年座谈会的讲话［N］.人民日报，2014-08-21（2）.

② 习近平.决胜全面建成小康社会 夺取新时代中国特色社会主义伟大胜利——在中国共产党第十九次全国代表大会上的报告［M］.北京：人民出版社，2017：1.

中国特色社会主义。习近平总书记指出："在道路、方向、立场等重大原则问题上，旗帜要鲜明，态度要明确，不能有丝毫含糊。"他反复强调，"在政治制度模式上，我们就是要咬定青山不放松、任尔东西南北风"。① 改革开放以来，我们党每当遇到严峻挑战，党中央总是能够沉着冷静、把握得当、因应适宜，总是能够成功扭转危局、化危为机、开创新局，根本原因在于我们党始终保持强大的战略定力，坚持独立自主，既不走封闭僵化的老路，也不走改旗易帜的邪路，而是坚定不移走中国特色社会主义道路。

坚持战略定力，要在制定政策时冷静观察、谨慎从事、谋定后动。大国治理强调政策的稳定性、延续性，切不可朝令夕改。随着我国改革不断全面向纵深推进，各种思想文化相互激荡，各种矛盾相互交织，各种诉求相互碰撞，各种力量竞相发声，推进改革的敏感程度、复杂程度前所未有。在这种情况下，确保改革沿着正确方向前进，需要无比强大的战略定力。必须始终保持清醒的头脑，不为各种错误观点所左右，不为各种干扰所迷惑，坚持一切从实际出发，以我为主，该改的坚决改，不该改的坚决守住，牢牢把握改革的领导权和主动权。坚持战略定力，要在复杂多变的国际局势中平心静气、静观其变。要集中精力做好自己的事，坚定不移走和平发展道路，推动构建新型国际关系，推动构建人类命运共同体。在这个问题上，要有足够的战略定力和战略自信，不要因一时一事或某些人、某些国家的言论而受到影响，更不能掉入别人故意设置的各种陷阱，使我们长期致力维护的和平环境受到破坏，耽误和平发展大局。善于审时度势、内外兼顾、趋利避害，从国际形势和国际条件的发展变化中把握方向、用好机遇、创造条件、驾驭全局。坚持战略定力，要坚持稳中求进的工作总基调。有定力并不意味着一成不变，而是要把握好变和不变的关系。稳中求进的工作总基调是治国理政的重要原则，"稳"也好，"进"也好，是辩证统一、互为条件的。推进各项工作，都要审时度势、深思熟虑、尊重规律，该稳的要稳住，该进的要进取，把握好工作的节奏和力度。

第二，历史思维能力。历史思维能力强调以史为鉴、知古鉴今，是善于运用历史眼光认识发展规律、把握前进方向、指导现实工作的能力，强调辩证思维与历史眼光相结合，是马克思主义科学历史观的具体表现和实践运用。历史思维能力的培养，能够使人正确理解和掌握历史知识，认识历史发展规律，进而对社会现实问题进行科学的观察与思考。培养并不断提高历史思维能力，是

---

① 提高解决改革发展基本问题的本领——关于科学的思想方法和工作方法 [N]. 人民日报，2016-05-12（09）.

马克思主义科学世界观和方法论的内在要求。

习近平新时代中国特色社会主义思想的一个鲜明理论品格，就是坚持把历史、现实、未来贯通起来，对重大问题、战略问题做出深刻的历史比较和分析，体现出强烈的历史担当精神。比如，习近平总书记紧密联系5000多年中华文明史来思考中华民族的前途命运，联系近500年的世界社会主义发展史来认识社会主义运动的前进方向，联系中国近代以来170多年奋斗史来阐明中国的复兴道路，联系建党100多年、新中国成立70多年、改革开放40多年的革命建设改革历程来把握党的历史方位和历史使命，联系"两个一百年"奋斗目标来展望我们党的光明前景，充分反映了习近平总书记立足历史大视野、发展大趋势思考和分析问题的历史意识，充分体现了习近平总书记对党、对国家、对民族、对人民的责任担当。

提高历史思维能力，要加强对中国历史、党史国史、社会主义发展史和世界历史的学习，深刻总结历史经验、把握历史规律、认清历史趋势，坚定中国特色社会主义方向，在对历史的深入思考中，不断提高我们的认识能力、精神境界和实践水平。习近平强调，历史是最好的教科书，"历史的经验值得注意，历史的教训更应引以为戒"[1]，"中国革命历史是最好的营养剂"[2]。习近平关于世界社会主义五百年的论述，关于改革开放前后两个三十年关系的精辟阐释，关于运用历史智慧推进反腐倡廉建设的思想观点，关于如何评价党的历史和历史人物的深刻论述等，都体现了深邃的历史思维，给我们以深刻的思想启迪。

提高历史思维能力，坚持历史担当，在实践中担当起该担当的责任。深入把握习近平新时代中国特色社会主义思想贯穿始终的历史担当精神，始终把责任使命扛在肩上，担国家民族之大任，当新时代新征程之先锋，才能创造出经得起实践、人民、历史检验的新业绩，不断把新时代中国特色社会主义推向前进。坚持历史担当，必须增强责任意识、使命意识、进取意识。有职就有责，有责就要担当。要用铁的肩膀负起该负的责任，做好该做的事情，切实把推动改革发展稳定的责任担起来，把从严管党治党的责任担起来，把本职工作责任担起来，做到守土有责、守土负责、守土尽责。特别是党的干部，要在大是大非问题面前做战士而不做绅士，敢于亮剑、敢于站出来说话、敢于表明态度。综合运用思想教育、管理监督和激励保障等措施，引导党员干部认识到为党分忧、为民尽责是天职，不担当、不作为与合格党员标准格格不入，从而不断激

---

① 习近平. 习近平谈治国理政：第一卷 [M]. 北京：外文出版社，2014：390.
② 习近平在河北省调研指导党的群众路线教育实践活动 [EB/OL]. 新华网，2013-07-12.

发干事创业的内生动力，推动形成想作为、敢作为、善作为的良好风尚。

第三，辩证思维能力。辩证思维能力强调抓住关键和推动发展，是指从事物相互联系、相互作用的关系出发，承认矛盾、面对矛盾、分析矛盾、解决矛盾，洞察事物发展规律的能力。辩证思维能力是唯物辩证法在思维中的运用，辩证思维能力是科学思维能力的根本要求和集中体现。辩证思维能力具体表现为从对立统一中把握事物及其发展过程，具体问题具体分析，善于抓住事物主要矛盾和矛盾的主要方面。培养辩证思维能力，能够使人更加全面准确地认识和把握事物，真正做到透过现象看本质。

习近平强调，全面深化改革要有系统谋划，"我国改革已经进入攻坚期和深水区，进一步深化改革，必须更加注重改革的系统性、整体性、协同性，统筹推进重要领域和关键环节改革"①，"要坚持整体推进，加强不同时期、不同方面改革配套和衔接，注重改革措施整体效果，防止畸重畸轻、单兵突进、顾此失彼"②。要坚持"两点论"，一分为二看问题，既看到国际国内形势中有利的一面，也看到不利的一面；既看到自身的优势，也看到面临的困难和问题。这些重要论断都是辩证思维能力的集中体现。培养和提高辩证思维能力，就要认真学习辩证唯物主义，全面、系统、准确地掌握联系和发展的基本观点、基本环节和基本规律，将其自觉地体现和运用于思维当中。

2019 年全国两会期间，习近平六到团组，与代表委员共商国是。他谈的"党和政府的紧日子"和"老百姓的好日子"、脱贫"任务如期完成"与"成果经得起历史检验""保护生态环境"和"发展经济"等，阐述了这样的"辩证法"，体现了这样的辩证思维。

关于"紧日子"与"好日子"，习近平强调，党和政府带头过紧日子，目的是为老百姓过好日子，这是我们党的宗旨和性质所决定的。③ 习近平多次指出，过去我们党靠艰苦奋斗、勤俭节约不断成就伟业，现在我们仍然要用这样的思想来指导工作。这句话也有很强的现实针对性。2019 年的政府工作报告提出，中央财政一般性支出压减 5% 以上，减轻企业税收和社保缴费负担近 2 万亿元。一边是政府的"减法"，一边是民生的"加法"。政府工作报告的几项工作安排，生动诠释了"紧日子"和"好日子"之间的"辩证法"。关于"任务如期完成"与"成果经得起历史检验"，习近平在谈脱贫攻坚工作时，既表示要确

---

① 中共中央文献研究室．习近平关于全面深化改革论述摘编［M］．北京：中央文献出版社，2014：30.

② 习近平．论坚持全面深化改革［M］．北京：中央文献出版社，2018：60.

③ 许宝健．党和政府带头过紧日子是为老百姓过好日子［EB/OL］．人民网，2019-03-22.

保"任务如期完成"，又强调要确保"成果经得起历史检验"，习近平在甘肃代表团参加审议时强调，要尽锐出战、迎难而上，真抓实干、精准施策，确保脱贫攻坚任务如期完成。不获全胜、决不收兵！脱贫攻坚不仅要保"量"，更要保"质"。在河南代表团参加审议时，他强调，如果降格以求，采取数字脱贫、虚假脱贫、糊弄脱贫，这种现象不能容忍。习近平强调，对群众反映的"虚假式"脱贫、"指标式"脱贫等问题，要高度重视并坚决克服，提高脱贫质量。关于"保护生态环境"和"发展经济"，习近平在参加内蒙古代表团审议时，谈起了"生态"与"经济"的辩证关系。面对经济发展的现实压力，当前一些地方的一些人又动起了铺摊子、上项目的念头。"生态环保要松一松、为经济发展让让路"的论调又开始泛起。"不能因为经济发展遇到一点困难，就开始动铺摊子上项目、以牺牲环境换取经济增长的念头，甚至想方设法突破生态保护红线。"①习近平的一番话，发人深省。习近平指出，在我国经济由高速增长阶段转向高质量发展阶段的过程中，污染防治和环境治理是需要跨越的一道重要关口。"必须咬紧牙关，爬过这个坡，迈过这道坎"②。

辩证思维归根结底是以矛盾的观点把握问题、分析问题、解决问题的理论思维。矛盾不是抽象的，而是具体的；把握、分析、解决矛盾，必须抓住矛盾"联系的环节"，形成具体的矛盾对立统一体。习近平同志以辩证思维抓住矛盾"联系的环节"，提出并回答了一系列关乎我国前途命运的重大问题，为推动改革发展提供了深刻睿智的理论思维。比如，在把握全面深化改革问题上，提出并回答了如何处理好解放思想和实事求是的关系、整体推进和重点突破的关系、全局和局部的关系、顶层设计和摸着石头过河的关系、胆子要大和步子要稳的关系、改革发展稳定的关系。又如，在战略部署和领导艺术上，提出并回答了如何做到统筹兼顾、综合平衡、突出重点、带动全局，以钉钉子精神抓好落实，确保各项重大改革措施落到实处。正是在处理改革发展基本问题的伟大实践中，习近平新时代中国特色社会主义思想的辩证思维和实践智慧日益彰显。

增强辩证思维能力，在实践中要做到以下几方面：

一是坚持问题导向，要敢于正视问题、善于发现问题，积极面对和化解前进中遇到的矛盾。2015年1月，习近平在十八届中央政治局第二十次集体学习时的讲话中说，问题是事物矛盾的表现形式，我们强调增强问题意识、坚持问题导向，就是承认矛盾的普遍性、客观性，就是要善于把认识和化解矛盾作为

---

① 新华网. 习近平参加内蒙古代表团审议［EB/OL］. 新华网，2019-03-05.
② 新华网. 习近平参加内蒙古代表团审议［EB/OL］. 新华网，2019-03-05.

打开工作局面的突破口。当前，我国已经进入发展关键期、改革攻坚期、矛盾凸显期，我们面临的矛盾更加复杂，既有过去长期积累而成的矛盾，也有在解决旧矛盾过程中产生的新矛盾，大量的还是随着形势环境变化出现的新矛盾。这些矛盾许多是这个发展阶段必然出现的，是躲不开也绕不过去的。我们党领导人民干革命、搞建设、抓改革，从来都是为了解决中国的现实问题。如果对矛盾熟视无睹，甚至回避、掩饰矛盾，在矛盾面前畏缩不前，坐看矛盾恶性转化，那就会积重难返，最后势必造成无法弥补的损失。矛盾积累到一定程度就会发生质的突变。对待矛盾的正确态度，应该是直面矛盾，并运用矛盾相辅相成的特性，在解决矛盾的过程中推动事物发展。

党的十八大之后，我们强调不能简单关注国内生产总值增长率，提出加快转变经济发展方式、调整经济结构，提出化解产能过剩，提出全面深化改革、全面依法治国，提出加强生态文明建设等，都是针对一些牵动面广、耦合性强的深层次矛盾。如果我们不迎难而上、因势利导，逢山开路、遇水架桥，这些矛盾不断积累，就有可能进一步向不利方面转化，最后成为干扰因素甚至破坏性力量。积极面对矛盾、解决矛盾，还要注意把握好主要矛盾和次要矛盾、矛盾的主要方面和次要方面的关系。面对复杂形势和繁重任务，首先要有全局观，对各种矛盾做到心中有数，同时又要优先解决主要矛盾和矛盾的主要方面，以此带动其他矛盾的解决。党的十八大以来，我们提出要协调推进全面建成小康社会、全面深化改革、全面依法治国、全面从严治党。在推进这"四个全面"过程中，我们既要注重总体谋划，又要注重牵住"牛鼻子"。我们既对全面建成小康社会做出全面部署，又强调"小康不小康，关键看老乡"；既对全面深化改革做出顶层设计，又强调突出抓好重要领域和关键环节的改革；既对全面推进依法治国做出系统部署，又强调以中国特色社会主义法治体系为总目标和总抓手；既对全面从严治党提出系列要求，又把党风廉政建设作为突破口，着力解决人民群众反映强烈的"四风"问题，着力解决不敢腐、不能腐、不想腐的问题。在任何工作中，我们既要讲两点论，又要讲重点论。没有主次，不加区别，眉毛胡子一把抓，是做不好工作的。

坚持问题导向，要敢于正视问题、善于发现问题。面对纷繁复杂的国内外形势，要学会在国际国内相互联系中发现问题，形成既符合世界发展潮流又符合我国发展阶段性特征的发展战略；在改革发展实践中发现问题，结合各地区各部门实际，创造性地贯彻落实中央决策部署；在总结经验教训中发现问题，深入思考并及时发现事业进程中的新情况、新苗头，由此全面把握矛盾，掌握解决问题的主动权。坚持问题导向，要科学分析问题、深入研究问题。习近平总书记强调："要学习掌握事物矛盾运动的基本原理，不断强化问题意识，积极面对和化解前进中遇到的矛盾。"① 坚持用辩证唯物主义和历史唯物主义方法，善于具体问题具体分析，弄清楚哪些是体制机制弊端造成的问题，哪些是工作责任不落实造成的问题，哪些是条件不具备一时难以解决的问题；善于透过现象看本质，从繁杂问题中把握事物的规律性，从苗头问题中发现事物的倾向性，从偶然问题中揭示事物的必然性；善于抓主要矛盾和矛盾的主要方面，注重抓事关全局、事关长远发展、事关人民福祉的紧要问题，进而明确有效破解问题的主攻方向，带动全局工作，推进事业全面发展。坚持问题导向，要敢于触及矛盾、长于解决问题。增强问题意识，既要见思想，更要见行动，需要党员干部以解决问题为工作导向，瞄着问题去，追着问题走，把化解矛盾、破解难题作为履职尽责的第一要务。对照形势发展的新要求，抓紧解决本地区本部门本单位长远发展的重大问题；对照人民群众的新期待，抓紧解决工作中存在的损害人民群众利益的突出问题；对照党章的标准和要求，从习以为常的现象中发现思想作风方面存在的倾向性、苗头性、潜在性问题，防患于未然。

二是坚持全面协调，善于处理局部和全局、当前和长远、重点和非重点的关系，实现最为有利的战略部署。全面协调是以习近平同志为核心的党中央治国理政的鲜明特征，反映了唯物辩证法的根本要求。唯物辩证法揭示了物质世界普遍联系和永恒发展的特性，要求人们在认识世界和改造世界过程中，充分运用辩证方法观察和处理问题，正确分析矛盾，在对立中把握统一、在统一中把握对立，善于处理局部和全局、当前和长远、重点和非重点的关系，统筹把握、协调推进，实现最为有利的战略部署。当前，我国社会各种利益关系十分复杂，要坚持全面协调的思想方法和工作方法，发展地而不是静止地、全面地而不是片面地、系统地而不是零散地、普遍联系地而不是单一孤立地观察事物，准确把握客观实际，真正掌握规律，妥善处理好新时代坚持和发展中国特色社会主义的各种重大关系。

坚持全面协调，要做到两点论与重点论的统一。在任何工作中，我们既要讲两点论，又要讲重点论，没有主次，不加区别，眉毛胡子一把抓，是做不好工作的。推进中国特色社会主义总体布局和战略布局，既要注重总体谋划，又要注重牵住"牛鼻子"。在研究复杂事物的发展进程时，既要看到主要矛盾又要看到次要矛盾，既要研究矛盾的主要方面又要研究矛盾的次要方面——是为

---

① 习近平在中共中央政治局第二十次集体学习时强调：坚持运用辩证唯物主义世界观方法论　提高解决我国改革发展基本问题本领 [N]. 人民日报，2015-01-25（1）.

"两点论"；要着重把握主要矛盾、矛盾的主要方面——是为"重点论"。主次矛盾相互依赖、相互影响，并且在一定条件下相互转化。全力找出、紧紧抓住、优先解决主要矛盾和矛盾的主要方面，是推动事物发展的关键。坚持重点突破和整体推进相统一，是党在长期实践中形成的科学思想方法和工作方法。重点突破，才能以点带面、激发前进动力；整体推进，才能统筹协调、把握高质量发展大局。坚持"两点论"和"重点论"相统一，既突出抓好经济建设这个重中之重，也要注重把高质量发展的要求贯穿"五位一体"建设和党的建设全过程，推动形成高质量发展、高品质生活、高水平安全、高效能治理相互促进的生动局面。

坚持全面协调，要讲究"十个指头弹钢琴"的艺术。必须在把情况搞清楚的基础上，统筹兼顾、综合平衡，突出重点、带动全局，有的时候要抓大放小、以大兼小，有的时候又要以小带大、小中见大，形象地说，就是要十个指头弹钢琴。坚持科学统筹，统筹党和国家事业全局，统筹国内国际两个大局，统筹发展和安全两件大事，把经济建设、政治建设、文化建设、社会建设、生态文明建设及其各个环节统筹好、协调好，通盘考虑各方面情况和进展，兼顾推进的速度、力度和进度，把握平衡、综合施策，以达到更好效果。

坚持全面协调，要牢固树立大局意识、全局观念。习近平总书记强调："领导干部要善于观大势、谋大事，自觉在大局下想问题、做工作。"① 新时代中国特色社会主义是全面发展、全面进步的事业，只有站在时代前沿和战略全局的高度观察、思考和处理问题，从政治上认识和判断形势，透过纷繁复杂的表面现象把握事物的本质和发展的内在规律，才能在解决突出问题中实现战略突破，在把握战略全局中推进各项工作。把握全局与服从大局是内在统一的，要摆正本地区本部门本单位工作在全局中的位置，自觉在大局下行动，不折不扣贯彻落实中央重大决策部署，紧密结合自身实际创造性执行，做到既为一域增光，更为全局添彩。

学习掌握唯物辩证法的根本方法，不断增强辩证思维能力，提高驾驭复杂局面、处理复杂问题的本领。我们的事业越是向纵深发展，就越要不断增强辩证思维能力。当前，我国社会各种利益关系十分复杂，这就要求我们善于处理局部和全局、当前和长远、重点和非重点的关系，在权衡利弊中趋利避害、做出最为有利的战略抉择。我们全面深化改革，不能东一榔头西一棒子，而是要

---

① 中共中央文献研究室. 习近平关于全面深化改革论述摘编［M］. 北京：中央文献出版社，2014：78.

突出改革的系统性、整体性、协同性。同时，在推进改革中，我们要充分考虑不同地区、不同行业、不同群体的利益诉求，准确把握各方利益的交汇点和结合点，使改革成果更多更公平，惠及全体人民。学习和运用唯物辩证法，就要反对形而上学的思想方法。我们的先人早就认识到这个问题，很多典故都是批评和讽刺形而上学的，如盲人摸象、郑人买履、坐井观天、掩耳盗铃、揠苗助长、削足适履、画蛇添足等。世界上只有形而上学最省力，因为它不需要依据客观实际，也不受客观实际检查。而坚持唯物辩证法，则要求花大气力、下真功夫。我们一方面要加强调查研究，准确把握客观实际，真正掌握规律；另一方面要坚持发展地而不是静止地、全面地而不是片面地、系统地而不是零散地、普遍联系地而不是单一孤立地观察事物，妥善处理各种重大关系。任何主观主义、形式主义、机械主义、教条主义、经验主义的观点都是形而上学的思想方法，在实际工作中不可能有好的效果。

第四，创新思维能力。创新思维能力强调因时制宜、知难而进，是破除迷信、超越陈规、开拓创新的能力，创新思维能力是对常规思维的突破。创新就是破除与客观事物进程不相符合的旧观念、旧理论、旧模式、旧做法，在继承历史发展成果的基础上，发现和运用事物的新联系、新属性、新规律，更有效地进行认识世界和改造世界的活动。创新是社会发展的不竭动力，人类发展进步的历史就是不断创新的历史。人类的创新活动具有丰富的内容和表现，包含着知识创新、制度创新、科技创新、文化创新等各方面创新。归结起来讲，主要是理论创新和实践创新两个基本方面，它们集中体现了人类在认识世界和改造世界中的创新活动。

理论创新是社会发展和变革的先导，要使党和国家的事业不停顿，首先理论创新不能停。理论的生命力在于创新。创新是理论发展的永恒主题，也是社会发展、实践深化、历史前进对理论的必然要求。在《习近平关于社会主义文化建设论述摘编》中指出，社会总是在发展的，新情况新问题总是层出不穷的，其中有一些可以凭老经验、用老办法来应对和解决，同时也有不少是老经验、老办法不能应对和解决的。如果不能及时研究、提出、运用新思想、新理念、新办法，理论就会苍白无力。理论创新可大可小，"揭示一条规律是创新，提出一种学说是创新，阐明一个道理是创新，创造一种解决问题的办法也是创新"。[1]

时代变化和实践发展是理论创新的源头活水，要根据时代变化和实践发展，进行理论总结和理论创新。理论创新始于问题，因为问题是时代的声音，是实

---

① 习近平. 在哲学社会科学工作座谈会上的讲话 [M]. 北京：人民出版社，2016：20.

践过程中不断涌现的新矛盾。从理论发展史来看，世界上伟大的理论成果都是在回答和解决人与社会面临的重大问题中创造出来的。可以说，"问题倒逼"是不断进行理论创新的助推器。理论创新不仅要以实践创新为基础，还要发挥科学的指导作用"反哺"实践。理论必须同实践相统一，"理论一旦脱离了实践，就会成为僵化的教条，失去活力和生命力。实践如果没有正确理论的指导，也容易'盲人骑瞎马，夜半临深池'。理论对规律的揭示越深刻，对社会发展和变革的引领作用就越显著"。理论创新的根基是伟大实践，理论创新的使命是推动伟大实践，理论创新的内容是提炼出有学理性的新理论、概括出有规律性的新实践。理论的生命力在于既用现实活化理论又用理论照亮现实，既用实践推进理论又用理论引导实践。习近平新时代中国特色社会主义思想坚持问题导向，聚焦我国发展面临的突出矛盾和问题，把改革发展稳定统一起来，以新发展理念引领高质量发展，饱含源于实践又指导实践的创新思维。

增强创新思维能力，在实践中需要做到以下几方面：

一是我们要有敢为人先的锐气，以思想认识的新飞跃打开工作的新局面。

关于理论与实践的辩证关系，马克思曾指出："光是思想力求成为现实是不够的，现实本身应当力求趋向思想。"① 习近平新时代中国特色社会主义思想以其把握时代性问题的理论洞察力、回答时代性问题的理论创造力、解决时代性问题的理论思想力，开辟了当代中国马克思主义、21世纪马克思主义新境界，必将引领中国人民在新时代创造中华民族新的更大的奇迹，创造人类文明发展新的更大的奇迹。

思维的发展与深化离不开创新。创新思维能力意味着不墨守成规，在求新、求变中创造性地提出问题和解决问题。当今世界，知识经济飞速发展，创新已经成为社会进步的主导力量与重要源泉，只有善于开发和运用创新思维能力，才能紧跟时代的步伐，更好地回应和解决时代发展所提出的问题。培养和提高创新思维能力，要求我们有敢为人先的锐气，打破迷信经验、迷信本本、迷信权威的惯性思维，摒弃不合时宜的旧观念，以思想认识的新飞跃打开工作的新局面。在不断提高创新思维能力的基础上，坚定不移贯彻包括创新发展理念在内的新发展理念，我们党就一定能够领导和团结全国各族人民，实现"两个一百年"奋斗目标，实现中华民族伟大复兴。

二是重视调查研究，了解群众的需求、愿望和创造精神、实践经验。开展

---

① 中共中央马克思恩格斯列宁斯大林著作编译局. 马克思恩格斯选集：第一卷［M］. 北京：人民出版社，2012：134.

调查研究的目的是把事情的真相和全貌调查清楚，把问题的本质和规律把握准确，把解决问题的思路和对策研究透彻。人民群众的社会实践，是获得正确认识的源泉，也是检验和深化认识的根本所在。调查研究成果的质量如何，形成的意见正确与否，最终都要由人民群众的实践来检验。多层次、多方位、多渠道地调查了解情况，基层、群众、重要典型和困难的地方，应成为调研重点，要花更多时间去了解和研究。坚持和完善先调研后决策的重要决策调研论证制度，把调查研究贯穿决策的全过程，使之真正成为决策的必经程序，提高决策的科学化水平。领导干部要带头调查研究，拿出一定时间深入基层，特别是主要负责人要亲自主持重大课题的调研。适应新形势新情况特别是当今社会信息网络化的特点，进一步拓展调研渠道、丰富调研手段、创新调研方式，但不管信息技术多么发达，有多少了解情况的其他渠道，都不能替代自身深入实际、深入基层、深入群众进行实地的调查研究。过去常用的蹲点调研、解剖麻雀的调研方式，在信息化时代依然是管用的，可以有选择地开展。

三是坚持抓铁有痕，切实把工作落到实处，做出经得起实践、人民、历史检验的实绩。一张好的蓝图，只要是科学的、切合实际的、符合人民愿望的，就要一茬接着一茬干，一棒接着一棒跑，干出来的都是实绩。领导干部要有"功成不必在我"的思想境界，牢固树立正确政绩观，既要做让人民群众看得见、摸得着、得实惠的实事，也要做为后人做铺垫、打基础、立长远的好事，既要做显绩，也要做潜绩。不搞劳民伤财的"形象工程""政绩工程"，真正做到对历史和人民负责。

第五，法治思维能力。法治思维能力强调法治价值和法治精神，是将法律作为判断是非和处理事务的准绳、运用法律手段协调关系和解决问题的能力，体现了运用法律原则、法律规则、法律方法思考和处理问题的思维模式。

法治思维从内容上讲，主要包括法律至上、权力制约、公平正义、权利保障、正当程序等几方面。法律至上是指在国家或社会的所有规范中，法律是地位最高、效力最广、强制力最大的规范。法律至上尤其指宪法至上，宪法具有最高的法律效力，是其他一切法律的依据。法律至上具体表现为法律的普遍适用性、优先适用性和不可违抗性。权力制约是指国家机关的权力必须受到法律的规制和约束。在我国，一切权力为民所有，一切权力为民所用。因此，只有依法对权力的配置和运行进行有效制约和监督，才能防止权力私用、权力滥用和权力腐败。公平正义主要包括权利公平、机会公平、规则公平和救济公平。法律规则面前人人平等、法律内容面前人人平等和法律保护面前人人平等，任何人不得享有法律之外的特权，任何人也不会被法律排除在保护之外。权利保障主要是指对公民权利的法律保障，具体包括公民权利的宪法保障、立法保障、行政保护和司法保障。正当程序，表现在程序的合法性、中立性、参与性、公开性、时限性等方面，程序运行合乎法律的规定，有关机关或个人不得违反或变相违反，程序的运行必须有合理的期限，符合时间成本和效率原则的要求，不得无故拖延或没有终结。正义不应缺席，也不应迟到，迟到的正义是有瑕疵的正义。

习近平指出，党的十八大以来，党中央对全面依法治国做出一系列重大决策、提出一系列重大举措。我们适应党和国家事业发展要求，完善立法体制，加强重点领域立法，中国特色社会主义法律体系日趋完善。我们坚持依宪治国，与时俱进修改宪法，设立国家宪法日，建立宪法宣誓制度，宪法实施和监督全面加强。我们推进法治政府建设，大幅减少行政审批事项，非行政许可审批彻底终结，建立政府权力清单、负面清单、责任清单，规范行政权力，推动严格规范公正文明执法。我们坚定不移地推进法治领域改革，废止劳教制度，推进司法责任制、员额制和以审判为中心的刑事诉讼制度改革，依法纠正一批重大冤假错案，司法质量、效率、公信力显著提高。我们坚持把全民普法和守法作为依法治国的基础性工作，实行国家机关"谁执法谁普法"的普法责任制，将法治教育纳入国民教育体系，全社会法治观念明显增强。我们推进法治队伍建设，发展壮大法律服务队伍，加强法学教育和法治人才培养。我们坚持依法执政，加强党内法规制度建设，推进国家监察体制改革，依法惩治腐败犯罪，全面从严治党成效卓著。

贯彻全面依法治国新理念新思想新战略，增强法治思维能力，必须做到以下几个方面的坚持：

一是坚持依法治国、依法执政、依法行政共同推进，法治国家、法治政府、法治社会一体建设。全面依法治国是一个系统工程，必须统筹兼顾、把握重点、整体谋划，更加注重系统性、整体性、协同性。依法治国、依法执政、依法行政是一个有机整体，关键在于党要坚持依法执政、各级政府要坚持依法行政。法治国家、法治政府、法治社会三者各有侧重、相辅相成，法治国家是法治建设的目标，法治政府是建设法治国家的主体，法治社会是构筑法治国家的基础。要善于运用制度和法律治理国家，提高党科学执政、民主执政、依法执政的水平。

二是坚持依宪治国、依宪执政。依法治国首先要坚持依宪治国，依法执政首先要坚持依宪执政。党领导人民制定宪法法律，领导人民实施宪法法律，党自身必须在宪法法律范围内活动。任何公民、社会组织和国家机关都必须以宪法法律为行为准则，依照宪法法律行使权利或权力，履行义务或职责，都不得有超越宪法法律的特权，一切违反宪法法律规定的行为都必须予以追究。

三是坚持全面推进科学立法、严格执法、公正司法、全民守法。解决好立法、执法、司法、守法等领域的突出矛盾和问题，必须坚定不移地推进法治领域的改革。要紧紧抓住全面依法治国的关键环节，完善立法体制，提高立法质量。要推进严格执法，理顺执法体制，完善行政执法程序，全面落实行政执法责任制。要支持司法机关依法独立行使职权，健全司法权力分工负责、相互配合、相互制约的制度安排。要加大全民普法力度，营造全社会办事依法、遇事找法、解决问题用法、化解矛盾靠法的法治环境。

四是坚持处理好全面依法治国的辩证关系。全面依法治国必须正确处理政治和法治、改革和法治、依法治国和以德治国、依法治国和依规治党的关系。社会主义法治必须坚持党的领导，党的领导必须依靠社会主义法治。"改革与法治如鸟之两翼、车之两轮"，要坚持在法治下推进改革，在改革中完善法治。要坚持依法治国和以德治国相结合，实现法治和德治相辅相成、相得益彰。要发挥依法治国和依规治党的互补性作用，确保党既依据宪法法律治国理政，又依据党内法规管党治党、从严治党。

第六，底线思维能力。底线思维能力强调划清并坚守底线、尽力化解风险，是一种从坏处准备、努力争取最好的结果、牢牢把握主动权的能力，是根据我们的需要和客观的条件，避免最坏结果，争取实现最大期望值的一种积极的思维。

所谓底线，就是不可逾越的界限，是事物发生质变的临界点。坚持和运用好底线思维，培养和提高底线思维能力，一方面，要严守原则，不仅要划清底线，更要坚守底线，不能踩"红线"、越"底线"、闯"雷区"，比如，不能突破主权的底线、法律的底线、清正廉洁的底线、经济增长的底线、民生保障的底线、环境保护的底线等。总之，要守住做人、处事、用权、交友的底线，"受警醒、明底线、知敬畏，主动在思想上划出红线、在行为上明确界限，真正敬法畏纪、遵规守矩"①。另一方面，要以积极的态度研判风险、防患于未然，牢牢掌握战略主动权，坚定信心，以实际行动化解风险，变挑战为机遇，追求最佳结果。另外，坚持底线思维，要做到居安思危，增强忧患意识。"不能安于现状、盲目乐观，不能囿于眼前、轻视长远，不能掩盖矛盾、回避问题，不能贪

---

① 习近平. 习近平在党的群众路线教育实践活动总结大会上的讲话［N］. 人民日报，2014-10-09（02）.

图享受、攀比阔气。"① 要做好应付最坏局面的思想准备，见微知著、未雨绸缪，增强前瞻意识。

党的十八大以来，习近平多次强调在各项工作中要坚持底线思维，增强忧患意识。在十八届中央政治局第四十次集体学习时，他强调维护金融安全，要坚持底线思维，坚持问题导向；在主持召开国家安全工作座谈会时，他强调要坚持底线思维，把维护国家安全的战略主动权牢牢掌握在自己手中；在庆祝中国人民解放军建军 90 周年大会上，他强调必须强化忧患意识，坚持底线思维，全部心思向打仗聚焦，各项工作向打仗用劲；在中央外事工作会议上，他强调对外工作要坚持底线思维和风险意识。2019 年 1 月 21 日，习近平在省部级主要领导干部坚持底线思维着力防范化解重大风险专题研讨班开班式上发表重要讲话，强调要坚持底线思维，增强忧患意识，提高防控能力，着力防范化解重大风险，保持经济持续健康发展和社会大局稳定。实践证明，中国之所以能取得今天的发展成就，成功应对重大挑战、抵御重大风险、克服重大阻力、解决重大矛盾，离不开"居安思危，未雨绸缪"的底线思维。

底线思维能力体现了我们对事物量变引起质变的"度"的深刻认识和自觉把握，也体现了对矛盾分析方法的自觉运用。2012 年 12 月，习近平总书记在中共中央召开的党外人士座谈会上讲话指出："我们要坚持'两点论'，一分为二看问题，既要看到国际国内形势中有利的一面，也看到不利的一面，从坏处着想，做最充分的准备，争取较好的结果。"当前，我国形势总体上是好的，同时也面对波谲云诡的国际形势、复杂敏感的周边环境、艰巨繁重的改革发展稳定任务。面对国内外环境发生的深刻变化，只有高度重视底线思维，把困难和挑战估计得充分一些，把预案做得周密一些，积极寻求规避系统性风险、化解复杂矛盾、谋求创新发展的路径和方法，牢牢守住底线，才能遇事不慌、临危不乱，才能不走弯路、不跌跤。只有始终运用和坚持底线思维，才能有效化解风险挑战，确保完成目标任务，推进党和国家事业不断发展。

坚持底线思维，决不能在根本性问题上出现颠覆性错误。守好底线的关键和基本要求是什么？习近平纵观全局，明确指出：中国是一个大国，决不能在根本性问题上出现颠覆性错误，一旦出现就无法挽回、无法弥补。我们的立场是胆子要大、步子要稳，既要大胆探索、勇于开拓，也要稳妥审慎、三思而后行。他还多次强调，要坚持底线思维，不回避矛盾，不掩盖问题，凡事从坏处

---

① 习近平在中共中央政治局第十六次集体学习时强调：坚持从严治党落实管党治党责任 把作风建设要求融入党的制度建设［N］．人民日报，2014-07-01（1）．

准备，努力争取最好的结果，做到有备无患、遇事不慌，牢牢把握主动权。"稳妥审慎""从坏处准备"，强调的是底线思维与忧患意识息息相关。对此，习近平曾详细阐述，他指出，我们共产党人的忧患意识，就是忧党、忧国、忧民意识，这是一种责任，更是一种担当。要深刻认识党面临的执政考验、改革开放考验、市场经济考验、外部环境考验的长期性和复杂性，深刻认识党面临的精神懈怠危险、能力不足危险、脱离群众危险、消极腐败危险的尖锐性和严峻性，深刻认识增强自我净化、自我完善、自我革新、自我提高能力的重要性和紧迫性，坚持底线思维，做到居安思危。

习近平总书记对一些重要领域要坚守底线做过深刻阐述。比如，在道路方向问题上，强调不能犯颠覆性错误，既不走封闭僵化的老路，也不走改旗易帜的邪路；在经济建设方面，强调要把防控金融风险放到更加重要的位置，坚决守住不发生系统性风险底线；在依法治国方面，强调牢固树立法律红线不能触碰、法律底线不能逾越的观念，守住做人、处事、用权、交友的底线，自觉维护法律尊严和权威；在生态环境保护方面，强调实行最严格的生态环境保护制度，严守生态保护红线；在外交战略方面，强调坚持走和平发展道路，但决不能放弃我们的正当权益，决不能牺牲国家核心利益；等等。要准确把握这些重要论述的丰富内涵和精神实质，树立明确的底线意识，决不能触碰、践踏和逾越那些事关党和国家事业兴衰成败、中国特色社会主义前途命运、中华民族伟大复兴和中国人民根本利益的原则界限，不断增强坚守底线的坚定性与自觉性。

用好底线思维，"要高度警惕'黑天鹅'事件，也要防范'灰犀牛'事件"[①]。在 2019 年 1 月省部级主要领导干部坚持底线思维着力防范化解重大风险专题研讨班开班式上，习近平就意识形态、经济、科技、社会、外部环境、党的建设等领域，阐述了一系列重要问题的基本底线。在分析我国经济形势时，习近平强调要增强忧患意识，未雨绸缪，精准研判、妥善应对经济领域可能出现的重大风险；在谈到科技领域安全时，他指出要解决资源配置重复、科研力量分散、创新主体功能定位不清晰等突出问题，加快补短板；在分析我国外部环境时，他指出要既聚焦重点又统揽全局，有效防范各类风险连锁联动；在谈到全面从严治党时，他肯定了清除党内存在的严重隐患"成效显著"，更强调"这并不意味着我们就可以高枕无忧"。我们必须始终保持高度警惕，既要高度警惕"黑天鹅"事件，也要防范"灰犀牛"事件；既要有防范风险的先手，也

---

① 习近平. 提高防控能力着力防范化解重大风险 保持经济持续健康发展社会大局稳定 [N]. 人民日报, 2019-01-22 (01).

要有应对和化解风险挑战的高招；既要打好防范和抵御风险的有准备之战，也要打好化险为夷、转危为机的战略主动战。

坚持底线思维，是做好领导工作的一个重要战略策略，也是一个很紧要的领导艺术。只有凡事从最坏处准备，努力争取最好的结果，才能有备无患，牢牢把握主动权。习近平总书记反复强调，当前和今后一个时期，我们在国际和国内面临的矛盾和风险都不少，决不能掉以轻心，"各种风险我们都要防控，但重点要防控那些可能迟滞或中断中华民族伟大复兴的全局性风险，这是我一直强调底线思维的根本含义"①。我们要提高底线思维能力，居安思危、未雨绸缪，做好应付最坏局面的思想准备。把新时代中国特色社会主义建设好，是一项长期而艰巨的历史任务。事业越前进、越发展，新情况新问题就会越多，越是取得成绩的时候，越要谨慎。要把底线思维贯穿工作始终，增强忧患意识，把困难和挑战估计得充分一些，把应对各种复杂局面、意外情况的预案做得周密一些，积极寻求规避系统性风险、化解复杂矛盾、谋求创新发展的路径和方法，千方百计"托底""守底""保底"，确保在风险可控范围内实现发展目标。

关于辩证唯物主义的世界观和方法论，十八届中央政治局就辩证唯物主义基本原理和方法论进行第二十次集体学习时，习近平总书记强调指出，学习世界统一于物质、物质决定意识的原理，坚持从客观实际出发制定政策、推动工作；学习事物矛盾运动的基本原理，不断强化问题意识，积极面对和化解前进中遇到的矛盾；学习唯物辩证法的根本方法，不断增强辩证思维能力，提高驾驭复杂局面、处理复杂问题的本领；学习认识和实践辩证关系的原理，坚持实践第一的观点，不断推进实践基础上的理论创新。这四个方面的内容，为我们理解和把握辩证唯物主义世界观和方法论提供了基本框架和基本遵循。

习近平新时代中国特色社会主义思想是当代中国的马克思主义，21世纪的马克思主义。在今天我们运用好辩证唯物主义和历史唯物主义的世界观方法论，首先就要学习运用好习近平新时代中国特色社会主义思想的世界观和方法论，坚持好、运用好贯穿其中的立场观点和方法。具体地说，就是"六个必须坚持"，即人民至上、自信自立、守正创新、问题导向、系统观念、胸怀天下。

从"六种思维能力"到"六个必须坚持"的世界观和方法论，是对马克思主义哲学的创新性发展。这一重要论述，突出的理论特质在于充满了马克思主义的辩证逻辑智慧，为新时代中国共产党人提高治国理政能力提供了科学的立

---

① 中共中央党史和文献研究院．习近平关于防范风险挑战、应对突发事件论述摘编［M］．北京：中央文献出版社，2020：26.

场观点和方法，具有重要的理论价值和实践意义。

必须坚持人民至上的根本立场。人民立场与人类情怀相互连接。既坚持人民至上，又坚持胸怀天下，把人民幸福与人类进步紧密连接起来，使我们党既站在马克思主义真理的制高点，又站在人类道义的制高点，为我们党统筹国内国际"两个大局"，在解决中国问题中致力解决世界问题、在解决世界问题中推动解决中国问题，提供了科学的世界观和方法论。马克思主义归根结底就是一句话：为人类求解放。实现全人类的彻底解放，最终实现每个人的自由全面发展，是马克思主义的最终目标。作为世界上最大的马克思主义政党，我们党始终坚持人民立场和人类情怀，既立志于中华民族千秋伟业，为中国人民谋幸福、为中华民族谋复兴，又致力于人类解放崇高事业，为人类谋进步、为世界谋大同。党的十八大以来，以习近平同志为核心的党中央坚持历史唯物主义基本原理，在继承党的性质宗旨、初心使命的基础上，着眼于破解新时代党群关系面临的新问题，鲜明提出"人民至上"的执政理念。"江山就是人民，人民就是江山。中国共产党领导人民打江山、守江山，守的是人民的心"①"始终把人民放在心中最高位置"……这些重要思想极大地丰富了群众史观，使马克思主义的人民观充满了时代气息和中国气派。同时，习近平以世界眼光关注人类前途命运，从人类发展大潮流、世界变化大格局、中国发展大历史的高度正确认识和处理中国同世界的关系，把推动中国人民的发展进步与推动整个人类的发展进步紧密联系起来，积极回应各国人民的普遍关切，创造性地提出构建人类命运共同体、弘扬全人类共同价值等中国主张，推动建设开放包容、美美与共的美好世界，充分体现了党的最高理想对于关注人类命运的使命要求和对实现人类共同价值应承担的责任义务，充分彰显了中华民族讲信修睦、亲仁善邻、协和万邦、天下大同的优秀文化品格。

必须坚持自信自立的立足基点。马克思主义主张一个国家要有自己的尊严，要保持其独立性，捍卫其尊严和主权，各国要相互尊重、求同存异、和平共处。人类历史上没有一个民族、一个国家可以通过依赖外部力量、照搬外国模式、跟在他人后面亦步亦趋来实现强大和振兴。能否保持自信自立，是一个国家强大与否的重要标志。一百多年来，中国共产党人为争取民族独立、人民解放和实现国家富强、人民幸福进行了不屈不挠的英勇斗争，同时致力于以马克思主义为指导重塑中华民族的自信自立精神，从根本上改变了近代以来丧失自信、

---

① 习近平 . 高举中国特色社会主义伟大旗帜　为全面建设社会主义现代化国家而团结奋斗 [N] . 人民日报，2022-10-26（01）.

无法自立的屈辱悲惨命运，使古老的中国以崭新的精神风貌重新屹立于世界东方。气可鼓不可泄。进入新时代，在应对各种风险挑战的斗争较量中，能否坚定"四个自信"，不信邪、不怕鬼、不怕压，始终保持和提振来之不易的自信自立精神，关系党和国家事业的前途命运。把自信自立精神上升为世界观和方法论，是对马克思主义国家观的创造性运用，是对我们党独立自主治国理政方略的创新性发展，对以中国式现代化全面推进中华民族伟大复兴具有重大的理论和实践意义。中国式现代化的重要特征之一，就是坚持现代化建设的自信自立，坚持道不变、志不改，把国家和民族的发展放在自己力量的基点上，把中国发展进步的命运牢牢掌握在自己手中，这充分彰显了中国共产党人和中华民族的志气、骨气、底气，实现了自信与自立的有机统一。

必须坚持守正创新的科学态度。原理与原创相互辉映。党的十八大以来，面对国内外形势新变化和实践新要求，习近平对关系新时代党和国家事业发展的一系列重大理论和实践问题进行了深邃思考和科学判断，就新时代坚持和发展什么样的中国特色社会主义、怎样坚持和发展中国特色社会主义，建设什么样的社会主义现代化强国、怎样建设社会主义现代化强国，建设什么样的长期执政的马克思主义政党、怎样建设长期执政的马克思主义政党等重大时代课题，提出一系列治国理政新理念、新思想、新战略。习近平新时代中国特色社会主义思想是当代中国马克思主义、21 世纪马克思主义，是中华文化和中国精神的时代精华，实现了马克思主义中国化新的飞跃。这些重大的原创性贡献，既坚持马克思主义基本原理，又不拘泥于马克思主义经典著作中的具体结论，不是把马克思主义当作一成不变的教条，而是当作认识和改造世界的行动指南，以科学的态度对待科学，以真理的精神追求真理，坚持把马克思主义基本原理同中国具体实际相结合，同中华优秀传统文化相结合，以马克思主义者的巨大政治勇气和理论勇气，不断拓展认识的广度和深度，深化了对共产党执政规律、社会主义建设规律和人类社会发展规律的认识，闪耀着马克思主义真理的光芒，闪耀着时代和实践的光辉，实现了原理与原创的相互辉映以及继承与发展、守正与创新的有机统一。

必须坚持问题导向的理论任务。主题与问题相互贯通。历史是以不同的时代为节点连接起来的曲折发展的轴线，每个时代都有属于自己的不同主题。主题是时代的标识，问题是时代的声音。主题是具体问题的集中表达，问题是时代主题的具体展开。顺应时代潮流，把握时代主题，破解时代课题，是马克思主义政党的使命责任。一百多年来，我们党始终坚持马克思主义唯物史观，把握革命、建设、改革的时代特征，把握站起来、富起来、强起来的时代主题，科学认识不同时代主题下面临的主要矛盾和具体问题，坚持解放思想、实事求是、与时俱进、求真务实，勇于逢山开路、遇水架桥，着力破解前进道路上一个个难题关隘，实现了以时代主题引领破解矛盾问题、以破解矛盾问题回应时代主题的有机统一。党的十八大以来，以习近平同志为核心的党中央着眼于全面建设社会主义现代化国家、全面推进中华民族伟大复兴的时代主题，对新时代我国社会的主要矛盾做出科学判断，把坚持问题导向从一般性工作要求上升到世界观方法论的高度，坚持认识世界和改造世界的内在统一，发扬斗争精神，勇于担当作为，着力攻克新长征路上的"娄山关""腊子口"，扫除全面深化改革中的拦路虎、绊脚石，采取一系列战略性举措，推进一系列变革性实践，实现一系列突破性进展，取得一系列标志性成果，经受住了来自政治、经济、意识形态、自然界等方面的风险挑战考验。党和国家事业取得历史性成就、发生历史性变革，推动我国迈上全面建设社会主义现代化国家新征程。这充分彰显了坚持问题导向的实践伟力，使马克思主义的矛盾观焕发出时代的生机活力。

必须坚持系统观念的思想方法。统筹与运筹相互转化。改革发展稳定、内政外交国防、治党治国治军是一个复杂的系统工程，如何运筹帷幄之中，能否决胜千里之外，是对我们党治国理政能力特别是战略运筹能力的严峻考验。马克思主义哲学认为，任何事物都是由各个部分组成的有机整体，各部分之间是普遍联系、相互影响的，有的居主导地位、起主要作用，有的居次要地位、起次要作用，必须善于统筹全局、抓主要矛盾，学会"弹钢琴"。这些基本观点为我们认识和解决实际工作中纷繁复杂的矛盾问题提供了科学的思想方法和工作方法。党的十八大以来，以习近平同志为核心的党中央在战略全局上统筹强国强党强军伟业，紧密结合实践中面临的复杂矛盾问题，运用唯物辩证法普遍联系的基本原理，围绕强化系统思维，创造性作出中国特色社会主义事业"五位一体"总体布局和"四个全面"战略布局的宏阔体系设计，并在实践中运筹推动各项工作，把握好全局与局部、当前与长远、宏观与微观、一般与特殊、主要矛盾与次要矛盾等辩证关系，处理好战略与政略、经济与政治、富国与强军、改革与稳定、发展与安全、物的全面丰富与人的全面发展、经济社会发展与疫情防控、人与自然等重大关系，推进各项建设全面发展，创造了一个个令人刮目相看的人间奇迹。系统思维的理论拓展和实践运用，贯通了顶层设计中的宏观统筹与推动落实中的运筹协调的逻辑链路，从理论和实践上丰富了马克思主义哲学的系统观，为把系统观念上升为世界观和方法论奠定了坚实的理论和实践基础。

必须坚持胸怀天下的世界眼光。中国共产党是为中国人民谋幸福、为中华民族谋复兴的党，也是为人类谋进步、为世界谋大同的党。我们要拓展世界眼光，深刻洞察人类发展进步潮流，积极回应各国人民普遍关切，为解决人类面临的共同问题做出贡献，以海纳百川的宽阔胸襟借鉴、吸收人类一切优秀文明成果，推动建设更加美好的世界。解决中国问题既要立足中国，也要放眼世界，直面世界百年未有之大变局，把中国问题置于人类发展进步潮流中进行思考谋划，进而为解决人类面临的共同问题做出中国贡献。

第三章

发展理论与新发展理念

发展是前进的、上升的运动，人类社会也是不断前进发展的。人类社会与自然界一样，是有规律的发展过程，社会发展的动力是生产力和生产关系、经济基础和上层建筑的矛盾运动。马克思主义强调人的自由发展，把人的解放和人的全面发展作为社会发展的目标。国际社会发展思想的演变经历了经济增长观、现代化发展观、综合发展观和以人为中心的可持续发展观几个阶段。中国社会进入新时代以来，更加倡导创新、协调、绿色、开放、共享的新发展理念。

第一节　马克思主义社会发展理论

马克思主义的社会发展理论主要包含社会发展规律、社会发展动力以及社会发展目标等内容。

第一，关于社会发展规律。人类社会与自然界一样是有规律的客观过程，生产力与生产关系矛盾运动的规律与经济基础与上层建筑矛盾运动的规律是人类社会发展的一般规律，这些规律决定了社会形态的更替和历史发展的基本趋势，但规律的客观性并不否定人们历史活动的能动性。

生产力与生产关系矛盾运动的规律是社会形态发展的普遍规律，这一规律表现为生产关系对于生产力总是从基本相适合到基本不相适合，再到新的基础上的基本相适合。与此相适应，生产关系也总是从相对稳定到新旧更替，再到相对稳定。生产关系一定要适合生产力状况的规律主要包含以下两方面内容：

生产力决定生产关系，生产力的状况决定生产关系的性质，生产力的发展决定生产关系的变化。历史上的各种生产关系都是适应一定的生产力发展需要而产生的。有什么样的生产力，就会产生什么样的生产关系。马克思说："手推磨产生的是封建主的社会，蒸汽磨产生的是工业资本家的社会。"① 随着生产力的发展，原本适合生产力状况的生产关系便由新变旧，走向自己的反面。当生产关系不能适应生产力发展的要求时，人们就要变革旧的生产关系，建立新的生产关系，以适应生产力的发展。

生产关系对生产力具有能动的反作用，当生产关系适合生产力发展的客观要求时，对生产力的发展起推动作用，当生产关系不适合生产力发展的客观要求时，就会阻碍生产力的发展。生产关系对生产力反作用的实际过程和情形是十分复杂的。新的生产关系总体上基本适合生产力发展，但并不排除它的某些环节或方面不适合生产力状况而阻碍其发展；旧的生产关系总体上基本不适合生产力发展，但也不排除它的某些环节或方面的调整和改变，能够暂时地、局部地对生产力发展有一定的促进作用。生产关系落后于生产力固然会阻碍其发展，而由于人为的原因使某种生产关系"超越"生产力水平，这种"拔高"了的生产关系也会阻碍生产力的发展。

经济基础与上层建筑矛盾运动的规律主要是指经济基础状况决定上层建筑的发展方向，决定上层建筑相应的调整或变革，而不允许上层建筑长期落后于或不适应自己的发展；上层建筑的反作用也必须取决于和服从于经济基础的性质和客观要求，而不允许上层建筑脱离经济基础的发展状况和水平。上层建筑一定要适合经济基础状况的规律主要包含以下两方面内容：

一是经济基础决定上层建筑。经济基础是上层建筑赖以产生、存在和发展的物质基础，经济基础的性质决定上层建筑的性质，经济基础的变革必然引起上层建筑的变革。任何上层建筑的产生、存在和发展，都能直接或间接地从社会的经济结构中得到说明，有什么样的经济基础就有什么样的上层建筑，经济基础决定上层建筑变革的方向。

二是上层建筑对经济基础具有反作用。上层建筑为自己经济基础的形成和巩固服务，确立或维护其在社会中的统治地位。当上层建筑为适合生产力发展要求的经济基础服务时，就成为推动社会发展的进步力量；当它为落后的经济基础服务时，就成为阻碍社会发展的消极力量。

生产力与生产关系矛盾运动的规律和经济基础与上层建筑矛盾运动的规律，规定了社会形态更替的客观必然性，决定了历史发展的基本趋势。生产力与生产关系矛盾运动的规律性，从根本上规定了社会形态更替的客观必然性。原始

---

① 中共中央马克思恩格斯列宁斯大林编译局. 马克思恩格斯选集：第一卷［M］. 北京：人民出版社，1994：142.

社会、奴隶社会、封建社会、资本主义社会和共产主义社会（其第一阶段是社会主义社会），这五种社会形态的依次更替，是社会历史运动的一般过程和一般规律，但由于社会发展的复杂性和曲折性，社会形态更替在遵循一般规律的同时，也会有一些特殊的形式，表现为有些国家在发展中经历了几种社会形态依次更替的典型过程，也有些国家在发展中超越了一个甚至几个社会形态而跨越式地向前发展等。

社会发展是有规律的客观过程，并不妨碍人们在遵循社会发展规律的基础上对于社会形态的历史选择。社会发展的基本趋势为人们的历史选择提供了基础、范围和可能性空间，人们的历史选择活动必须遵循社会发展的客观规律，因为历史过程是受内在的一般规律支配的，人们的历史选择只有符合社会发展规律才能实现。人们对社会形态的历史选择最终取决于人民群众的根本利益、根本意愿以及对社会发展规律的把握和顺应程度。历史的发展、社会形态更替的规律，归根结底会通过人民的意志和人民的选择表现出来。

第二，关于社会发展动力。社会基本矛盾是历史发展的根本动力，社会基本矛盾贯穿人类社会发展过程的始终，决定了社会形态由低级向高级的发展，科学技术作为先进生产力的重要标志，对于推动社会发展有着非常重要的作用，科学技术是社会发展的重要动力。

社会基本矛盾特别是生产力和生产关系的矛盾，决定着社会中其他矛盾的存在和发展，经济基础和上层建筑的矛盾也会影响和制约生产力和生产关系的矛盾。在生产力和生产关系、经济基础和上层建筑这一社会基本矛盾的运动中，生产力和生产关系的矛盾是更为基本的矛盾，它决定了经济基础和上层建筑矛盾的产生和发展。当旧的生产关系成为生产力发展的桎梏时，生产力就必然要求改变或变革生产关系，而一旦生产关系或经济基础状况发生了变化，就会同原有的上层建筑发生矛盾，并要求改变旧的上层建筑。生产关系或经济基础的变化，不仅决定于生产力的发展，而且受制于社会意识形态和政治法律制度，即上层建筑的变化或变革。当上层建筑适应新的经济基础时，就必然会促进经济和社会的进步；当上层建筑不适应经济基础状况并阻碍生产力的发展时，只有解决了经济基础和上层建筑的矛盾，才能解决生产力和生产关系的矛盾，进而解放生产力、发展生产力。

在社会基本矛盾体系中，生产力是社会基本矛盾运动中最基本的动力因素，是人类社会发展和进步的最终决定力量。生产力决定生产关系的性质，进而决定其他社会关系的基本面貌，决定世界发展的历史进程。正如马克思、恩格斯所指出的那样：大工业"首次开创了世界历史"，"因为它使每个文明国家以及这些国家中的每一个人的需要的满足都依赖于整个世界，因为它消灭了各国以往自然形成的闭关自守的状态"①。

科技革命作为先进生产力的代表，它是推动经济和社会发展的强大杠杆。近代以来的三次科技革命，极大地推动了社会历史的进步。发生在18世纪70年代以蒸汽机的发明为主要标志的科技革命，推动西欧国家相继完成了第一次产业革命，使资本主义生产迅速过渡到机器大工业，为资本主义生产方式的确立奠定了物质基础。发生在19世纪末20世纪初以电力的发明为标志的科技革命，使电力取代蒸汽机成为新的动力，社会生产力又一次得到迅猛发展。20世纪中期以后出现的以原子能的利用、电子计算机和空间技术的发展为主要标志，特别是以信息技术、新材料、新能源、生物工程、海洋工程等高科技的出现为主要标志的科技革命，使人类进入了互联网、智能化、数字化的时代，推动了由工业经济形态向信息社会或知识经济形态的过渡。

科技革命对经济和社会发展的影响还体现在以下几方面：科技发展使生产自动化程度提高，大大地改变了脑力劳动与体力劳动的比例，使劳动力结构向着智能化趋势发展；微电子技术的出现和广泛应用，使智能机器代替了人的部分脑力劳动，使人们的劳动方式经历了由机械自动化走向智能自动化、由局部自动化走向大系统管理和控制自动化的根本性变革；新的技术革命在推动传统产业现代化的同时，使第三产业在国民经济中所占的比重日益提高，产业结构的变化又导致就业结构的变化，从事第三产业的人数比例迅速增长，科技人员和管理人员的比例日益增长；现代科技革命把人们带入了信息时代，要求人们不断更新和充实知识，以适应时代发展的需要；现代信息技术为人们提供了处理、存储和传递信息的手段，给学习、工作带来了极大便利，现代化的交通、通信等手段，为人们的交往提供了方便；现代科技革命对人的思维方式产生了重要影响，在现代科技革命条件下，人们获得了新的知识理论结构，能够运用新的理论工具和现代化技术手段去研究一系列新现象、新领域、新课题。

第三，关于社会发展目标。马克思主义强调人的自由发展，把人的解放和人的全面发展作为社会发展的目标。人的全面发展和经济社会的发展是相一致的，人类在改造自然的过程中同时改造着他们自身。发展的目标不仅在于经济增长和消除贫困，而且还应该包括社会平等、政治民主、保护环境和使每一个人都得到自由而全面的发展。

在资本主义社会，尽管劳动者获得了人身自由，但是资本家和雇佣工人的

---

① 马克思，恩格斯. 德意志意识形态［M］. 北京：人民出版社，2003：58.

平等关系只体现在流通领域形式上的等价交换。一旦离开了流通领域，进入生产领域，原来的货币占有者作为资本家，昂首前行；劳动力占有者作为他的工人，尾随于后。一个笑容满面，雄心勃勃；一个战战兢兢，畏缩不前，像在市场上出卖了自己的皮一样，他只有一个前途——让人家来鞣。工人阶级实质上是雇佣奴隶。在资本主义生产过程中，雇佣工人不仅生产出相当于自己劳动力价值的价值，而且还要创造归资本家无偿占有的剩余价值。不仅如此，资本家还用无偿获得的剩余价值去无偿地获得更多的剩余价值。因此，资本家阶级和工人阶级之间本质上是不平等的，是压迫与被压迫、统治与被统治、剥削与被剥削的关系。在这种关系支配下，资本主义社会的财富分配呈现出两极分化的趋势，一极是资本家阶级占有巨额财富，另一极是广大的工人阶级只占有少部分财富，由此引发广大劳动者有支付能力的需求远远赶不上资本主义生产无限扩张趋势的矛盾。

从人类社会发展的长河看，资本主义终究要被社会主义所取代，这是历史发展的基本趋势。资本主义社会存在着资产阶级和无产阶级两大阶级之间的矛盾和斗争。随着资本主义经济的快速发展，资产阶级由生产力的解放者变成阻碍者，资本主义在造就了社会化大生产的同时，也产生了推动和运用这一先进生产力的无产阶级。在经济上所处的被剥削的地位使无产阶级具有彻底的革命性和斗争精神。社会化大生产使无产阶级成为最有组织性的革命力量。无产阶级是现代大工业的产物，是真正革命的阶级，无产阶级政党是无产阶级利益的代表。随着生产社会化水平的不断提高和无产阶级队伍的不断壮大，无产阶级在自己的政党领导下，必将彻底推翻资本主义和资产阶级的统治，废除资本主义私有制，逐步建立消灭一切阶级、确保人人得以自由而全面发展的联合体。

实现人的自由而全面的发展是马克思主义追求的根本价值目标，也是共产主义社会的根本特征。1894 年 1 月 3 日，意大利人卡内帕给恩格斯写信，请求他为即将在日内瓦出版的《新纪元》周刊的创刊号题词，而且要求尽量用简短的字句来表述未来社会主义纪元的基本思想，以区别于伟大诗人但丁对旧纪元所做的"一些人统治，另一些人受苦难"的界定。恩格斯回答说，除了从《共产党宣言》中摘出下面一段话，再也找不出合适的了，这就是："代替那存在着阶级和阶级对立的资产阶级旧社会的，将是这样一个联合体，在那里，每个人的自由发展是一切人的自由发展的条件。"①

在共产主义社会，人的发展是自由而全面的发展，是建立在个体高度自由

---

① 马克思，恩格斯．共产党宣言［M］．北京：人民出版社，2018：51．

自觉基础上的全面发展。马克思认为，那时，人摆脱了自然经济条件下对"人的依赖关系"，也摆脱了商品经济条件下对"物的依赖性"，实现了人的"自由个性"的发展。人的发展是全面的发展，不仅体力和智力得到发展，各方面的才能和工作能力得到发展，而且人的社会联系和社会交往也得到发展。共产主义社会中人的自由而全面的发展指的是全体社会成员的发展，或每一个人的发展，而不是只有一部分人的发展。那时，在人与人之间形成了事实上的平等，整个社会是和谐的，社会发展与个人发展实现了真正的统一，社会发展不再以牺牲某些个人的发展为代价。

自由时间的大大延长为人的自由而全面的发展提供了广阔的前景。人的自由而全面的发展，一方面是在多样化的生产劳动过程中实现的，另一方面又是在生产劳动之外的大量自由时间中实现的。随着科学技术的发展和劳动生产率的提高，维持社会生产所需要的劳动时间会不断缩短。在共产主义社会，这个劳动时间将会大大缩短。人们只需从事较少时间的劳动，就能为社会创造出足够的物质财富。这样，人们就可以有大量的自由时间来从事科学、艺术等活动，从事自己感兴趣的活动，从而极大地促进自身全面素质的提高。而这种自由时间里的活动反过来又成为提高劳动者能力和创造性、促进生产力进一步发展的强大动力。

在共产主义社会，劳动不再是单纯的谋生手段，而成为"生活的第一需要"。那时，劳动能力和劳动时间不再是分配消费品的尺度，因而劳动摆脱了谋生的压力，成为发挥人的才能和力量的活动。由于劳动不再是固定僵化的旧式分工中的劳动，由于劳动时间变短和不再需要超时劳动，也由于劳动过程所具有的高度创造性等，劳动不再是单调枯燥和具有强迫性的活动，而成为人们乐于从事的自我实现的活动，成为人生快乐的巨大源泉。共产主义是人类解放的实现，那时人类将从支配他们生活和命运的异己力量中解放出来，实现从必然王国向自由王国的飞跃，开始自觉地创造自己的历史。恩格斯对此曾经做过精彩的阐述："人们周围的、至今统治着人们的生活条件，现在受人们的支配和控制，人们第一次成为自然界的自觉的和真正的主人，因为他们已经成为自身的社会结合的主人了。人们自己社会行动的规律，这些一直作为异己的、支配着人们的自然规律而同人们相对立的规律，那时就将被人们熟练地运用，因而将听从人们的支配。人们自身的社会结合一直是作为自然界和历史强加于他们的东西而同他们相对立的，现在则变成他们自己的自由行动了。至今一直统治着历史的客观的异己的力量，现在处于人们自己的控制之下了。只是从这时起，人们才完全自觉地创造自己的历史；只是从这时起，由人们使之起作用的社会原因才大部分并且越来越多地达到他们所预期的结果。这是人类从必然王国进入自由王国的飞跃。"①

第二节　国际社会发展思想的演变

20世纪40年代以来，在国际组织和各国政府的报告和政策中，"发展"一词频繁出现，在人们追求发展的过程中，对于经济社会如何发展，人们的认识经历了一个过程。迄今为止，国际社会发展思想的演变经历了经济增长观、现代化发展观、综合发展观、以人为中心的发展观和可持续发展观几个阶段。

第一，经济增长观。经济增长理论是关于发展中国家发展研究的最初形式，这种理论从经济学角度出发，认为资本积累、技术进步、储蓄和投资等因素是落后国家发展的主要动力。假设一个社会或国家的贫困或不发达的根源在于人均国民生产总值太低，社会发展就是国民生产总值增长的过程。发展中国家之所以处于贫困状态，除了人口增殖过快，生产的增长为人口的增殖所抵消，更重要的原因是资本积累在供求两方面都受到限制，这就形成了一种"贫穷的恶性循环"，由于居民收入水平低，储蓄能力有限，资本积累和投资能力也就低下，生产率难以提高，居民收入水平持续低下。

为了打破这种"贫穷的恶性循环"，重要的是要提高储蓄和投资率，同时采用私人经济和国家控制相结合的方法，由国家采取措施，吸引私人储蓄和增加公共储蓄，并合理使用资金，积极引进外国资本和技术。经济增长理论认为，发展中国家的主要经济部门大多是传统的农业部门，这成为发展中国家与发达国家经济上的主要差别之一，因而，把工业化作为提高商品和劳务生产水平，进而提升生活水准的必由之路。另外，工业化也被视为城市化的过程，工业化是吸收农村剩余劳动力的唯一途径，努力实现工业化成为发展中国家的主要目标。

在经济增长理论的指导下，部分发展中国家取得了快速的经济发展，出现了亚洲"四小龙"和拉美等一批新兴工业化国家和地区。然而，以经济增长理论为核心的发展观也遭到了国内外理论界众多的批评。在早期"发展即增长"理论的影响下，很多发展中国家出现了"有增长无发展"甚至"恶增长"的现

---

① 中共中央马克思恩格斯列宁斯大林著作编译局. 马克思恩格斯选集：第三卷［M］. 北京：人民出版社，1995：792.

象。以国民生产总值为核心的经济增长并没有真正消除发展中国家的贫困，也没能解决失业、社会动荡、两极分化等社会问题，反而增添了环境污染、能源浪费等生态问题。该理论仅仅从经济增长的角度来考虑发展问题，在当时的情况下具有一定的积极意义，但它没有考虑失业、两极分化、环保等社会问题，其发展思想还远不够全面和成熟。

第二，现代化发展观。现代化发展观兴起于 20 世纪 50 年代，它试图克服经济增长理论中只注重经济增长的偏颇，力图从社会和政治的角度探讨发展中国家不发达的原因和发展的道路。它以西方特别是美国的现代化经验为样板，从社会进化论的角度为人们描绘了一幅内容更加宽泛的西方式现代化图景，力图从人类历史的宏观背景出发勾画出现代化历史过程的所谓一般特征。

现代化发展观将社会分成传统社会和现代社会，认为社会发展就是从传统社会向现代社会的变迁过程，能否从传统社会向现代社会转变主要依赖于人们的价值观、态度和规范。传统社会是个缺乏文化适应能力和创新精神、带有浓厚情感色彩和顽强世第制度的社会，人们靠世代相传的经验生活，缺乏主动性和创造性。但现代社会则截然不同，门第观念和论资排辈观念淡薄了，人们富有进取心、创业精神以及对待世界的理性和科学态度，能力取代了经验而成为社会发展的主要支撑条件之一。西方国家之所以能实现从传统社会向现代社会的转变或发展，正是因为宗教改革和科学发展向传统社会注入了现代化所需的价值观念、规范，从而推进了社会发展。而发展中国家之所以不发达或欠发达，没有实现社会发展，也正是其社会结构和文化传统阻碍了现代化的社会发展进程，只要注入了西方国家在现代化过程中所确立的价值观念、创业精神以及合理化意识，那么就能走上现代化的社会发展之路。

这种发展观具有强烈的西方中心主义的色彩，且过分强调一个国家的内部因素特别是人们的价值观念、意识精神的影响和作用，其缺陷是明显的。现代化理论与经济增长理论一样，都是从各自学科角度出发，以欧洲为中心，对近代西欧、北美国家的现代化历史经验进行单层次的经验描述和实证归纳，并把所描述的经验事实当作现代化的最佳模式和落后国家学习的样板，其观察视角和现实依据是不全面和不完整的。为了更好地解读发展中国家发展中出现的问题，西方社会又衍生出新权威主义和依附理论。

新权威主义把研究的重点从以民主制作为政治发展的终极状态转移到强调政治稳定与政治秩序上来。亨廷顿坚持把考查第三世界各国实际国情放在首位，他率先认识到，政治或政治制度不仅仅是社会与经济变化的被动结果，它本身就是这种变化的决定因素。他强调政治在第三世界发展中的首要性，认为经济的增长要求文化的现代化，文化的现代化要求有效的政治权威，而政治权威的建立则有赖于统治集团或某个领袖人物正确的谋略和圆熟的政治技巧，"铁腕人物"在变化社会建立政治秩序的过程中往往起着决定性的作用。

依附理论认为，不发达状态并非第三世界国家的政权虚弱问题，而是由于第三世界经济加入由发达国家控制的世界资本主义体系的结果。以往现代化理论的主要缺陷在于完全忽视经济因素，以及完全用第三世界国家的内在因素去解释其社会政治的变革。依附理论从国际关系格局以及国内社会经济结构角度分析发展中国家的发展问题，提出世界体系由"中心"和"外围"两部分构成，工业国处于中心地位，而第三世界各国处于外围层面，其中外围依附于中心而存在，而中心则通过对外围的剥夺得以发达起来，二者的关系是依附与剥夺的关系。第三世界国家的贫困主要不是自身的原因所致，而是"依附性"的反映，摆脱依附地位，发展中国家才能实现发展的目的。实际上，在依附与发展的关系上，发展中国家的现代化进程，往往经历了从传统社会的闭关自守到打开国门后的依附状态，再到依附中的发展，最后达到自主开放的发展这样一个动态过程。

第三，综合发展观。进入 20 世纪 80 年代以后，西方学术界对社会发展的综合性进行了更加深入的探讨，并形成了综合发展观。20 世纪 90 年代以后的综合发展观又将生态平衡、工业与环境和人的自身发展等因素考虑进去。发展学家们认识到，发展应该是一个全面的范畴，不仅包括经济增长，还包括社会、政治、文化、科技、生态和人自身等多方面的发展，不仅包括人们生活的物质方面和精神方面，还包括民主政治参与、社会参与、社会公平、社会保障、卫生保健和生态环境等多方面。经济发展是社会发展的物质基础和条件，没有经济的发展和繁荣，社会制度的稳定和进步、生存环境的改善、人类生活质量的提高等都难以实现，但是经济发展的最终目标不在于经济本身，而在于推动社会的全面发展和全面进步。

综合发展观主张社会多方面、多目标、多因素的综合发展，拓展了人们对发展内涵的理解，实现了由狭隘的"增长第一"的发展观向广义的综合发展观的整体转换，体现了人们对发展问题更深入的研究认识。但综合发展观仍然有很大的局限性，它虽然较正确地看到了发展进程中社会内部经济、政治、文化等因素之间的相互作用与影响，但没有进一步揭示社会系统与自然系统相互协调的必要性，导致了人们对自然资源掠夺性的开发和利用，造成了严重的生态问题。它仅仅考虑了发展的当前状态和当前需要，而没有考虑发展的代际问题，没有把满足当代人发展需求与满足后代人的发展需求结合起来。

第四，以人为中心的发展观。20 世纪 60 年代中期以后，以人为中心的发展观逐渐取代了现代化发展观，这种转变源于对发展实践的反思。当时，虽然发展中国家中涌现出一些成功的案例，特别是环太平洋圈的一些国家和地区在工业化方面取得了令世人瞩目的成就，然而，对大多数发展中国家来说，其在 20 世纪 60 年代的发展努力并没有取得预期的进展。发展中国家的贫困人口仍在增长，社会两极分化日趋严重，统治阶层中贪污腐败成风，社会动荡不安，生态环境也逐日恶化。即使在一些新兴的工业化国家，严重的社会问题也动摇了人们对"现代化"的信念。人们开始对发展中国家的"现代化"感到失望，20 世纪 60 年代也被称为发展中国家现代化过程中"失败的十年"。

以人为中心的发展理论或发展观就是基于发展中国家如何实施有效的反贫困战略、如何加快建立和完善社会保障制度、如何在解决农村贫困问题的同时注意解决城市贫困问题、如何促使发达国家有效地援助发展中国家等提出的发展理论体系或发展观。以人为中心的发展观强调"人"是发展理论的制定与完善者，人既是发展的动力，又是发展的目的。一切发展都要围绕"人"这个中心来进行。社会和经济得以发展是人的实践创造和精神发挥的结果，因而人的全面发展是发展理论与实践追求的最终目标。人的全面发展既包括人的体力、智力、文化素养、道德操守、价值观念和思维方式的发展与提升，也包括生态、社会、政治、民主、法制、艺术、伦理等自然、社会、文化生存环境的改善与提高，以及国与国之间、人与人之间和人类代际之间的公平与和谐发展。以人为中心的发展思想演变的过程正是人对社会主体意识觉醒的过程，人对发展的探索与追求使自然和社会更加深刻而全面地满足人类自身全面发展的需求。

第五，可持续发展观。对国际社会影响深远的可持续发展观是 20 世纪 80 年代以后提出来的。1980 年 3 月，联合国大会向全世界发出呼吁，"必须研究自然的、社会的、生态的、经济的，以及利用自然资源过程中的基本关系，确保全球的持续发展"，首次提出了可持续发展的议题。1987 年，世界环境与发展委员会在《我们共同的未来》报告中给出可持续发展的定义是"既满足当代人的需要，又不对后代人满足其需要的能力构成危害的发展"，将同代人之间的公平问题延伸到代际之间的公平问题。1995 年 3 月，在丹麦首都哥本哈根举行的联合国社会发展世界首脑会议明确指出，人是可持续发展的中心，人类有权享有与环境相协调的健康、有活力的生活；经济发展、社会发展和环境保护既彼此独立又相互作用，是可持续发展的有机组成部分。可持续发展以自然、社会和经济的协调发展为准则，强调经济可持续性、社会可持续性和生态可持续性，其基本内涵是"以人的发展为中心，实现经济与社会、人与自然、当代与未来、个别民族国家与人类共同体协调、持续地发展"。

综上所述，从追求一时的经济繁荣到综合的社会发展、再到以人为中心的发展和经济社会可持续发展，追求人类生存质量的改善、人的全面发展以及生态环境保护，始终贯穿发展理论与实践变迁的整个过程。发展观和发展思想演变的基本趋势表现为三个重心的转移：一是经济增长转移到人的价值观念、基本需求，接着又转向人的全面发展；二是从国内发展转向国际发展，也就是说仅仅从内部寻找一国的发展根源转向从国际关系上探讨一国的发展；三是从经济转向社会再转向人，最后转向经济、社会、自然和人四者的相互关系上。

第三节　从发展是硬道理到新发展理念

中国共产党在带领人民建设社会主义的长期实践中，形成了许多关于发展的理念和战略。新中国成立之后，毛泽东同志在《论十大关系》中阐述了社会主义建设的思想，提出了统筹兼顾、"弹钢琴"等思想方法和工作方法。他说："弹钢琴要十个指头都动作，不能有的动，有的不动。但是，十个指头同时都按下去，那也不成调子。要产生好的音乐，十个指头的动作要有节奏，要互相配合。党委要抓紧中心工作，又要围绕中心工作而同时开展其他方面的工作。我们现在管的方面很多，各地、各军、各部门的工作，都要照顾到，不能只注意一部分问题而把别的丢掉。凡是有问题的地方都要点一下，这个方法我们一定要学会。"[①] 在《关于正确处理人民内部矛盾的问题》一文中，毛泽东同志又进一步提出了"统筹兼顾、适当安排"的方针。

改革开放以来，邓小平在总结历史经验的基础上强调，发展是硬道理，中国解决所有问题的关键是要靠自己的发展。邓小平说，贫穷不是社会主义，社会主义要消灭贫穷；我们要建设的中国特色社会主义，是不断发展社会生产力的社会主义；我们确定的基本路线，是以经济建设为中心，实现社会主义现代化的发展路线。邓小平认为，维护世界和平，反对霸权主义，离不开发展；振兴中华民族，使中国岿然屹立于世界民族之林，离不开发展；坚持和完善社会主义制度，说服那些不相信社会主义优越性的人们，离不开发展；解决国内各种问题，保持稳定局面，做到长治久安，离不开发展；发展社会主义民主，健全社会主义法制，离不开发展；加强精神文明建设，提高全社会的文明程度，

---

① 毛泽东. 毛泽东选集：第四卷 [M]. 北京：人民出版社，1991：1442.

离不开发展；坚持"一国两制"方针，和平统一祖国，离不开发展。

中国要发展，离不开科学。邓小平指出，社会生产力的巨大发展，劳动生产率的大幅度提高，最主要的是靠科学的力量、技术的力量。邓小平深刻地概括出"科学技术是第一生产力"这个新论断，反映了科学技术发展的新形势和对我国现代化建设的新要求。邓小平提出了实现现代化"关键是科学技术"，"我们要以世界先进的科学技术成果作为我们发展的起点"，"中国必须在世界高科技领域占有一席之地"等一系列战略思想，为加快我国科技发展，推动经济社会发展，为实现对西方的赶超，指明了方向。发展还要抓住机遇。邓小平提出："我就担心丧失机会。不抓呀，看到的机会就丢掉了，时间一晃就过去了。"① 我们必须正确估量国际环境对于实现我们战略目标的有利和不利因素，以高度的历史责任感和紧迫感抓住机遇，珍惜机遇，用好机遇，千方百计地发展自己，发展经济。改革开放后，邓小平同志针对新时期的新情况新问题，提出"现代化建设的任务是多方面的，各个方面需要综合平衡，不能单打一"②。在改革开放不同时期，邓小平同志提出了一系列"两手抓"的战略方针。

进入 21 世纪以来，面对世界经济和科技前所未有的大发展，2000 年 2 月，江泽民在广东省考察工作时，从全面总结党的历史经验和如何适应新形势新任务的要求出发，首次对"三个代表"进行了比较全面的阐述，提出了发展是党执政兴国的第一要务的重要思想。党要承担起推动中国社会进步的历史责任，必须始终紧紧抓住发展这个执政兴国的第一要务，把坚持党的先进性和发挥社会主义制度的优越性，落实到发展先进生产力、发展先进文化、实现最广大人民的根本利益上来，推动社会全面进步，促进人的全面发展。社会主义要强大，体现优越性，关键在发展。③ 特别是我国这样一个发展中大国，能不能解决好发展问题，直接关系人心向背、事业兴衰。离开发展，坚持党的先进性、发挥社会主义制度的优越性和实现民富国强都无从谈起。江泽民强调，无论国际国内形势如何变化，无论遇到什么样的困难，只要正确坚持和贯彻发展的思想，我们就能够从容应对挑战，克服困难，不断前进。改革开放以来，我们党的路线方针政策得到全体人民的拥护，我们能够战胜各种困难和风险，都与紧紧扭住发展这个主题密切相关。坚持以发展为主题，用发展的眼光、发展的思路、发展的办法解决前进中的问题，就能把中国特色社会主义事业不断推向前进。

---

① 邓小平. 邓小平文选：第三卷［M］. 北京：人民出版社，1993：375.
② 邓小平. 邓小平文选：第二卷［M］. 北京：人民出版社，1994：250.
③ 本书编写组. 毛泽东思想和中国特色社会主义理论体系概论：2023 年版［M］. 北京：高等教育出版社，2023：202.

科学发展观是在探索完善社会主义市场经济体制的过程中逐步形成的。2003 年 10 月，党的十六届三中全会通过的《中共中央关于完善社会主义市场经济体制若干问题的决定》指出："坚持以人为本，树立全面、协调、可持续的发展观，促进经济社会和人的全面发展。"这是我们党的文件中第一次提出科学发展观。2004 年 3 月，胡锦涛在中央人口资源环境座谈会上发表重要讲话，深刻阐明了科学发展观提出的背景、意义，明确界定了"以人为本""全面发展""协调发展""可持续发展"的深刻内涵和基本要求，并对如何树立和落实科学发展观提出了明确的要求，标志着科学发展观的形成。

科学发展观，第一要义是发展，核心立场是以人为本，基本要求是全面协调可持续，根本方法是统筹兼顾。科学发展观的主要内容包括：一是加快转变经济发展方式，要适应国内外经济形势新变化，着力激发各类市场主体发展新活力，着力增强创新驱动发展新动力，着力构建现代产业发展新体系，着力培育开放型经济发展新优势，把推动发展的立足点转到提高质量和效益上来。二是发展社会主义民主政治，坚定不移地走中国特色社会主义政治发展道路，坚持党的领导、人民当家作主、依法治国的有机统一。三是推进社会主义文化强国建设，要树立高度的文化自觉和文化自信，提高国家文化软实力，加快建设与我国深厚文化底蕴和丰富文化资源相匹配、与中国特色社会主义事业总体布局相适应、与建设富强民主文明和谐的社会主义现代化国家的目标相承接的社会主义文化强国。四是构建社会主义和谐社会，社会主义和谐社会是经济建设、政治建设、文化建设、社会建设、生态文明建设协调发展的社会，是人与人、人与社会、人与自然整体和谐的社会。五是推进生态文明建设，要建设以资源环境承载力为基础、以自然规律为准则、以可持续发展为目标的资源节约型、环境友好型社会。六是全面提高党的建设科学化水平，要增强紧迫感和责任感，牢牢把握加强党的执政能力建设、先进性和纯洁性建设这条主线，坚持解放思想、改革创新，坚持党要管党、全面从严治党，全面加强党的思想建设、组织建设、作风建设、反腐倡廉建设、制度建设，增强自我净化、自我完善、自我革新、自我提高能力，建设学习型、服务型、创新型的马克思主义执政党，确保党始终成为中国特色社会主义事业的坚强领导核心。科学发展观着眼于丰富发展内涵、创新发展观念、开拓发展思路、破解发展难题，在发展道路、发展模式、发展战略、发展动力、发展目的和发展要求等方面提出了一系列新的思想观点，初步形成了马克思主义关于社会主义发展的系统理论，进一步丰富和深化了马克思主义对发展问题的认识。

党的十八大以来，习近平总书记顺应时代和实践发展的新要求，坚持以人民为中心的发展思想，鲜明提出要坚定不移贯彻创新、协调、绿色、开放、共享的新发展理念，引领我国发展全局发生历史性变革。创新、协调、绿色、开放、共享的新发展理念是在深刻总结国内外发展经验教训、分析国内外发展大势的基础上形成的，也是针对我国发展中的突出矛盾和问题提出来的。党的十九大把坚持新发展理念作为新时代坚持和发展中国特色社会主义的基本方略，对发展内涵做了具有新的时代特点的全方位拓展，把关于发展的思想和理论提升到新的高度。

习近平总书记的新发展理念主要包括五方面内容。

第一，创新发展理念——着力实施创新驱动发展战略。创新是引领发展的第一动力。发展动力决定发展速度、效能、可持续性。对我国这么大体量的经济体来讲，如果动力问题解决不好，要实现经济高质量发展是难以做到的。坚持创新发展，是分析近代以来世界发展历程特别是总结我国改革开放成功实践得出的结论，是应对发展环境变化、增强发展动力、把握发展主动权、更好引领新常态的根本之策。抓住了创新，就抓住了牵动经济社会发展全局的"牛鼻子"。树立创新发展理念，就必须把创新摆在国家发展全局的核心位置，不断推进理论创新、制度创新、科技创新、文化创新等各方面创新，让创新贯穿党和国家一切工作，让创新在全社会蔚然成风。

习近平指出："回顾近代以来世界发展历程，可以清楚看到，一个国家和民族的创新能力，从根本上影响甚至决定国家和民族前途命运。"[1] 16 世纪以来，人类社会进入前所未有的创新活跃期，几百年里，人类在科学技术方面取得的创新成果超过过去几千年的总和。特别是 18 世纪以来，世界发生了几次重大科技革命，如近代物理学诞生、蒸汽机和机械、电力和运输、相对论和量子论、电子和信息技术发展等。在此带动下，世界经济发生多次产业革命，如机械化、电气化、自动化、信息化。每一次科技和产业革命都深刻改变了世界的发展面貌和格局。一些国家抓住了机遇，经济社会发展驶入快车道，经济实力、科技实力、军事实力迅速增强，甚至一跃成为世界强国。发端于英国的第一次产业革命，使英国走上了世界霸主地位；美国抓住了第二次产业革命机遇，赶超英国成为世界第一。从第二次产业革命以来，美国就占据世界第一的位置，这是因为美国在科技和产业革命中都是领航者和最大获利者。

当今世界，经济社会发展越来越依赖于理论、制度、科技、文化等领域的创新，国际竞争新优势也越来越体现在创新能力上。谁在创新上先行一步，谁

---

[1]　习近平. 习近平谈治国理政：第二卷［M］. 北京：外文出版社，2017：202.

就能拥有引领发展的主动权。当前，新一轮科技和产业革命蓄势待发，其主要特点是重大颠覆性技术不断涌现，科技成果转化速度加快，产业组织形式和产业链条更具垄断性。世界各主要国家纷纷出台新的创新战略，加大投入，加强人才、专利、标准等战略性创新资源的争夺。

虽然我国经济总量跃居世界第二，但大而不强，臃肿虚胖体弱问题相当突出，主要体现在创新能力不强，这是我国这个经济大块头的"阿喀琉斯之踵"。通过创新引领和驱动发展已经成为我国发展的迫切要求。经过多年努力，我国科技整体水平有了明显提高，正处在从量的增长向质的提升转变的重要时期，一些重要领域跻身世界先进行列。但是，总体上看，我国关键核心技术受制于人的局面尚未根本改变，创造新产业、引领未来发展的科技储备远远不够，产业还处于全球价值链中低端，军事、安全领域高技术方面同发达国家仍有较大差距。我们必须把发展基点放在创新上，通过创新培育发展新动力、塑造更多发挥先发优势的引领型发展。

创新是一个复杂的社会系统工程，涉及经济社会各个领域。坚持创新发展，既要坚持全面系统的观点，又要抓住关键，以重要领域和关键环节的突破带动全局。要超前谋划、超前部署，紧紧围绕经济竞争力的核心关键、社会发展的瓶颈制约、国家安全的重大挑战，强化事关发展全局的基础研究和共性关键技术研究，全面提高自主创新能力，在科技创新上取得重大突破，力争实现我国科技水平由跟跑并跑向并跑领跑转变。要以重大科技创新为引领，加快科技创新成果向现实生产力转化，加快构建产业新体系，做到人有我有、人有我强、人强我优，增强我国经济整体素质和国际竞争力。要深化科技体制改革，推进人才发展体制和政策创新，突出"高精尖缺"导向，实施更开放的创新人才引进政策，聚天下英才而用之。

第二，协调发展理念——着力增强发展的整体性协调性。协调是持续健康发展的内在要求。我国发展不协调是一个长期存在的问题，突出表现在区域、城乡、经济和社会、物质文明和精神文明、经济建设和国防建设等关系上。在经济发展水平落后的情况下，一段时间的主要任务是要跑得快，但跑过一定路程后，就要注意调整关系，注重发展的整体效能，否则"木桶效应"就会愈加显现，一系列社会矛盾会不断加深。树立协调发展理念，就必须牢牢把握中国特色社会主义事业总体布局，正确处理发展中的重大关系，重点推动区域协调发展、城乡协调发展、物质文明精神文明协调发展，推动经济建设国防建设融合发展，不断增强发展的整体性协调性。

新形势下，协调发展具有一些新特点。协调既是发展手段又是发展目标，同时还是评价发展的标准和尺度。一个国家、一个地区乃至一个行业在其特定发展时期既有发展优势也存在制约因素，在发展思路上既要着力破解难题、补齐短板，又要考虑巩固和厚植原有优势，两方面相辅相成、相得益彰，才能实现高水平发展。协调发展不是搞平均主义，而是更注重发展机会公平、更注重资源配置均衡。协调是发展短板和潜力的统一，我国正处于由中等收入国家向高收入国家迈进的阶段，国际经验表明，这个阶段是各种矛盾集中爆发的时期，发展不协调、存在诸多短板也是难免的。协调发展，就要找出短板，在补齐短板上多用力，通过补齐短板挖掘发展潜力、增强发展后劲。从当前我国发展中不平衡、不协调、不可持续的突出问题出发，我们要着力推动区域协调发展、城乡协调发展、物质文明和精神文明协调发展，推动经济建设和国防建设融合发展。

　　要发挥各地区比较优势，促进生产力布局优化，重点实施"一带一路"倡议和京津冀协同发展、长江经济带发展战略，支持革命老区、民族地区、边疆地区、贫困地区加快发展，构建连接东中西、贯通南北方的多中心、网络化、开放式的区域开发格局，不断缩小地区发展差距。要坚持工业反哺农业、城市支持农村和多予少取放活方针，促进城乡公共资源均衡配置，加快形成以工促农、以城带乡、工农互惠、城乡一体的工农城乡关系，不断缩小城乡发展差距。要坚持社会主义先进文化前进方向，用社会主义核心价值观凝聚共识、汇聚力量，用优秀文化产品振奋人心、鼓舞士气，用中华优秀传统文化为人民提供丰润的道德滋养，提高精神文明建设水平。要统筹经济建设和国防建设，建立全要素、多领域、高效益的军民深度融合发展格局，推进国防和军队建设同全面建成小康社会进程相一致，使两者协调发展、平衡发展、兼容发展。

　　第三，绿色发展理念——着力推进人与自然和谐共生。绿色是永续发展的必要条件。人因自然而生，人与自然是一种共生关系，人类发展活动必须尊重自然、顺应自然、保护自然。当前，我国生态环境保护形势依然非常严峻，人民群众对清新空气、干净饮水、安全食品、优美环境的要求越来越强烈。树立绿色发展理念，就必须坚持节约资源和保护环境的基本国策，坚持可持续发展，坚定走生产发展、生活富裕、生态良好的文明发展道路，加快建设资源节约型、环境友好型社会，形成人与自然和谐发展现代化建设新格局，推进美丽中国建设，为全球生态安全做出新贡献。

　　绿色发展，就其要义来讲，是要解决好人与自然和谐共生问题。人类发展活动必须尊重自然、顺应自然、保护自然，否则就会遭到大自然的报复，这个规律谁也无法抗拒。

恩格斯在《自然辩证法》中写道：美索不达米亚、希腊、小亚细亚以及其他各地的居民，为了得到耕地，毁灭了森林，但是他们做梦也想不到，这些地方今天竟因此而成为不毛之地，因为他们使这些地方失去了森林，也就失去了水分的积聚中心和贮藏库。阿尔卑斯山的意大利人，当他们在山南坡把那些在山北坡得到精心保护的枞树林砍光用尽时，没有预料到，这样一来，他们把本地区的高山畜牧业的根基毁掉了；他们更没有预料到，他们这样做，竟使山泉在一年内枯竭了，同时在雨季又使更加凶猛的洪水倾泻到平原上。

据史料记载，现在植被稀少的黄土高原、渭河流域、太行山脉也曾经森林遍布、山清水秀，地宜耕植、水草便畜。由于毁林开荒、乱砍滥伐，这些地方生态环境遭到严重破坏。塔克拉玛干沙漠的蔓延，湮没了盛极一时的丝绸之路。河西走廊沙漠的扩展，毁坏了敦煌古城。科尔沁、毛乌素沙漠和乌兰布和沙漠的蚕食，侵占了富饶美丽的蒙古草原。楼兰古城因屯垦开荒、盲目灌溉，导致孔雀河改道而衰落。河北北部的围场，早年树海茫茫、水草丰美，但从清同治年间开围放垦，致使千里松林几乎荡然无存，出现了几十万亩的荒山秃岭。这些深刻教训，我们一定要认真吸取。

在对待自然问题上，恩格斯深刻指出："我们不要过分陶醉于人类对自然界的胜利。对于每一次这样的胜利，自然界都会对我们进行报复。每一次胜利，起初确实取得了我们预期的结果，但是往后和再往后却发生完全不同的、出乎预料的影响，常常把最初的结果又消除了。"[①] 人因自然而生，人与自然是一种共生关系，对自然的伤害最终会伤及人类自身。只有尊重自然规律，才能有效防止在开发利用自然上走弯路。这个道理要铭记于心、落实于行。

改革开放以来，我国经济发展取得历史性成就，这是值得我们自豪和骄傲的，也是世界上很多国家羡慕我们的地方。同时必须看到，我们也积累了大量生态环境问题，成为明显的短板，成为人民群众反映强烈的突出问题。比如，各类环境污染呈高发态势，成为民生之患、民心之痛。这样的状况，必须下大气力扭转。

我们的先人们早就认识到生态环境的重要性。《论语·述而》中说："子钓而不纲，弋不射宿。"意思是不用大网打鱼，不射夜宿之鸟。《荀子·王制》说："草木荣华滋硕之时，则斧斤不入山林，不夭其生，不绝其长也；鼋鼍、鱼鳖、鳅鳣孕别之时，罔罟、毒药不入泽，不夭其生，不绝其长也。"《吕氏春秋》中

---

①　中共中央马克思恩格斯列宁斯大林著作编译局．马克思恩格斯选集：第 2 卷 ［M］．北京：人民出版社，1972：517．

说："竭泽而渔，岂不获得？而明年无鱼；焚薮而田，岂不获得？而明年无兽。"这些关于对自然要取之以时、取之有度的思想，有十分重要的现实意义。

生态环境没有替代品，用之不觉，失之难存。环境就是民生，青山就是美丽，蓝天也是幸福，绿水青山就是金山银山；保护环境就是保护生产力，改善环境就是发展生产力。在生态环境保护上，一定要树立大局观、长远观、整体观，不能因小失大、顾此失彼、寅吃卯粮、急功近利。我们要坚持节约资源和保护环境的基本国策，像保护眼睛一样保护生态环境，像对待生命一样对待生态环境，推动形成绿色发展方式和生活方式，协同推进人民富裕、国家强盛、中国美丽。保护生态环境务必坚定信念，坚决摒弃损害甚至破坏生态环境的发展模式和做法，决不能再以牺牲生态环境为代价换取一时一地的经济增长。要坚定推进绿色发展，推动自然资本大量增值，让良好生态环境成为人民生活的增长点、成为展现我国良好形象的发力点，让老百姓呼吸上新鲜的空气、喝上干净的水、吃上放心的食物、生活在宜居的环境中，切实感受到经济发展带来的实实在在的环境效益，让中华大地天更蓝、山更绿、水更清、环境更优美，走向生态文明新时代。

第四，开放发展理念——着力形成对外开放新体制。开放是国家繁荣发展的必由之路。开放带来进步，封闭必然落后。实践告诉我们，要发展壮大，必须主动顺应经济全球化潮流，坚持对外开放。要看到现在推进开放发展，面临的国际国内形势与以往有很大不同，国际经济合作和竞争局面正在发生深刻变化，全球经济治理体系和规则正在面临重大调整，引进来、走出去在深度、广度和节奏上都是过去所不可比拟的，应对外部经济风险、维护国家经济安全的压力也是过去所不能比拟的。树立开放发展理念，就必须提高对外开放的质量和发展的内外联动性，主动参与和推动经济全球化进程，发展更高层次的开放型经济，积极参与全球经济治理和公共产品供给，提高我国在全球经济治理中的制度性话语权，不断壮大我国经济实力和综合国力。

我们现在搞开放发展，面临的国际国内形势同以往有很大不同，总体上有利因素更多，但风险挑战不容忽视，而且都是更深层次的风险挑战。这可以从四方面来看。一是国际力量对比正在发生前所未有的积极变化，新兴市场国家和发展中国家群体性崛起正在改变全球政治经济版图，世界多极化和国际关系民主化大势难逆，以西方国家为主导的全球治理体系出现变革迹象，但争夺全球治理和国际规则制定主导权的较量十分激烈，西方发达国家在经济、科技、政治、军事上的优势地位尚未改变，更加公正合理的国际政治经济秩序的形成依然任重道远。二是世界经济逐渐走出国际金融危机阴影，西方国家通过再工业化总体保持复苏势头，国际产业分工格局发生新变化，但国际范围内保护主义严重，国际经贸规则制定出现政治化、碎片化苗头，不少新兴市场国家和发展中国家经济持续低迷，世界经济还没有找到全面复苏的新引擎。三是我国在世界经济和全球治理中的分量迅速上升。我国是世界第二经济大国、最大货物出口国、第二大货物进口国、第二大对外直接投资国、最大外汇储备国、最大旅游市场，成为影响世界政治经济版图变化的一个主要因素；但我国经济大而不强问题依然突出，人均收入和人民生活水平更是同发达国家不可同日而语，我国经济实力转化为国际制度性权力依然需要付出艰苦努力。四是我国对外开放进入引进来和走出去更加均衡的阶段，我国对外开放从早期引进来为主转为大进大出新格局，但与之相应的法律、咨询、金融、人才、风险管控、安全保障等都难以满足现实需要，支撑高水平开放和大规模走出去的体制和力量仍显薄弱。

这就是说，我们今天开放发展的大环境总体上比以往任何时候都更为有利，同时面临的矛盾、风险、博弈也前所未有，稍不留神就可能掉入别人精心设置的陷阱。我国40多年来的发展成就得益于对外开放。一个国家能不能富强，一个民族能不能振兴，最重要的就是看这个国家、这个民族能不能顺应时代潮流，掌握历史前进的主动权。实践告诉我们，要发展壮大，必须主动顺应经济全球化潮流，坚持对外开放，充分运用人类社会创造的先进科学技术成果和有益管理经验。改革开放初期，在我们力量不强、经验不足的时候，面对占据优势地位的西方国家，我们能不能做到既利用对外开放机遇而又不被腐蚀或吃掉？当年，我国推动复关谈判、入世谈判，都承受着很大压力。今天看来，我们大胆开放、走向世界，无疑选择了正确方向。在新形势下，我们要提高把握国内国际两个大局的自觉性和能力，提高对外开放质量和水平。

第五，共享发展理念——着力践行以人民为中心的发展思想。共享是中国特色社会主义的本质要求。《吕氏春秋》中说："治天下也，必先公，公则天下平矣。"让广大人民群众共享改革发展成果，是社会主义的本质要求，是社会主义制度优越性的集中体现，是我们党坚持全心全意为人民服务根本宗旨的重要体现。这方面问题解决好了，全体人民推动发展的积极性、主动性、创造性就能充分调动起来，国家发展也才能具有最深厚的伟力。当前我国发展的"蛋糕"不断做大，但分配不公的问题仍然比较突出。在共享改革发展成果上，无论是实际情况还是制度设计，都还有不完善的地方。树立共享发展理念，就必须坚持发展为了人民、发展依靠人民、发展成果由人民共享，做出更有效的制度安排，坚持全民共享、全面共享、共建共享、渐进共享，使全体人民有更多获得感、幸福感、安全感，朝着共同富裕方向稳步前进。

以人民为中心的发展思想，不是一个抽象的、玄奥的概念，不能只停留在口头上、止步于思想环节，而要体现在经济社会发展的各个环节。要坚持人民主体地位，顺应人民群众对美好生活的向往，不断实现好、维护好、发展好最广大人民的根本利益，做到发展为了人民、发展依靠人民、发展成果由人民共享。要通过深化改革、创新驱动，提高经济发展质量和效益，生产出更多更好的物质精神产品，不断满足人民日益增长的物质文化需要。要全面调动人的积极性、主动性、创造性，为各行业各方面的劳动者、企业家、创新人才、各级干部创造发挥作用的舞台和环境。要坚持社会主义基本经济制度和分配制度，调整收入分配格局，完善以税收、社会保障、转移支付等为主要手段的再分配调节机制，维护社会公平正义，解决好收入差距问题，使发展成果更多更公平地惠及全体人民。

共享理念实质就是坚持以人民为中心的发展思想，体现的是逐步实现共同富裕的要求。共同富裕，是马克思主义的一个基本目标，也是自古以来我国人民的一个基本理想。孔子说："不患寡而患不均，不患贫而患不安。"孟子说："老吾老以及人之老，幼吾幼以及人之幼。"《礼记·礼运》具体而生动地描绘了"小康"社会和"大同"社会的状态。按照马克思、恩格斯的构想，共产主义社会将彻底消除阶级之间、城乡之间、脑力劳动和体力劳动之间的对立和差别，实行各尽所能、按需分配，真正实现社会共享、实现每个人自由而全面的发展。

当然，实现这个目标需要一个漫长的历史过程。我国正处于并将长期处于社会主义初级阶段，我们不能做超越阶段的事情，但也不是说在逐步实现共同富裕方面就无所作为，而是要根据现有条件把能做的事情尽量做起来，积小胜为大胜，不断朝着全体人民共同富裕的目标前进。

党的十八届五中全会提出的共享发展理念，其内涵主要有四方面。一是共享是全民共享。这是就共享的覆盖面而言的。共享发展是人人享有、各得其所，不是少数人共享、一部分人共享。二是共享是全面共享。这是就共享的内容而言的。共享发展就要共享国家经济、政治、文化、社会、生态各方面建设成果，全面保障人民在各方面的合法权益。三是共享是共建共享。这是就共享的实现途径而言的。共建才能共享，共建的过程也是共享的过程。要充分发扬民主，广泛汇聚民智，最大激发民力，形成人人参与、人人尽力、人人都有成就感的生动局面。四是共享是渐进共享。这是就共享发展的推进进程而言的。一口吃不成胖子，共享发展必将有一个从低级到高级、从不均衡到均衡的过程，即使达到很高的水平也会有差别。我们要立足国情、立足经济社会发展水平来思考设计共享政策，既不裹足不前、铢施两较，也不好高骛远、寅吃卯粮、口惠而实不至。这四方面是相互贯通的，要整体理解和把握。

落实共享发展理念，要充分调动人民群众的积极性、主动性、创造性，举全民之力推进中国特色社会主义事业，不断把"蛋糕"做大，同时还要把不断做大的"蛋糕"分好，让社会主义制度的优越性得到更充分的体现，让人民群众有更多获得感。要扩大中等收入阶层，逐步形成橄榄型分配格局。特别要加大对困难群众的帮扶力度，坚决打赢农村贫困人口脱贫攻坚战。落实共享发展是一门大学问，要做好从顶层设计到"最后一公里"落地的工作，在实践中不断取得新成效。

创新、协调、绿色、开放、共享的新发展理念开辟了我们党发展理论的新境界。党的十一届三中全会提出以经济建设为中心，实现了党和国家工作重心的历史性转变，开启了改革开放的伟大历史进程，开辟了中国特色社会主义道路。我们党立足中国实际，把握发展大势，提出了"发展是硬道理"的著名论断，强调抓住机遇，发展自己，关键是发展经济，提出了发展是党执政兴国第一要务，坚持以人为本、全面协调可持续发展等重要思想。新发展理念传承党的发展理论，根据形势新变化、实践新要求、人民新期待，进一步提出坚持以人民为中心的发展思想，提出创新、协调、绿色、开放、共享五个维度，赋予经济建设这个中心更加鲜明的目标指向，科学回答了实现什么样的发展、怎样实现发展的问题，阐明了当前与长远、公平与效率、政府与市场、对内与对外、人与自然等重大关系，标志着我们党发展理论达到新高度。

提高贯彻新发展理念的能力和水平，要发挥改革的推动作用和法治的保障作用，善于通过改革和法治推动贯彻落实新发展理念。把新发展理念转化为谋划发展的具体思路、落实发展任务的工作举措、推动科学发展的实际成效，努力实现关系我国发展全局的深刻变革。做好应对任何形式的矛盾风险挑战的准备，在贯彻落实新发展理念中及时化解矛盾风险。提高贯彻新发展理念的能力和水平，要把新发展理念融入建设现代化经济体系中。要以新发展理念为引领，更加突出发展的创新性，瞄准世界科技前沿，强化基础研究和应用基础研究，实现前瞻性基础研究、引领性创新成果重大突破。更加突出发展的整体性和协调性，实施乡村振兴战略和区域协调发展战略，构建现代农业产业体系、生产体系、经营体系，建立更加有效的区域协调发展新机制。更加突出发展的可持续性，建立健全绿色低碳循环发展的经济体系，实施重要生态系统保护和修复重大工程，推动形成人与自然和谐发展的现代化建设新格局。更加突出发展的内外联动性，以"一带一路"倡议为重点，坚持引进来和走出去并重，形成陆海内外联动、东西双向互济的开放格局。更加突出发展的包容性、普惠性，不断满足人民日益增长的美好生活需要，使人民的获得感、幸福感、安全感更加充实、更有保障、更可持续。提高贯彻新发展理念的能力和水平，要加快形成落实新发展理念的体制机制。贯彻落实新发展理念，涉及思维方式、行为方式、工作方式的变革，涉及社会关系、利益关系、工作关系的调整，必须全面创新发展体制、重塑发展生态，在解决发展动力，增强发展的整体性、协调性、平衡性、包容性等方面破难题、建机制，形成推动改革的思想自觉和行动自觉，使各项改革举措落地生根，确保新理念转化为新实践、新行动，形成有利于创新发展、协调发展、绿色发展、开放发展、共享发展的体制机制。

从贯彻新发展理念到全党必须完整、准确、全面贯彻新发展理念，始终以创新、协调、绿色、开放、共享的内在统一来把握发展、衡量发展、推动发展，为我们在新征程上推动高质量发展注入了思想和行动力量。

要扎扎实实贯彻新发展理念。新发展理念是一个整体，无论是中央层面还是部门层面，无论是省级层面还是省以下各级层面，在贯彻落实中都要完整把握、准确理解、全面落实，把新发展理念贯彻到经济社会发展全过程和各领域。要抓住主要矛盾和矛盾的主要方面，切实解决影响构建新发展格局、实现高质量发展的突出问题，切实解决影响人民群众生产生活的突出问题。创新发展、协调发展、绿色发展、开放发展、共享发展，在工作中都要予以关注，使之协同发力、形成合力，不能畸轻畸重，不能以偏概全。

从根本宗旨把握新发展理念。完整、准确、全面贯彻新发展理念，要落实以人民为中心的发展思想，为人民谋幸福、为民族谋复兴，这既是我们党领导现代化建设的出发点和落脚点，也是新发展理念的"根"和"魂"。进入新发展阶段，完整、准确、全面贯彻新发展理念，必须更加注重共同富裕问题。共同富裕本身就是社会主义现代化的一个重要目标。要始终把满足人民对美好生活的新期待作为发展的出发点和落脚点，在实现现代化过程中不断地、逐步地解决好这个问题。促进全体人民共同富裕是一项长期任务，也是一项现实任务，急不得，也等不得，必须摆在更加重要的位置，脚踏实地，久久为功，向着这个目标做出更加积极有为的努力。

要继续深化改革开放。完整、准确、全面贯彻新发展理念，既要以新发展理念指导、引领、全面深化改革，又要通过深化改革为完整、准确、全面贯彻新发展理念提供体制机制保障。要在已有改革基础上，立足贯彻新发展理念、构建新发展格局，坚持问题导向，围绕增强创新能力、推动平衡发展、改善生态环境、提高开放水平、促进共享发展等重点领域和关键环节，继续把改革推向深入，更加精准地出台改革方案，更加全面地完善制度体系。

要坚持系统观念。完整、准确、全面贯彻新发展理念，要统筹国内国际两个大局，统筹"五位一体"总体布局和"四个全面"战略布局，加强前瞻性思考、全局性谋划、战略性布局、整体性推进。要统筹中华民族伟大复兴战略全局和世界百年未有之大变局，统筹疫情防控和经济社会发展，统筹发展和安全。

要善于从政治上看问题。完整、准确、全面贯彻新发展理念，是经济社会发展的工作要求，也是十分重要的政治要求。改革发展稳定、内政外交国防、治党治国治军，样样是政治，样样离不开政治。党领导人民治国理政，最重要的就是处理好各种复杂的政治关系，始终保持党和国家事业发展的正确政治方向。越是形势复杂、任务艰巨，越要坚持党的全面领导和党中央集中统一领导，越要把党中央关于贯彻新发展理念的要求落实到工作中去。各级领导干部特别是高级干部要不断提高政治判断力、政治领悟力、政治执行力，对"国之大者"了然于胸，把贯彻党中央精神体现到谋划重大战略、制定重大政策、部署重大任务、推进重大工作的实践中去，经常对标对表，及时校准偏差。

要坚持从问题导向完整、准确、全面贯彻新发展理念。我国发展已经站在新的历史起点上，要根据新发展阶段的新要求，更加精准地贯彻新发展理念，切实解决好发展不平衡不充分的问题。从持续缩小城乡区域发展差距，到破解"卡脖子"问题，加快实现科技自立自强；从推动生产和生活体系向绿色低碳转型，到处理好自立自强和开放合作的关系，都要求我们不断深化对新发展理念的理解，采取更加精准务实的举措。要坚持两点论和重点论的统一，善于厘清主要矛盾和次要矛盾、矛盾的主要方面和次要方面，区分轻重缓急，以重点突破带动整体推进，在整体推进中实现重点突破，切实在增强创新能力、推动发展平衡、改善生态环境、提高开放水平、促进共享发展等方面取得新突破，扎实推进高质量发展，在新征程上交出更加精彩的发展答卷。

第四章

社会主要矛盾与"五位一体"总体布局

事物是由多种矛盾构成的，主要矛盾是指在矛盾体系中处于支配地位、对事物发展起决定作用的矛盾，事物的性质是由主要矛盾的主要方面所规定的，在实际工作中要把握主要矛盾和矛盾的主要方面，并以此作为解决问题的出发点。新中国成立以后，中国社会的主要矛盾经历了一个变迁过程，1956年中共八大指出社会主要矛盾是人民对经济文化迅速发展的需要同当前经济文化不能满足人民需要的状况之间的矛盾，2018年党的十九大明确指出，我国社会主要矛盾已经转化为人民日益增长的美好生活需要和不平衡不充分的发展之间的矛盾，统筹推进"五位一体"总体布局，解决好发展的不平衡不充分问题。

第一节 社会主要矛盾及其历史变迁

矛盾具有特殊性，矛盾双方的地位具有不平衡性。矛盾的特殊性是指各个具体事物的矛盾、每一个矛盾的各个方面在发展的不同阶段各有其特点。矛盾的特殊性决定了事物的不同性质。只有具体分析矛盾的特殊性，才能认清事物的本质和发展规律，并采取正确的方法和措施去解决矛盾，推动事物的发展。矛盾双方的地位具有不平衡性，这种不平衡性表现为：在诸多矛盾中，有主要矛盾和非主要矛盾之分；在矛盾的两方面中，有主要方面和次要方面之分。主要矛盾是指在矛盾体系中处于支配地位、对事物发展起决定作用的矛盾。次要矛盾是矛盾体系中处于从属地位、对事物的发展起次要作用的矛盾。在每一对矛盾中，有一方处于支配地位，起着主导作用，这是矛盾的主要方面，处于被支配一方的则是矛盾的次要方面。事物的性质是由主要矛盾的主要方面所规定的。把握主要矛盾和矛盾的主要方面，在实际工作中要坚持"重点论"，反对形而上学的"均衡论"，看问题要看主流、大势、发展趋势，并以此作为解决问题的出发点。

在社会发展过程的矛盾系统中，各种矛盾的地位和作用是不平衡的，也存在主要矛盾和非主要矛盾的区别。社会主要矛盾是处于支配地位，在社会发展一定阶段起主导作用的矛盾。社会主要矛盾的存在和发展，规定或影响着社会非主要矛盾的存在和发展。社会主要矛盾和非主要矛盾相互作用，在一定条件下相互转化。

社会主要矛盾不是一成不变的，它在一定条件下会发生转化。在社会发展到一定阶段，由于社会经济、政治、文化等因素的变化，原有的社会主要矛盾会朝着两方面转化：一是社会主要矛盾双方的内容发生一定变化；二是矛盾地位发生变化，原来的主要矛盾转化为从属地位的矛盾，而原来的某个非主要矛盾则上升为占支配地位的主要矛盾。由于社会主要矛盾发生了变化，它所影响的社会发展过程也发生了变化，主要表现为社会发展过程出现了新的阶段性特点。例如，毛泽东曾经分析过半殖民地半封建的旧中国社会主要矛盾变化发展的三种情形：其一，当帝国主义发动对中国的侵略战争威胁到我们民族的生存时，中华民族与帝国主义的民族矛盾成为主要矛盾；其二，当帝国主义不是用战争而是用"比较温和"的方式对中国进行压迫时，国内阶级矛盾就又重新转而成为主要矛盾；其三，当国内革命形势的发展从根本上威胁到帝国主义及国内反动势力的统治时，二者就会完全公开站在一起，与人民大众为敌，共同成为主要矛盾的一方面。他还指出，西安事变前中国社会的主要矛盾是阶级矛盾，表现在国共两党之间；西安事变之后民族矛盾上升为主要矛盾，表现在中日两国之间。这既表明了社会主要矛盾和非主要矛盾在一定条件下可以相互转化，又表明了社会主要矛盾的变化导致社会发展的阶段性特点。

正确认识和把握社会主要矛盾，是无产阶级政党正确判断形势和确立工作重心的客观依据。马克思主义经典作家历来都非常重视抓主要矛盾的方法论和指导意义。恩格斯说："为了达到伟大的目标和团结，为此所必需的千百万大军应当时刻牢记主要的东西，不因那些无谓的吹毛求疵而迷失方向。"① 毛泽东说："对于矛盾的各种不平衡情况的研究，对于主要的矛盾和非主要的矛盾、主要的矛盾方面和非主要的矛盾方面的研究，成为革命政党正确地决定其政治上和军事上的战略战术方针的重要方法之一，是一切共产党人都应当注意的。"② 抓主要矛盾，是中国共产党在长期革命、建设、改革中形成的基本经验。

---

① 中共中央马克思恩格斯列宁斯大林著作编译局 . 马克思恩格斯全集：第 38 卷 ［M］. 北京：人民出版社，1972：292.

② 毛泽东 . 毛泽东选集：第一卷 ［M］. 北京：人民出版社，1991：326-327.

1956 年，社会主义基本制度全面确立，标志着中国进入开始全面建设社会主义的历史阶段。中国已经是一个社会主义国家，但又是一个经济文化落后、人口众多、幅员辽阔、发展极不平衡的国家。怎样建设社会主义，怎样巩固和发展社会主义，并没有现成的道路可循，必须在实践中进行艰苦的探索。新中国成立初期，因为没有经验，在经济建设上只得学习甚至照搬苏联的做法。经过执行发展国民经济的第一个五年计划的实践，中国共产党和人民政府已经积累了进行建设的初步经验。1956 年 2 月召开的苏共二十大，进一步暴露了苏联在社会主义建设中存在的缺点和错误。在这种情况下，中国共产党人决心走自己的路，开始探索适合中国情况的社会主义建设道路。探索中国的社会主义建设道路，首先有一个如何把马克思列宁主义基本原理同中国具体实际相结合的问题。1956 年 4 月初，在中共中央书记处会议上，毛泽东提出："我认为最重要的教训是独立自主，调查研究，摸清本国国情，把马克思列宁主义的基本原理同我国革命和建设的具体实际结合起来，制定我们的路线、方针、政策。现在是社会主义革命和建设时期，我们要进行第二次结合，找出在中国进行社会主义革命和建设的正确道路。"[①]

1956 年 9 月，中国共产党第八次全国代表大会在北京举行。中共八大正确分析了社会主义改造完成后中国社会的主要矛盾和主要任务，指出：社会主义制度在我国已经基本上建立起来；我们还必须为解决台湾问题，为彻底完成社会主义改造，最后消灭剥削制度和继续肃清反革命残余势力而斗争，但是国内主要矛盾已经不再是工人阶级和资产阶级的矛盾，而是人民对经济文化迅速发展的需要同当前经济文化不能满足人民需要的状况之间的矛盾；全国人民的主要任务是集中力量发展社会生产力，实现国家工业化，逐步满足人民日益增长的物质和文化需要；还有阶级斗争，还要加强人民民主专政，但根本任务已经是在新的生产关系下保护和发展生产力。

实现工业化是中国近代以来历史发展的必然要求，也是民族独立和国家富强的必要条件。毛泽东指出，以工业为主导，把重工业作为我国经济建设的重点，以逐步建立独立的比较完整的基础工业体系和国防工业体系，这是维护国家独立、统一和安全，实现国家富强所必需的，是毫无疑问、必须肯定的。但同时必须充分注意发展农业和轻工业。毛泽东说，我国是一个农业大国，农村人口占全国人口的百分之八十以上，只有农业发展了，工业才有原料和市场，

---

① 　吴冷西. 忆毛主席 [M]. 北京：新华出版社，1995：9.

才有可能为建立重工业积累较多的资金。① 更多地发展农业、轻工业，既可以更好地供给人民生活的需要，又可以增加资金积累和扩大市场。这不仅会使重工业发展得多些和快些，而且由于保障了人民生活的需要，会使它发展的基础更加巩固。实现工业化要以农业为基础，以工业为主导，以农轻重为序发展国民经济，以及一整套"两条腿走路"的工业化发展思路，即重工业和轻工业同时并举，中央工业和地方工业同时并举，沿海工业和内地工业同时并举，大型企业和中小型企业同时并举，等等。走中国工业化道路，必须明确战略目标和战略步骤。毛泽东提出，社会主义现代化的战略目标，是要把中国建设成一个具有现代农业、现代工业、现代国防和现代科学技术的强国。为了实现这个目标，三届全国人大一次会议提出"两步走"的发展战略，第一步建成一个独立的比较完整的工业体系和国民经济体系，第二步全面实现工业、农业、国防和科学技术现代化，使中国走在世界前列。

然而，由于各种主客观原因，党的八大关于社会主要矛盾的正确认识，未能很好地坚持下去。1978 年十一届三中全会决定把党和国家的工作重点转移到社会主义现代化建设上来。1981 年十一届六中全会通过的《关于建国以来党的若干历史问题的决议》对我国社会主要矛盾做了科学表述：在社会主义改造基本完成以后，我国所要解决的主要矛盾，是人民日益增长的物质文化需要同落后的社会生产之间的矛盾。党的十一届三中全会以后，邓小平深入思考如何从中国的具体国情出发，加快我国的现代化建设问题。1987 年 4 月，邓小平第一次提出了分"三步走"基本实现现代化的战略。同年 10 月，党的十三大把邓小平"三步走"的发展战略构想确定下来，明确提出：第一步，从 1981 年到 1990 年实现国民生产总值比 1980 年翻一番，解决人民的温饱问题；第二步，从 1991 年到 20 世纪末，使国民生产总值再翻一番，达到小康水平；第三步，到 21 世纪中叶，国民生产总值再翻两番，达到中等发达国家水平，基本实现现代化。"三步走"的发展战略，把我国社会主义现代化建设的目标具体化为切实可行的步骤，为基本实现现代化明确了发展方向，展现了美好的前景，成为全国人民为共同理想而努力奋斗的行动纲领。

为了顺利实现现代化发展战略，邓小平提出了"台阶式"发展的思想，要求抓住机遇，加快发展，争取隔几年使国民经济上一个新台阶。他明确指出："在今后的现代化建设的过程中，出现若干个发展速度比较快、效益比较好的阶

---

① 毛泽东. 毛泽东选集：第五卷［M］. 北京：人民出版社，1977：400.

段,是必要的,也是能够办到的。"① 实现我们的发展战略,要实事求是把握好速度问题。在中国搞现代化不能追求太高的速度,但速度低了也不行,凡是能积极争取的发展速度还是要积极争取。快是有条件的,要讲效益,讲质量。为了顺利实现现代化发展战略,邓小平还提出允许和鼓励一部分地区、一部分人先富起来逐步达到共同富裕的思想。邓小平提出,沿海一些地区要走在全国的前面,率先实现现代化,以更好地带动全国的现代化。内地要根据自己的条件加快建设,国家要尽力支持内地的发展,沿海要注意带动和帮助内地的发展。对于在一部分人先富起来的过程中出现的某些社会成员之间收入差距过分悬殊的问题,要认真解决。合法的较高收入应予允许和保护,并依法加以必要的调节;非法的,必须坚决有效地依法处理。要承认不平衡,同时要从不平衡逐步达到相对的平衡,逐步实现共同富裕。

第二节 我国社会主要矛盾变化的依据和要求

党的十八大以来,中国特色社会主义进入了新时代。在新的历史条件下,科学把握社会主要矛盾变化,对全面推动新时代党和国家事业发展、实现中华民族伟大复兴,具有重大的现实意义。中国共产党在牢牢把握社会主义初级阶段基本国情的基础上,准确把握我国社会主要矛盾的变化,做出了新的重大判断。党的十九大指出,中国特色社会主义进入新时代,我国社会主要矛盾已经从人民日益增长的物质文化需要同落后的社会生产之间的矛盾,转化为人民日益增长的美好生活需要和不平衡不充分的发展之间的矛盾。习近平总书记在党的十九大做出的这一重大政治论断,是坚持辩证唯物主义和历史唯物主义的世界观方法论,坚持党的实事求是思想路线,通过历史和现实、理论和实践相结合的分析得出的正确结论,反映了我国社会发展的客观实际,丰富和发展了马克思主义矛盾学说,是我们党的重大理论创新成果。

人类社会是在矛盾运动中不断向前发展的,社会主要矛盾是各种社会矛盾的主要根源和集中反映,在社会矛盾运动中居于主导地位。新时代我国社会主要矛盾的变化,是关系全局的历史性变化,深刻反映了我国社会生产和社会需求的新特点,这是由我国现阶段的客观实际决定的。党的十九大明确指出,我国社会主要矛盾已经转化为人民日益增长的美好生活需要和不平衡不充分的发

---

① 邓小平. 邓小平文选:第三卷 [M]. 北京:人民出版社,1993:377.

展之间的矛盾。主要依据有以下三方面：

一是经过改革开放 40 年的发展，我国社会生产力水平总体上显著提高，很多方面进入世界前列。我国国内生产总值自 2010 年开始稳居世界第二位，货物进出口和服务贸易总额均居世界第二位，对外投资和利用外资分别居世界第二位、第三位，制造业增加值连续 7 年居世界第一位，基础设施建设部分领域遥遥领先，高铁运营总里程、高速公路总里程和港口吞吐量均居世界第一位，220多种主要工农业产品生产能力稳居世界第一位。这说明，我国进入社会主义初级阶段以来的"落后的社会生产"已经发生了新的阶段性变化。①

二是人民生活水平显著提高，对美好生活的向往更加强烈，不仅对物质文化生活提出了更高要求，而且在民主、法治、公平、正义、安全、环境等方面的要求日益增长。改革开放以来，我国人民生活水平不断迈上新台阶，已经达到中等偏上收入国家水平。城镇居民人均可支配收入和农村居民人均可支配收入大幅提高；居民受教育程度不断提高，九年义务教育全面普及，高等教育毛入学率高出世界平均水平；城乡居民健康状况显著改善，居民平均预期寿命高于世界平均水平；覆盖城乡的社会保障体系基本建立，其他很多方面的民生保障也有显著改善。随着人民生活水平的不断提高，人民群众的需要呈现多样化、多层次、多方面的特点，期盼有更好的教育、更稳定的工作、更满意的收入、更可靠的生活保障、更高水平的医疗卫生服务、更舒适的居住条件、更优美的环境、更丰富的精神文化生活，人民群众的民主意识、公平意识、法治意识、参与意识、监督意识、维权意识在不断增强。这说明，人民群众对日益增长的"物质文化需要"层次更高、内容范围更广，出现了阶段性的新特征。

三是在发展的过程中，经济社会发展的不平衡不充分问题凸显。发展不平衡，主要指各区域各领域各方面发展不够平衡，存在"一条腿长、一条腿短"的失衡现象，制约了整体发展水平的提升。发展不充分，主要指一些地区、一些领域、一些方面还存在发展不足的问题，发展的任务仍然很重。从社会生产力来看，我国既有世界先进甚至世界领先的生产力，也有大量传统的、相对落后甚至原始的生产力，而且不同地区、不同领域的生产力水平和布局很不均衡。从"五位一体"总体布局来看，经济社会发展取得重大成就，但各个领域仍然存在这样那样的短板，有些方面还面临不少突出问题。从城乡和区域发展来看，

---

① 国际地位显著提高 国际影响力持续增强——新中国成立 70 周年经济社会发展成就系列报告之二十三 [EB/OL]. 国家统计局，2019-08-29；交通运输部：我国港口货物吞吐量和集装箱吞吐量均居世界第一 [EB/OL]. 光明网，2021-06-24；国家统计局局长就 2020 年全年国民经济运行情况答记者问 [EB/OL]. 国家统计局，2021-01-18.

我国城市和乡村之间，东部地区、中部地区、西部地区之间，发展水平差距仍然较大。从收入分配来看，虽然我国人均国民收入在世界上处于中等偏上行列，绝大部分人已经解决了温饱问题，但收入分配差距仍然较大，农村与城市还有不少困难群众。这些发展不平衡不充分问题相互掣肘，带来很多社会矛盾和问题，是现阶段各种社会矛盾、社会问题交织的主要根源，是当前和今后一个时期制约我国发展和满足人民日益增长的美好生活需要的主要根源。

我国社会主要矛盾的变化，没有改变我们对我国社会主义所处历史阶段的判断，我国仍处于并将长期处于社会主义初级阶段的基本国情没有变，我国是世界最大发展中国家的国际地位没有变。我国目前人均国内生产总值只相当于世界平均水平的80%左右，按国家和独立经济体排位，大体处在世界中列，在创新能力、产业层次、公共服务等方面与发达国家相比仍有相当大的差距。实现建成富强民主文明和谐美丽的社会主义现代化强国目标，还有很长的路要走。发展是动态过程，不平衡不充分是永远存在的，平衡是相对的，但当发展到一定阶段后不平衡不充分成为社会主要矛盾的主要方面时，就必须下功夫去认识它、解决它，否则就会制约发展全局。我国社会主要矛盾的变化是关系全局的历史性变化，对党和国家工作提出了许多新要求。

我国社会主要矛盾发生深刻变化，从"物质文化需要"到"美好生活需要"，从解决"落后的社会生产"问题到解决"不平衡不充分的发展"问题，适应了我国发展的阶段性要求，体现了党和国家事业发展战略重点的变化。只有牢牢把握我国社会发展的阶段性特征，牢牢把握人民群众对美好生活的向往，才能针对我国社会主要矛盾的变化提出新思路、新战略、新举措。

我国社会主要矛盾的变化，要求更好地贯彻以人民为中心的发展思想。习近平总书记指出，人民对美好生活的向往就是我们的奋斗目标。人民群众需求的变化，必将对我国发展全局产生广泛而深刻的影响。只有调整和完善发展战略、各项政策，在继续推动发展的基础上着力解决好发展不平衡不充分的问题；只有坚持在发展中保障和改善民生，解决好群众最关心最直接最现实的利益问题，不断促进社会公平正义，使人民更有获得感、幸福感、安全感，才能更好地满足人民对美好生活的需要。

我国社会主要矛盾的变化，要求从全局的高度思考和谋划党和国家工作。理解社会主要矛盾，解决社会主要矛盾，要具体落实到各个领域、各个方面、各项工作中去。要紧密联系党和国家重点工作，紧密联系人民群众的愿望和期待，贯彻落实新发展理念，统筹推进"五位一体"总体布局，协调推进"四个全面"战略布局，着力实现社会主义现代化建设各领域、各方面相互促进、全面发展。

我国社会主要矛盾新的表述不是一个短期的概念，而是涉及相当长的历史时期，具有很强的现实针对性，是未来的工作导向和实践要求。要结合当前任务和长远目标，坚持辩证唯物主义和历史唯物主义的方法论，在继续推动发展的基础上，着力解决好发展不平衡不充分问题，大力提升发展质量和效益，更好地满足人民在经济、政治、文化、社会、生态文明等方面日益增长的需要，更好地推动人的全面发展、社会全面进步。

第三节　统筹解决好发展的不平衡不充分问题

中国特色社会主义是全面发展的社会主义，经济建设、政治建设、文化建设、社会建设、生态文明建设作为一个有机整体，勾勒出富强民主文明和谐美丽的社会主义现代化强国的壮美景象。要进一步推动建设现代化经济体系，发展社会主义民主政治，推动社会主义文化繁荣兴盛，在发展中保障和改善民生以及建设美丽中国。

第一，建设现代化经济体系。建设现代化经济体系必须坚持供给侧结构性改革。坚持质量第一、效益优先，以供给侧结构性改革为主线，推动经济发展质量变革、效率变革、动力变革，提高全要素生产率。只有推进供给侧结构性改革，提高供给体系质量，适应新需求变化，才能在更高水平上实现供求关系新的动态均衡，推动高质量发展。

推进增长动能转换，以加快发展先进制造业为重点全面提升实体经济。要推动产业优化升级，加快发展先进制造业，推动互联网、大数据、人工智能和实体经济深度融合，在中高端消费、创新引领、绿色低碳、共享经济、现代供应链、人力资本服务等领域培育新增长点、形成新动能。要支持传统产业优化升级，瞄准国际先进标准提升产品技术、工艺装备能效环保水平，增强制造业基础工艺、基础材料和基础零部件制造能力，提高传统产业的产品品质和附加值。加强水利、铁路、公路、水运、航空、管道、电网、信息、物流等基础设施网络建设，发挥一体化网络效应，强化基础体系的支撑作用。推进中国制造向中国创造转变，中国速度向中国质量转变，制造大国向制造强国转变。

深化要素市场化配置改革，实现由以价取胜向以质取胜的转变。破除无效供给，把处置"僵尸企业"作为重要抓手，推动化解过剩产能；调整产业结构，淘汰落后产能。培育新动能，强化科技创新，推动传统产业优化升级，培育一批具有创新能力的排头兵企业，积极推进军民融合深度发展。降低实体经济成本、降低制度性交易成本，继续清理涉企收费，加大对乱收费的查处和整治力度，深化电力、石油天然气、铁路等行业改革，降低用能、物流成本。优化存量资源配置，提质升级存量供给，扩大优质增量供给，在各行各业开展产品质量、工程质量和服务质量提升行动，显著增强我国经济质量优势。

加大人力资本培育力度，更加注重调动和保护人的积极性。人是生产力中最活跃的因素。高素质的企业家、工匠和劳模是推动供给侧结构性改革、振兴实体经济发展的重要力量。要塑造良好社会文化生态，营造鼓励创新、终身学习和勇于冒险的社会氛围，厚植企业家精神土壤；厘清政府、市场边界，拓展企业家精神生长空间，激发和保护企业家精神。要建设知识型、技能型、创新型劳动者大军。要弘扬劳模精神和工匠精神，营造劳动光荣的社会风尚和精益求精的敬业风气。

持续推进"三去一降一补"，优化市场供求结构。坚持去产能、去库存、去杠杆、降成本、补短板，优化存量资源配置，扩大优质增量供给。继续推动钢铁、煤炭等行业化解过剩产能。完善房地产调控措施，因地因城去库存，优化房地产市场供求关系，加快建立健全房地产基础性制度和长效机制。打好防范化解重大风险攻坚战，积极稳妥去杠杆，重点控制宏观杠杆率，促进形成金融和实体经济、金融和房地产、金融体系内部的良性循环，防范化解金融风险，有效控制国有企业债务和地方政府债务风险。加大减税、降费力度，降低要素成本和物流成本，切实降低企业负担。增强微观主体内生动力，扎实有效补短板。

伴随中国特色社会主义进入新时代，我国经济已由高速增长阶段转向高质量发展阶段，正处在转变发展方式、优化经济结构、转换增长动力的攻关期。贯彻习近平新时代中国特色社会主义经济思想，就要着力建设现代化经济体系，实现高质量发展。推动高质量发展是当前和今后一个时期确定发展思路、制定经济政策、实施宏观调控的根本要求，必须加快形成推动高质量发展的指标体系、政策体系、标准体系、统计体系、绩效评价、政绩考核，创建和完善制度环境，推动我国经济在实现高质量发展上不断取得新进展。

建设现代化经济体系是党中央从党和国家事业全局出发，着眼于实现"两个一百年"奋斗目标、顺应中国特色社会主义进入新时代的新要求做出的重大决策部署，这既是一个重大理论命题，更是一个重大实践课题。国家强，经济体系必须强。建设现代化经济体系是我国发展的战略目标，也是转变经济发展方式、优化经济结构、转换经济增长动力的迫切要求。只有形成现代化经济体系，才能更好地顺应现代化发展潮流和赢得国际竞争主动，也才能为其他领域现代化提供有力支撑。我们要按照建设社会主义现代化强国的要求，加快建设现代化经济体系，确保社会主义现代化强国目标如期实现。这是遵循经济发展规律、适应我国社会主要矛盾变化、保持经济持续健康发展的必然要求。

现代化经济体系，是由社会经济活动各个环节、各个层面、各个领域的相互关系和内在联系构成的一个有机整体。建设现代化经济体系，必须坚持质量第一、效益优先，推动经济发展质量变革、效率变革、动力变革，提高全要素生产率。要建设创新引领、协同发展的产业体系，实现实体经济、科技创新、现代金融、人力资源协同发展，使科技创新在实体经济发展中的贡献份额不断提高，现代金融服务实体经济的能力不断增强，人力资源支撑实体经济发展的作用不断优化。要建设统一开放、竞争有序的市场体系，实现市场准入畅通、市场开放有序、市场竞争充分、市场秩序规范，加快形成企业自主经营公平竞争、消费者自由选择自主消费、商品和要素自由流动平等交换的现代市场体系。要建设体现效率、促进公平的收入分配体系，实现收入分配合理、社会公平正义、全体人民共同富裕，推进基本公共服务均等化，逐步缩小收入分配差距。要建设彰显优势、协调联动的城乡区域发展体系，实现区域良性互动、城乡融合发展、陆海统筹整体优化，培育和发挥区域比较优势，加强区域优势互补，塑造区域协调发展新格局。要建设资源节约、环境友好的绿色发展体系，实现绿色循环低碳发展、人与自然和谐共生，牢固树立和践行绿水青山就是金山银山理念，形成人与自然和谐发展现代化建设新格局。要建设多元平衡、安全高效的全面开放体系，发展更高层次开放型经济，推动开放朝着优化结构、拓展深度、提高效益方向转变。要建设充分发挥市场作用、更好发挥政府作用的经济体制，实现市场机制有效、微观主体有活力、宏观调控有度。以上六个体系是统一的整体，要一体建设、一体推进。

建设现代化经济体系，需要扎实管用的政策举措和行动。要突出做好以下几方面工作。

一是大力发展实体经济。实体经济是一国经济的立身之本，是财富创造的根本源泉，是国家强盛的重要支柱，是现代化经济体系的坚实基础。推动资源要素向实体经济集聚、政策措施向实体经济倾斜、工作力量向实体经济加强，营造脚踏实地、勤劳创业、实业致富的发展环境和社会氛围，必须不断推进工业现代化，强化实体经济吸引力和竞争力，加大重要领域改革力度，推动实现经济发展由数量和规模扩张向质量和效益提升转变。

二是加快实施创新驱动发展战略。深入实施科教兴国战略、人才强国战略、创新驱动发展战略，努力实现到2035年跻身创新型国家前列的目标。加强国家创新体系建设，强化战略科技力量，推动科技创新和经济社会发展深度融合，塑造更多依靠创新驱动、更多发挥先发优势的引领型发展。强化基础研究、应用基础研究和战略科技力量，推动重大科技创新取得新进展。建立以企业为主体、市场为导向、产学研深度融合的技术创新体系，促进科技成果转化。倡导创新文化，强化知识产权保护，提升大众创业、万众创新水平。实行更加积极、更加开放、更加有效的人才政策，培养和造就一大批具有国际水平的人才和高水平创新团队。

三是激发各类市场主体活力。要推动国有资本做强做优做大，完善国企国资改革方案，围绕管资本为主加快转变国有资产监管机构职能，改革国有资本授权经营体制。加强国有企业党的领导和党的建设，推动国有企业完善现代企业制度，健全公司法人治理结构。要支持民营企业发展，落实保护产权政策，依法甄别纠正社会反映强烈的产权纠纷案件。全面实施并不断完善市场准入负面清单制度，破除歧视性限制和各种隐性障碍，加快构建亲清新型政商关系。

四是积极推动城乡区域协调发展。优化现代化经济体系的空间布局，实施好区域协调发展战略，坚持协调发展理念，优化区域发展格局，实现基本公共服务均等化，人民生活水平大体相当。推动京津冀协同发展和长江经济带发展，同时协调推进粤港澳大湾区发展。推进西部大开发，加快东北等老工业基地振兴，推动中部地区崛起，支持东部地区率先推动高质量发展，推进长江经济带绿色发展，科学制订乡村振兴战略规划，建立健全城乡融合发展体制机制和政策体系，加快推进农业农村现代化，深化农业供给侧结构性改革。

五是着力发展开放型经济。提高现代化经济体系的国际竞争力，更好利用全球资源和市场，继续积极推进"一带一路"倡议框架下的国际交流合作。要在开放的范围和层次上进一步拓展，更要在开放的思想观念、结构布局、体制机制上进一步拓展。有序放宽市场准入，全面实行准入前国民待遇加负面清单管理模式，继续精简负面清单，抓紧完善外资相关法律，加强知识产权保护。促进贸易平衡，更加注重提升出口质量和附加值，积极扩大进口，下调部分产品进口关税。大力发展服务贸易，继续推进自由贸易试验区改革试点，有效引导支持对外投资。

六是深化经济体制改革。加快完善社会主义市场经济体制，坚决破除各方面体制机制弊端，激发全社会创新创业活力。构建市场经济有效、微观主体有活力、宏观调控有度的经济体制。要创新和完善宏观调控，实施好积极的财政政策和稳健的货币政策，健全经济政策协调机制，加快建立多主体供应、多渠道保障、租购并举的住房制度，推进基础性关键领域改革取得新的突破。

高质量发展是全面建设社会主义现代化国家的首要任务。坚持以推动高质量发展为主题，把实施扩大内需战略同深化供给侧结构性改革有机结合起来，增强国内大循环内生动力和可靠性，提升国际循环质量和水平，加快建设现代化经济体系，着力提高全要素生产率，着力提升产业链供应链韧性和安全水平，着力推进城乡融合和区域协调发展，推动经济实现质的有效提升和量的合理增长。

构建高水平社会主义市场经济体制。坚持和完善社会主义基本经济制度，毫不动摇巩固和发展公有制经济，毫不动摇鼓励、支持、引导非公有制经济发展，充分发挥市场在资源配置中的决定性作用，更好发挥政府作用。深化国资国企改革，加快国有经济布局优化和结构调整，推动国有资本和国有企业做强做优做大，提升企业核心竞争力。优化民营企业发展环境，依法保护民营企业产权和企业家权益，促进民营经济发展壮大。完善中国特色现代企业制度，弘扬企业家精神，加快建设世界一流企业。支持中小微企业发展。深化简政放权、放管结合、优化服务改革。构建全国统一大市场，深化要素市场化改革，建设高标准市场体系。完善产权保护、市场准入、公平竞争、社会信用等市场经济基础制度，优化营商环境。健全宏观经济治理体系，发挥国家发展规划的战略导向作用，加强财政政策和货币政策协调配合，着力扩大内需，增强消费对经济发展的基础性作用和投资对优化供给结构的关键作用。健全现代预算制度，优化税制结构，完善财政转移支付体系。深化金融体制改革，建设现代中央银行制度，加强和完善现代金融监管，强化金融稳定保障体系，依法将各类金融活动全部纳入监管，守住不发生系统性风险底线。健全资本市场功能，提高直接融资比重。加强反垄断和反不正当竞争，破除地方保护和行政性垄断，依法规范和引导资本健康发展。

建设现代化产业体系。坚持把发展经济的着力点放在实体经济上，推进新型工业化，加快建设制造强国、质量强国、航天强国、交通强国、网络强国、数字中国。实施产业基础再造工程和重大技术装备攻关工程，支持专精特新企业发展，推动制造业高端化、智能化、绿色化发展。巩固优势产业领先地位，在关系安全发展的领域加快补齐短板，提升战略性资源供应保障能力。推动战略性新兴产业融合集群发展，构建新一代信息技术、人工智能、生物技术、新能源、新材料、高端装备、绿色环保等一批新的增长引擎。构建优质高效的服务业新体系，推动现代服务业同先进制造业、现代农业深度融合。加快发展物联网，建设高效顺畅的流通体系，降低物流成本。加快发展数字经济，促进数字经济和实体经济深度融合，打造具有国际竞争力的数字产业集群。优化基础设施布局、结构、功能和系统集成，构建现代化基础设施体系。

第二，发展社会主义民主政治。发展社会主义民主政治的最重要内容是健全人民当家作主制度体系。我国是工人阶级领导的、以工农联盟为基础的人民民主专政的社会主义国家，国家一切权力属于人民。我国社会主义民主是维护人民根本利益的最广泛、最真实、最管用的民主。发展社会主义民主政治就是要体现人民意志、保障人民权益、激发人民创造活力，用制度体系保证人民当家作主。

人民代表大会制度是我国的根本政治制度，是符合中国国情、体现中国特色社会主义国家性质、能够保证人民当家作主的根本政治制度和最高实现形式，也是党在国家政权中充分发扬民主、贯彻群众路线的最好实现形式。要支持和保证人民通过人民代表大会行使国家权力。发挥人大及其常委会在立法工作中的主导作用，健全人大组织制度和工作制度，支持和保证人大依法行使立法权、监督权、决定权、任免权，更好发挥人大代表作用，使各级人大及其常委会成为全面担负起宪法法律赋予的各项职责的工作机关，成为同人民群众保持密切联系的代表机关。

发挥社会主义协商民主重要作用。实行人民民主，保证人民当家作主，要求治国理政大政方针在人民内部各方面进行广泛协商。协商民主是在中国共产党领导下，人民内部各方面围绕改革发展稳定重大问题和涉及群众利益的实际问题，在决策之前和决策实施中，开展广泛协商，努力形成共识的重要民主形式。协商民主是中国特色社会主义民主政治的特有形式和独特优势，是实现党的领导的重要方式，丰富了民主的形式，拓展了民主的渠道，丰富了民主的内涵。发展协商民主，必须推进协商民主广泛多层制度化发展，统筹政党协商、政府协商、政协协商，积极开展人大协商、基层协商、人民团体协商，逐步探索社会组织协商，构建程序合理、环节完整的社会主义协商民主体系，确保协商民主有制可依、有规可守、有章可循、有序可遵，不断提高协商民主的科学性和实效性。

中国共产党领导的多党合作和政治协商制度是我国的一项基本政治制度，人民政协是具有中国特色的制度安排，是社会主义协商民主的重要渠道和专门协商机构。人民政协工作要聚焦党和国家中心任务，围绕团结和民主两大主题，把协商民主贯穿政治协商、民主监督、参政议政全过程，完善协商议政内容和形式，着力增进共识、促进团结。加强人民政协民主监督，重点监督党和国家重大方针政策和重要决策部署的贯彻落实。

民族区域自治制度是我国的一项基本政治制度，是中国特色解决民族问题正确道路的重要内容和制度保障。民族区域自治制度符合我国国情，需要在新的历史条件下进一步发挥其在维护祖国统一、领土完整，加强民族平等团结、促进民族地区发展、增强中华民族凝聚力等方面的重要作用。

基层群众自治制度是我国的一项基本政治制度。完善基层群众自治制度，发展基层民主，是社会主义民主政治建设的基础。完善基层民主制度，畅通民主渠道，健全基层选举、议事、公开、述职、问责等机制，促进群众在城乡社区治理、基层公共事务和公益事业中依法自我管理、自我服务、自我教育、自我监督。

坚持中国特色社会主义政治发展道路，扎实推进祖国和平统一进程。实现祖国完全统一是全体中华儿女的共同愿望，是中华民族根本利益所在。党的十八大以来，以习近平同志为核心的党中央坚持一个中国原则和"九二共识"，推动两岸关系和平发展，加强两岸经济文化交流合作，实现两岸领导人历史性会晤，妥善应对台湾局势变化，坚决反对和遏制"台独"分裂势力，有力维护了台海和平稳定。2019年1月，习近平在《告台湾同胞书》发表40周年纪念会上的讲话中指出："祖国必须统一，也必然统一。这是70载两岸关系发展历程的历史定论，也是新时代中华民族伟大复兴的必然要求。两岸中国人、海内外中华儿女理应共担民族大义、顺应历史大势，共同推动两岸关系和平发展、推进祖国和平统一进程。"探索"两制"台湾方案，丰富和平统一实践。"和平统一、一国两制"是实现国家统一的最佳方式，体现了海纳百川、有容乃大的中华智慧，既充分考虑台湾现实情况，又有利于统一后台湾长治久安。坚持一个中国原则，维护和平统一前景。尽管海峡两岸尚未完全统一，但中国主权和领土从未分割，大陆和台湾同属一个中国的事实从未改变。一个中国原则是两岸关系的政治基础。坚持一个中国原则，两岸关系就能改善和发展，台湾同胞就能受益。背离一个中国原则，就会导致两岸关系紧张动荡，损害台湾同胞切身利益。深化两岸融合发展，夯实和平统一基础。两岸同胞血脉相连。国家之魂，文以化之，文以铸之。两岸同胞同根同源、同文同种，中华文化是两岸同胞心灵的根脉和归属。人之相交，贵在知心。不管遭遇多少干扰阻碍，两岸同胞交流合作不能停、不能断、不能少。

走中国特色社会主义政治发展道路，必须坚持党的领导、人民当家作主、依法治国有机统一。党的领导是人民当家作主和依法治国的根本保证，人民当家作主是社会主义民主政治的本质特征，依法治国是党领导人民治理国家的基本方式，三者统一于我国社会主义民主政治伟大实践。坚持党的领导，就要发挥党总揽全局、协调各方的领导核心作用。改进党的领导方式和执政方式，保证党领导人民有效治理国家。实现人民当家作主，就要扩大人民有序的政治参与，保证人民依法实行民主选举、民主协商、民主决策、民主管理、民主监督。巩固基层政权，完善基层民主制度，保障人民的知情权、参与权、表达权、监督权。坚持依法治国，就要维护国家法制统一、尊严、权威，加强人权法治保障，保证人民依法享有广泛权利和自由。健全依法决策机制，构建决策科学、执行坚决、监督有力的权力运行机制。

走中国特色社会主义政治发展道路，必须坚持正确政治方向。我们需要借鉴国外政治文明有益成果，但绝不能放弃中国政治制度的根本。照抄照搬他国的政治制度行不通，会水土不服，会画虎不成反类犬，甚至会把国家前途命运葬送掉。要保持政治定力，坚持从国情出发、从实际出发，既要把握长期形成的历史传承，又要把握走过的发展道路、积累的政治经验、形成的政治原则，还要把握现实要求、着眼解决现实问题，不能割断历史，不能想象突然就搬来一座政治制度上的"飞来峰"。我们要坚定对中国特色社会主义政治制度的自信，增强走中国特色社会主义政治发展道路的信心和决心。

走中国特色社会主义政治发展道路，必须深化机构和行政体制改革。需要进一步统筹考虑各类机构设置，科学配置党政部门及内设机构权力、明确职责。统筹使用各类编制资源，形成科学合理的管理体制，完善国家机构组织法。转变政府职能，深化简政放权，创新监管方式，增强政府公信力和执行力，建设人民满意的服务型政府。

我国是工人阶级领导的、以工农联盟为基础的人民民主专政的社会主义国家，国家一切权力属于人民。人民民主是社会主义的生命，是全面建设社会主义现代化国家的应有之义。全过程人民民主是社会主义民主政治的本质属性，是最广泛、最真实、最管用的民主。必须坚定不移走中国特色社会主义政治发展道路，坚持党的领导、人民当家作主、依法治国有机统一，坚持人民主体地位，充分体现人民意志、保障人民权益、激发人民创造活力。

全过程人民民主的提出、实践和发展，鲜明展示了我们党始终高举人民民主旗帜、实现人民当家作主的坚定立场，为新时代中国特色社会主义政治文明建设提供了科学指引和行动指南，也为世界其他国家探索发展符合自身实际的民主道路提供了中国智慧和中国方案。

全过程人民民主深深植根于中国社会土壤，符合中国国情和实际，得到人民一致拥护。我国坚持发展全过程人民民主，健全人民当家作主制度体系，这是由我国人民决定的，是坚持从国情出发、从实际出发做出的必然选择，是在历史传承、文化传统、经济社会发展的基础上长期发展、渐进改进、内生性演化的结果。全过程人民民主之所以行得通、真管用，就是因为它是从中国的社会土壤中生长起来的，未来要继续苗壮成长，也必须深深扎根于中国的社会土壤。

全过程人民民主的主体是人民，最终目的是保障人民当家作主。中国共产党根基在人民、血脉在人民，要坚持人民至上、紧紧依靠人民、不断造福人民、牢牢植根人民；要发展社会主义民主政治，用制度体系保证人民当家作主。发展全过程人民民主，体现党的理想信念、根本立场、初心使命，体现我们党全心全意为人民服务的根本宗旨，体现我国一切权力属于人民的宪法原则。中国共产党领导人民发展全过程人民民主，就是支持和保障人民当家作主，使 14 亿多人民通过各领域民主制度和各层次民主渠道行使国家权力，实现人民对美好生活的向往。

人民代表大会制度是中国人民当家作主的重要途径和最高实现形式。我国一切权力属于人民，人民行使国家权力的机关是各级人民代表大会，各级人大由民主选举产生、对人民负责、受人民监督，国家行政机关、监察机关、审判机关、检察机关由人大产生、对人大负责、受人大监督。一切国家机关和国家工作人员必须依靠人民的支持，经常保持同人民的密切联系，倾听人民的意见和建议，接受人民的监督，努力为人民服务。各级人大代表忠实代表人民利益和意志行使国家权力。这些都是人民代表大会制度的重要内容，是发展全过程人民民主、实现人民当家作主的可靠制度保障。

人民代表大会制度的运行实践有力地推进了全过程人民民主建设。人民代表大会制度在选举、协商、决策、管理、监督的各个环节都坚持民主原则，依法保障人民行使民主权利。人大代表选举坚持普遍、平等、差额、直接选举和间接选举相结合、无记名投票的原则，是人民代表大会制度运行的基础。

人民代表大会制度为发展全过程人民民主提供有力法治保障。人大及其常委会通过制定完善相关法律法规，以完备的法治推动全过程人民民主建设、保障人民当家作主。全国人大及其常委会行使国家立法权，制定和修改宪法，规定公民的基本权利和义务，明确国家尊重和保障人权；制定和修改全面保障人民政治权利的法律制度，规范人民行使各项民主权利的途径、程序；制定和修改民事、刑事、行政以及经济、文化、社会、生态环境等领域法律，维护人民利益，增进民生福祉，保障社会公平正义；在制定和修改立法法、人大组织制度和议事规则等法律中落实全过程人民民主要求。通过执法检查、听取审议工作报告等形式，推动宪法法律全面有效实施，实现人民群众的民主权利和其他合法权益。

第三，推动社会主义文化繁荣兴盛。推动社会主义文化繁荣兴盛，必须牢牢掌握意识形态工作领导权。意识形态关乎旗帜、关乎道路、关乎国家政治安全，决定文化前进方向和道路。建设中国特色社会主义文化，必须建设具有强大凝聚力、引领力的社会主义意识形态，使全体人民在理想信念、价值理念、道德观念上紧紧团结在一起，巩固马克思主义在意识形态领域的指导地位，牢牢掌握意识形态工作领导权。

掌握意识形态工作领导权，要旗帜鲜明地坚持马克思主义指导地位。马克思主义是我们立党立国的根本指导思想，是中国共产党人的"真经"。任何时候、任何情况下，坚持以马克思主义为指导不能有丝毫含糊，必须旗帜鲜明、毫不动摇。深化对马克思主义基本理论的学习和掌握，用马克思主义的科学理论武装头脑，推进马克思主义中国化、时代化、大众化，实现马克思主义与中国实际相结合，与时俱进地坚持和发展马克思主义，捍卫马克思主义在意识形态领域的指导地位。

掌握意识形态工作领导权，要坚持正确的舆论导向。舆论历来是影响社会发展的重要力量，古今中外，任何政党要夺取和掌握政权，任何政权要实现长治久安，都必须抓好舆论工作。舆论导向正确是党和人民之福，舆论导向错误是党和人民之祸。好的舆论可以成为发展的"推进器"、民意的"晴雨表"、社会的"黏合剂"、道德的"风向标"，不好的舆论可以成为民众的"迷魂汤"、社会的"分离器"、杀人的"软刀子"、动乱的"催化剂"。掌握意识形态工作领导权，必须坚持正确舆论导向，以正确舆论引导人，提高新闻舆论传播力、引导力、影响力、公信力，让主旋律更加响亮、正能量更加强劲，文化自信得到充分彰显。

掌握意识形态工作领导权，要建设好网络空间。当今社会，网络对于人们的生活和工作产生了重大影响。网络空间是亿万民众共同的精神家园，同现实社会一样，既要提倡自由，也要保持秩序。网络空间天朗气清、生态良好，符合人民利益。互联网不是法外之地，要加强建设和管理。要本着对社会负责、对人民负责的态度，依法加强网络空间治理，建立网络综合治理体系。尤其要加强网络内容建设，做好网上正面宣传，加强网上舆论引导，把握好网上舆论引导的时、度、效，培育积极健康、向上向善的网络文化，营造一个风清气正的网络空间。

网络空间关乎人类命运。重视互联网、发展互联网、治理互联网，推动我国网信事业发展、建设网络强国是习近平总书记念兹在兹的一件大事。党的十八大以来，以习近平同志为核心的党中央高度重视网络安全和信息化工作，明确提出网络强国建设的战略目标，推动网信事业取得历史性成就、发生历史性变革。

习近平总书记多次就网络安全和信息化工作发表重要讲话，准确把握信息时代的"时"与"势"，紧密结合我国互联网发展治理实践，系统回答了为什么要建设网络强国、怎样建设网络强国等一系列重大理论和实践问题，为做好新时代网信工作提供了根本遵循。

把牢前进方向，强调"过不了互联网这一关，就过不了长期执政这一关"①，"必须旗帜鲜明、毫不动摇坚持党管互联网，加强党中央对网信工作的集中统一领导，确保网信事业始终沿着正确方向前进"②。坚持人民至上，提出"网信事业要发展，必须贯彻以人民为中心的发展思想"③，强调"推进网络强国建设，推动我国网信事业发展，让互联网更好造福国家和人民"④。聚焦核心技术，要求"加快推进网络信息技术自主创新"，强调"我们要掌握我国互联网发展主动权，保障互联网安全、国家安全，就必须突破核心技术这个难题，争取在某些领域、某些方面实现'弯道超车'"⑤。围绕网络安全，明确"加快增强网络空间安全防御能力"，提出"网络安全和信息化是相辅相成的。安全是发展的前提，发展是安全的保障，安全和发展要同步推进"⑥。

意识形态工作是党的一项极端重要的工作。在信息化时代，互联网日益成为意识形态斗争的主阵地、主战场、最前沿。能不能牢牢掌握意识形态工作领导权，"关键要看能不能占领网上阵地，能不能赢得网上主导权"⑦。

坚决打赢网络意识形态斗争，是维护政治安全，保证党长期执政和国家长治久安的必然要求。政治制度对一个国家长治久安具有十分重要的意义。西方

① 建设网络强国 助力民族复兴——以习近平同志为核心的党中央引领网信事业发展述评 [N].人民日报，2023-07-14（1）.
② 建设网络强国 助力民族复兴——以习近平同志为核心的党中央引领网信事业发展述评 [N].人民日报，2023-07-14（1）.
③ 建设网络强国 助力民族复兴——以习近平同志为核心的党中央引领网信事业发展述评 [N].人民日报，2023-07-14（1）.
④ 建设网络强国 助力民族复兴——以习近平同志为核心的党中央引领网信事业发展述评 [N].人民日报，2023-07-14（1）.
⑤ 建设网络强国 助力民族复兴——以习近平同志为核心的党中央引领网信事业发展述评 [N].人民日报，2023-07-14（1）.
⑥ 建设网络强国 助力民族复兴——以习近平同志为核心的党中央引领网信事业发展述评 [N].人民日报，2023-07-14（1）.
⑦ 中央网络安全和信息化委员会办公室.习近平总书记关于网络强国的重要思想概论 [M].北京：人民出版社，2023：56.

国家策划"颜色革命",往往从所针对的国家的政治制度特别是政党制度开始发难,大造舆论,大肆渲染,煽动民众搞街头政治。互联网的迅猛发展,深刻改变了舆论生成和传播的方式,改变了媒体格局和舆论生态。当前,互联网已经成为意识形态斗争的主阵地、主战场、最前沿。境外反华势力一直妄图利用互联网来"扳倒中国",一些西方政客直言不讳地称,"有了互联网,对付中国就有了办法","社会主义国家投入西方怀抱,将从互联网开始";境内一些组织和个人在网上不断变换手法,歪曲丑化党的历史和伟大实践,攻击否定党的领导和社会主义制度,企图争夺人心、争夺群众,破坏党长期执政的群众根基。敌对势力依托于互联网的渗透、破坏、颠覆等活动对国家安全造成的风险挑战空前尖锐复杂,如果防范不及、应对不力,就会传导、叠加、演变、升级,最终危及党的执政地位、危及国家安全。要坚决打赢网络意识形态斗争,切实维护以政权安全、制度安全为核心的国家政治安全。

坚决打赢网络意识形态斗争,是凝聚思想共识,团结全国各族人民,为实现中华民族伟大复兴而奋斗的必然要求。实现中华民族伟大复兴,是100年来党团结带领人民进行的一切奋斗、一切牺牲、一切创造的主题。当前,我国进入新发展阶段,这是"中华民族伟大复兴历史进程的大跨越"①,"机遇和挑战之大都前所未有"②。要战胜复兴道路上的各种风险挑战,锲而不舍实现我们的既定目标,需要全社会方方面面同心干,需要全国各族人民心往一处想、劲往一处使。能否团结全党全国人民凝聚奋斗共识、形成复兴合力,很大程度上取决于网络意识形态工作成效。

坚决打赢网络意识形态斗争,是营造有利外部环境,应对世界百年未有之大变局的必然要求。当今世界正经历百年未有之大变局,新冠疫情全球大流行使这个大变局加速演变,国际力量对比深刻调整,全球治理体系和国际秩序面临重塑。我国世界影响力不断提升,有能力也有责任在全球事务中发挥更大作用,同各国一道为解决全人类问题做出更大贡献。我国要抓住这一历史机遇,必须做好宣传特别是外宣工作,树立和平发展的负责任大国形象,最广泛地争取国际社会对我们的理解和支持。互联网的全球性、开放性,使其成为全球各国增强国际传播话语权的有效载体,也为我们对外宣介中国主张、中国智慧、中国方案提供了重要契机。

---

① 习近平. 新发展阶段贯彻新发展理念必然要求构建新发展格局 [J]. 求是, 2022 (17).

② 习近平在省部级主要领导干部学习贯彻党的十九届五中全会精神专题研讨班开班式上发展重要讲话 [EB/OL]. 新华网, 2021-01-11.

能否打赢网络意识形态斗争，事关党和国家政治安全，事关民族凝聚力和向心力，事关对外维护国家主权、安全、发展利益。这要求我们一定要站在党和国家事业发展全局的高度，深刻认识开展网络意识形态斗争的重要性和紧迫性，科学把握其内在规律，不断提高斗争能力和水平。

推动社会主义文化繁荣兴盛，还必须培育和践行社会主义核心价值观。核心价值观是一个民族赖以维系的精神纽带，是一个国家共同的思想道德基础。富强、民主、文明、和谐，自由、民主、公正、法治，爱国、敬业、诚信、友善的24字表达，把涉及国家、公民、社会三个层面的价值要求融为一体，既体现了社会主义本质要求，继承了中华优秀传统文化，也吸收了世界文明有益成果，体现了时代精神，回答了我们要建设什么样的国家、建设什么样的社会、培育什么样的公民的重大问题，是当代中国精神的集中体现，凝结着全体人民共同的价值追求，是社会主义核心价值观的基本内容。

培育和践行社会主义核心价值观，要把社会主义核心价值观融入社会生活各方面。一种价值观要真正发挥作用，必须通过强化教育引导、舆论宣传、文化熏陶、实践养成、制度保障等方式将其融入社会生活，让人们在实践中感知它、领悟它。培育和践行社会主义核心价值观要注意把我们所提倡的与人们的日常生活联系起来，在落细、落小、落实上下功夫。要把社会主义核心价值观的要求融入各种精神文明创建活动之中，吸引群众广泛参与，培育文明新风尚。要利用各种时机和场合，形成有利于培育和践行社会主义核心价值观的生活情景和社会氛围，使社会主义核心价值观的影响像空气一样无所不在、无时不有。培育和践行社会主义核心价值观，要坚持全民行动、干部带头，从家庭做起、从娃娃抓起。人民有信仰，国家有力量，民族有希望。要在全社会弘扬和培育社会主义核心价值观，使之成为全体人民的共同价值追求，成为百姓日用而不觉的行为准则。党员干部要带头培育和践行社会主义核心价值观，用自己的模范行为和高尚人格感召群众、带动群众。家庭是社会的基本细胞，是人生的第一所学校，对一个人的价值观的养成有重要影响，要重视家庭建设，注重家庭、注重家教、注重家风，发扬光大中华民族传统家庭美德，促进家庭和睦，促进亲人相亲相爱，促进下一代健康成长，促进老年人老有所养，从家庭做起培育和践行社会主义核心价值观。培育和践行社会主义核心价值观，事关青少年扣好人生的第一粒扣子，还必须从小抓起、从学校抓起。要把社会主义核心价值观的基本内容和要求渗透到学校教育教学之中，体现在学校日常管理中，做到进教材、进课堂、进头脑，让社会主义核心价值观在青少年的心田中生根发芽。

实现中华民族伟大复兴，迫切要求我国由一个文化大国转变为一个文化强国，这是中华民族几千年文化积淀赋予我们的历史使命。文化强国是指一个国家具有强大的文化力量。这种力量既表现为具有高度文化素养的国民，也表现为发达的文化产业，还表现为强大的文化软实力。建设社会主义文化强国，必须培养高度的文化自信。文化自信是一个国家、一个民族发展中更基本、更深沉、更持久的力量。坚定文化自信，事关国运兴衰，事关文化安全，事关民族精神的独立性。我国有着悠久的历史传统和深厚的文化资源，已经具备了相对雄厚的物质基础，人民群众对文化的需求快速增长，我国的文化发展面临着难得的机遇，要清醒认识我国文化发展的历史和现状，增强文化自觉，坚定文化自信，更好地把握文化发展的规律，以主动担当的精神加快文化发展步伐，在传承中华优秀传统文化基础上发展社会主义先进文化，加快建设社会主义文化强国。

文化软实力已成为大国争雄、角力的焦点，必须将优秀传统文化当成重要的国家资源来对待。推动中华优秀传统文化创造性转化、创新性发展，为民族复兴立根铸魂。坚持守正创新，推动中华优秀传统文化同社会主义社会相适应，更好构筑中国精神、中国价值、中国力量。在推动中华优秀传统文化创造性转化、创新性发展的过程中，要坚持马克思主义的根本指导思想，传承弘扬革命文化，发展社会主义先进文化，从中华优秀传统文化中寻找源头活水。

增强中华文明传播力影响力。坚守中华文化立场，提炼展示中华文明的精神标识和文化精髓，加快构建中国话语和中国叙事体系，讲好中国故事、传播好中国声音，展现可信、可爱、可敬的中国形象。加强国际传播能力建设，全面提升国际传播效能，形成同我国综合国力和国际地位相匹配的国际话语权。深化文明交流互鉴，推动中华文化更好地走向世界。

在新的历史起点上继续推动文化繁荣、建设文化强国、建设中华民族现代文明，要坚定文化自信，坚持走自己的路，立足中华民族伟大历史实践和当代实践，用中国道理总结好中国经验，把中国经验提升为中国理论，实现精神上的独立自主。要开放包容，坚持马克思主义中国化时代化，传承发展中华优秀传统文化，促进外来文化本土化，不断培育和创造新时代中国特色社会主义文化。要坚持守正创新，以守正创新的正气和锐气，赓续历史文脉、谱写当代华章。

第四，坚持在发展中保障和改善民生。要提高保障和改善民生水平，加强和创新社会治理，树立国家总体国家安全观。提高就业质量和人民收入水平，就业是最大的民生。要坚持就业优先战略和积极就业政策，实现更高质量和更充分就业。大规模开展职业技能培训，解决好结构性就业矛盾，鼓励创业带动就业。提供全方位公共就业服务，促进高校毕业生、农民工等群体多渠道就业创业。完善政府、工会、企业共同参与的协商协调机制，构建和谐劳动关系。鼓励勤劳守法致富，扩大中等收入群体，增加低收入者收入，调节过高收入，取缔非法收入。拓宽居民劳动收入和财产性收入渠道。履行好政府再分配调节职能，加快推进基本公共服务均等化，缩小收入分配差距。

加强社会保障体系建设，社会保障体系发挥兜底作用，保障全社会成员基本生存与生活需要，要全面建成覆盖全民、城乡统筹、权责清晰、保障适度、可持续的多层次社会保障体系，全面实施全民参保计划。完善城镇职工基本养老保险和城乡居民基本养老保险制度，完善城乡居民基本医疗保险制度和大病保险制度，完善失业、工伤保险制度，建立全国统一的社会保险公共服务平台。统筹城乡社会救助体系，完善最低生活保障制度。完善社会救助、社会福利、慈善事业、优抚安置等制度，健全农村留守儿童和妇女、老年人关爱服务体系。发展残疾人事业，加强残疾康复服务。坚持房子是用来住的、不是用来炒的定位，加快建立多主体供给、多渠道保障、租购并举的住房制度，让全体人民住有所居。

社会治理是社会建设的重大任务，是国家治理的重要内容，在现代社会中，社会治理地位日益重要。解决我国在社会治理领域存在的问题，必须深入认识新时代社会治理规律，创新社会治理理念思路、体制机制、方法手段，提高社会治理能力，建设平安中国，维护社会和谐稳定，确保国家长治久安、人民安居乐业。

创新社会治理体制。坚持完善党委领导、政府负责、社会协同、公众参与、法治保障的社会治理体制，提高社会治理社会化、法治化、智能化、专业化水平，推进社会治理精细化，打造共建共治共享的社会治理格局。在发挥好政府治理作用的基础上，健全利益表达、利益协调、利益保护机制，引导群众依法行使权利、表达诉求、解决纠纷，实现政府治理和社会调节、居民自治良性互动。加强社会治理基础制度建设，建立国家人口基础信息库，统一社会信用代码制度和相关实名登记制度，完善社会信用体系。

改进社会治理方式。治理和管理一字之差，体现的是系统治理、依法治理、源头治理、综合施策。坚持系统治理，加强党委领导，发挥政府主导作用，鼓励和支持社会各方面参与。坚持依法治理，加强法治保障，运用法治思维和法治方式化解社会矛盾。坚持源头治理，标本兼治、重在治本，以网格化管理、社会化服务为方向，健全基层综合服务管理平台，及时反映和协调人民群众各方面各层次利益诉求。坚持综合治理，树立法治思维，强化道德约束，规范社会行为，调节利益关系，协调社会关系，解决社会问题，努力实现法安天下、德润人心。

加强预防和化解社会矛盾机制建设。正确处理人民内部矛盾特别是涉及广大人民群众切身利益的矛盾，是保持社会安定团结良好局面的关键。完善社会矛盾排查预警机制，提高对各类社会矛盾的发现预警能力，及时排除、化解、处置各类矛盾风险。健全重大决策社会稳定风险评估机制，对直接关系群众切身利益且涉及面广、容易引发社会稳定风险的重大决策事项，要将风险评估列为必经的前置程序和刚性门槛。完善矛盾纠纷多元化解机制，积极推动人民调解、行政调解、司法调解联动工作体系形成。改革信访工作制度，建立涉法涉诉信访依法终结制度。

加强社会心理服务体系建设。人是社会的主体，一个社会是否文明进步、安定和谐，很大程度上取决于公民的思想道德素质。加强和改进思想政治工作，更加注重人文关怀和心理疏导，着力促进公民道德素质的提升。推动全社会践行社会主义核心价值观，培育知荣辱、讲正气、做奉献、促和谐的良好风尚。完善惩恶扬善机制，培育风清气正的社会氛围。加强教育、心理等手段的综合运用，培育自尊自信、理性平和、积极向上的社会心态。

加强社区治理体系建设。基础不牢，地动山摇。社区是党和政府联系、服务居民群众的"最后一公里"，社会治理的重心要向基层下移落到城乡社区。社区服务和管理能力越强，社会治理的基础就越实。要尽可能地把资源、服务、管理放到社区，使社区有职有权有物，更好地为群众提供精准高效的服务和管理。要加强城市常态化管理，聚焦群众反映强烈的突出问题，狠抓城市管理顽症治理。要加强人口服务管理，更多运用市场化、法治化手段，促进人口有序流动，控制人口总量，优化人口结构。加强创新农村社会治理，重视化解农村社会矛盾。

总体国家安全观是指坚持国家利益至上，以人民安全为宗旨，以政治安全为根本，以经济安全为基础，以军事、文化、社会安全为保障，以促进国际安全为依托，维护各领域国家安全，构建国家安全体系，走中国特色国家安全道路。坚持总体国家安全观，统筹发展和安全，增强忧患意识，做到居安思危，是我们党治国理政的一个重大原则。新时代我国面临复杂多变的安全和发展环境，各种可以预见和难以预见的风险因素明显增多，各方面风险可能不断积累甚至集中显露，这要求我们必须坚持以总体国家安全观为指导，审时度势、与时俱进，创新国家安全理念，完善国家安全制度体系，统揽国家安全全局，坚决维护国家主权、安全和发展利益。

完善国家安全体系。全面贯彻落实总体国家安全观，要求统筹外部安全和内部安全，对内求发展、求变革、求稳定、建设平安中国，对外求和平、求合作、求共赢、建设和谐世界；统筹国土安全和国民安全，坚持以民为本、以人为本，坚持国家安全一切为了人民、一切依靠人民，真正夯实国家安全的群众基础；统筹传统安全和非传统安全，构建一个集政治安全、国土安全、军事安全、经济安全、文化安全、社会安全、科技安全、信息安全、生态安全、资源安全、核安全等于一体的国家安全体系；统筹发展问题和安全问题，发展是安全的基础，安全是发展的条件，富国才能强兵，强兵才能卫国；统筹自身安全和共同安全，打造命运共同体，推动各方朝着互利互惠、共同安全的目标相向而行。

健全公共安全体系。公共安全是国家安全的重要体现，一头连着经济社会发展，一头连着千家万户，是最基本的民生。要牢固树立安全发展理念，织密织好全方位、立体化的公共安全网。完善农产品质量安全监管体系，保障人民群众"舌尖上的安全"。切实加强食品药品安全监管，加快建立科学完善的食品药品安全治理体系。弘扬生命至上、安全第一的思想，完善安全生产责任制，坚决遏制重特大安全事故。坚持以防为主、防抗救相结合的方针，坚持常态减灾和非常态救灾相统一，全面提高全社会抵御自然灾害的综合防范能力。

推进平安中国建设。平安是老百姓解决温饱后的第一需求，是极重要的民生，也是最基本的发展环境。建设平安中国，要紧紧抓住人民群众反映强烈、影响社会和谐稳定、制约平安建设深入开展的突出问题和薄弱环节，坚持一手抓专项打击整治，一手抓源头性、基础性工作，加快社会治安防控体系建设，依法打击和惩治黄赌毒黑拐骗等违法犯罪活动，保护人民人身权、财产权、人格权。要把人民群众的事当作自己的事，把人民群众的小事当作自己的大事，从让人民群众满意的事情做起，从人民群众不满意的问题改起，做到对群众深恶痛绝的事零容忍、对群众急需急盼的事零懈怠。

加强国家安全能力建设。国家安全事件易发多发，维护国家安全任务繁重，要主动适应新时代国家安全需要，增强风险意识，坚持科技引领、法治保障、文化支撑，推进安全工作精细化、信息化、法治化。进一步提高防范和抵御安全风险、维护国家安全的能力和水平。建立健全反恐工作格局，完善反恐工作体系，加强反恐力量建设，加强反恐国际合作，筑起铜墙铁壁，使暴力恐怖分子成为"过街老鼠、人人喊打"。坚决遏制和打击境内外敌对势力利用民族问题、宗教问题进行的分裂、渗透、破坏活动。维护国家安全是全党全国人民的共同责任。以每年4月15日"全民国家安全教育日"为契机，以总体国家安全观为指导，全面实施国家安全法，深入开展国家安全宣传教育，将国家安全教育纳入领导干部教育培训体系、公务员培训体系、国民教育体系，切实增强全民国家安全意识。

完善分配制度。分配制度是促进共同富裕的基础性制度。坚持按劳分配为主体、多种分配方式并存，构建初次分配、再分配、第三次分配协调配套的制度体系。努力提高居民收入在国民收入分配中的比重，提高劳动报酬在初次分配中的比重。坚持多劳多得，鼓励勤劳致富，促进机会公平，增加低收入者收入，扩大中等收入群体。完善按要素分配政策制度，探索多种渠道增加中低收入群众要素收入，多渠道增加城乡居民财产性收入。加大税收、社会保障、转移支付等的调节力度。完善个人所得税制度，规范收入分配秩序，规范财富积累机制，保护合法收入，调节过高收入，取缔非法收入。引导、支持有意愿有能力的企业、社会组织和个人积极参与公益慈善事业。

实施就业优先战略。就业是最基本的民生。强化就业优先政策，健全就业促进机制，促进充分高质量就业。健全就业公共服务体系，完善重点群体就业支持体系，加强困难群体就业兜底帮扶。统筹城乡就业政策体系，破除妨碍劳动力、人才流动的体制和政策弊端，消除影响平等就业的不合理限制和就业歧视，使人人都有通过勤奋劳动实现自身发展的机会。健全终身职业技能培训制度，推动解决结构性就业矛盾。完善促进创业带动就业的保障制度，支持和规范发展新就业形态。健全劳动法律法规，完善劳动关系协商协调机制，完善劳动者权益保障制度，加强灵活就业和新就业形态劳动者权益保障。

推进健康中国建设。人民健康是民族昌盛和国家强盛的重要标志。把保障人民健康放在优先发展的战略位置，完善人民健康促进政策。优化人口发展战略，建立生育支持政策体系，降低生育、养育、教育成本。实施积极应对人口老龄化国家战略，发展养老事业和养老产业，优化孤寡老人服务，推动实现全体老年人享有基本养老服务。深化医药卫生体制改革，促进医保、医疗、医药协同发展和治理。促进优质医疗资源扩容和区域均衡布局，坚持预防为主，加强重大慢性病健康管理，提高基层防病治病和健康管理能力。深化以公益性为导向的公立医院改革，规范民营医院发展。发展壮大医疗卫生队伍，把工作重点放在农村和社区。重视心理健康和精神卫生。促进中医药传承创新发展。创新医防协同、医防融合机制，健全公共卫生体系，提高重大疫情早发现能力，加强重大疫情防控救治体系和应急能力建设，有效遏制重大传染性疾病传播。深入开展健康中国行动和爱国卫生运动，倡导文明健康生活方式。

第五，建设美丽中国。树立人与自然和谐共生的理念，尊重自然、顺应自然和保护自然，实行严格的环境保护政策，加快生态文明体制改革。

尊重自然，是人与自然相处时应秉持的首要态度，要求人对自然怀有敬畏之心、感恩之情，尊重自然界的创造和存在，绝不能凌驾于自然之上，只有尊重自然才是人与自然相处的科学态度。尊重自然，就要深刻认识到人类与自然是平等的，人类不是自然的奴隶，也不是自然的上帝，人因自然而生，人属于自然，而不是自然属于人；就要深刻认识到自然界是人类赖以生存发展的基本条件，人类生活所需要的一切均直接或间接来自自然；就要深刻认识到一切物种均有生命，均有其独特价值，均是自然大家族中不可或缺的一部分，人与自然不仅是共融共生的生命共同体，更是休戚与共的命运共同体。顺应自然，是人与自然相处时应遵循的基本原则，要求人顺应自然的客观规律，按自然规律办事。包括人类在内的自然界是一个完整有机的生态系统，具有自身运动、变化和发展的内在规律，不以人的意志为转移。人利用和改造自然的实践活动只有适应自然规律，才能做到人与自然和谐相处。顺应自然，就是要使人类的活动符合而不是违背自然界的客观规律，以制度约束人的行为，防止出现因急功近利和个人贪欲而违背自然规律的现象。保护自然，是人与自然相处时应承担的重要责任，要求人发挥主观能动性，在向自然界索取生存发展之需的同时，呵护自然，回报自然，保护自然界的生态系统，对自然界不能只讲索取不讲投入、只讲利用不讲建设。要把人类活动控制在自然能够承载的限度之内，给自然留下恢复元气、休养生息、资源再生的空间，实现人类对自然获取和给予的平衡，多还旧账，不欠新账，防止出现生态赤字和人为造成的不可逆的生态灾难。

实行严格的环境保护政策，加快生态文明体制改革。我们要坚持节约资源和保护环境的基本国策，为人民创造良好的生产生活环境，努力形成人与自然和谐发展新格局。把节约资源放在首位。必须在全社会、全领域、全过程都加强节约，要大力节约集约利用资源，推动资源利用方式根本转变，加强全过程节约管理，大幅降低能源、水、土地消耗强度，大力发展循环经济，促进生产、流通、消费过程的减量化、再利用和资源化。通过狠抓节能减排降低消耗、狠抓水资源节约利用、狠抓矿产资源节约利用、狠抓土地节约集约利用，实现资源节约。坚持保护优先、自然恢复为主。实行最严格的生态环境保护制度，在环保工作中，把预防为主、源头治理放在首位；在生态系统保护和修复中，把利用自然力修复生态系统放在首位。这是我国生态文明建设的方向和重点。着力推进绿色发展、循环发展、低碳发展，要注重经济发展与生态保护的和谐共进，坚持在保护中发展、在发展中保护，更加自觉地推进绿色发展、循环发展、低碳发展。积极发展节能产业，推广高效节能产品；加快发展资源循环利用产业，推动矿产资源和固体废弃物综合利用；大力发展环保产业，壮大可再生能源规模。绝不能以牺牲生态环境为代价换取经济发展、坚决摒弃损害甚至破坏生态环境的发展模式和做法，要走经济发展和生态环境保护有机统一的绿色发展之路，走生产发展、生活富裕、生态良好的文明发展道路。形成节约资源和保护环境的空间格局、产业结构、生产方式、生活方式。在现代化建设中，要整体谋划国土空间开发，尽可能集中集约利用国土空间，减少对自然生态空间的占用，促进生产空间集约高效、生活空间宜居适度、生态空间山清水秀，给自然留下更多修复空间，给农业留下更多良田，给子孙后代留下天蓝、地绿、水净的美好家园。

建设生态文明是一场涉及生产方式、生活方式、思维方式和价值观念的革命性变革。实现这样的根本性变革，必须深化生态文明体制改革，尽快把生态文明制度的"四梁八柱"建立起来，把生态文明建设纳入制度化、法治化轨道，用制度保障生态环境、推进生态文明建设。推进绿色发展，绿色发展就其要义来讲，是要解决好人与自然和谐共生问题。加快建立绿色生产和消费的法律制度和政策导向，建立健全绿色低碳循环发展的经济体系。构建市场导向的绿色技术创新体系，发展绿色金融，壮大节能环保产业、清洁生产产业、清洁能源产业。推进能源生产和消费革命，构建清洁低碳、安全高效的能源体系。推进资源全面节约和循环利用，实施国家节水行动，降低能耗、物耗，实现生产系统和生活系统循环链接。倡导简约适度、绿色低碳的生活方式，反对奢侈浪费和不合理消费，开展创建节约型机关、绿色家庭、绿色学校、绿色社区和绿色出行等行动。着力解决突出环境问题，坚持全民共治、源头防治，持续实施大气污染防治行动，打赢蓝天保卫战。加快水污染防治，实施流域环境和近岸海域综合治理。强化土壤污染管控和修复，加强农业面源污染防治，开展农村人居环境整治行动。加强固体废弃物和垃圾处置。提高污染排放标准，强化排污者责任，健全环保信用评价、信息强制性披露、严惩重罚等制度。构建政府为主导、企业为主体、社会组织和公众共同参与的环境治理体系。积极参与全球环境治理，落实减排承诺。加大生态系统保护力度，实施重要生态系统保护和修复重大工程，优化生态安全屏障体系，构建生态廊道和生物多样性保护网络，提升生态系统质量和稳定性。完成生态保护红线、永久基本农田、城镇开发边界三条控制线划定工作。开展国土绿化行动，推进荒漠化、石漠化、水土流失综合治理，强化湿地保护和恢复，加强地质灾害防治。完善天然林保护制度，扩大退耕还林还草。严格保护耕地，扩大轮作休耕试点，健全耕地草原森林河流湖泊休养生息制度，建立市场化、多元化生态补偿机制。改革生态环境监管体制，加强对生态文明建设的总体设计和组织领导，设立国有自然资源资产管理和自然生态监管机构，完善生态环境管理制度，统一行使全民所有自然资源资产所有者职责，统一行使所有国土空间用途管制和生态保护修复职责，统一行使监管城乡各类污染排放和行政执法职责。构建国土空间开发保护制度，完善主体功能区配套政策，建立以国家公园为主体的自然保护地体系。坚决制止和惩处破坏生态环境行为。

积极稳妥推进碳达峰碳中和。实现碳达峰碳中和是一场广泛而深刻的经济社会系统性变革。立足我国能源资源禀赋，坚持先立后破，有计划分步骤实施碳达峰行动。完善能源消耗总量和强度调控，重点控制化石能源消费，逐步转向碳排放总量和强度"双控"制度。推动能源清洁低碳高效利用，推进工业、建筑、交通等领域清洁低碳转型。深入推进能源革命，加强煤炭清洁高效利用，加大油气资源勘探开发和增储上产力度，加快规划建设新型能源体系，统筹水电开发和生态保护，积极安全有序发展核电，加强能源产供储销体系建设，确保能源安全。完善碳排放统计核算制度，健全碳排放权市场交易制度。提升生态系统碳汇能力。积极参与应对气候变化全球治理。

实现碳达峰碳中和，是贯彻新发展理念、构建新发展格局、推动高质量发展的内在要求，是一场广泛而深刻的经济社会系统性变革，具有重大的现实意义和深远的历史意义。

习近平总书记在党的二十大报告中强调："大自然是人类赖以生存发展的基本条件。尊重自然、顺应自然、保护自然，是全面建设社会主义现代化国家的内在要求。必须牢固树立和践行绿水青山就是金山银山的理念，站在人与自然和谐共生的高度谋划发展。"① 牢固树立和践行绿水青山就是金山银山的理念，推进美丽中国建设，建设人与自然和谐共生的现代化。增强生态文明建设的战略定力，以生态环境高水平保护助推高质量发展、创造高品质生活，踔厉奋发、勇毅前行，建设人与自然和谐共生的美丽中国。

推动生态环境质量大幅改善。习近平总书记强调："打好污染防治攻坚战是关系十四亿多中国人民切身利益的大事，也是建设美丽中国的必然选择。"② 以习近平同志为核心的党中央把污染防治攻坚战作为推进生态文明和美丽中国建设的重大战略任务，坚持以改善生态环境质量为核心，以最坚定的决心和最有

① 习近平．高举中国特色社会主义伟大旗帜　为全面建设社会主义现代化国家而团结奋斗——在中国共产党第二十次全国代表大会上的报告［M］．北京：人民出版社，2022：35.

② 中共中央宣传部　中华人民共和国生态环境部．习近平生态文明思想学习纲要［M］．北京：学习出版社，人民出版社．2022：51.

力的举措铁腕治理污染，从"坚决向污染宣战"，到全面部署"坚决打好污染防治攻坚战"，再到"深入打好污染防治攻坚战"，保持力度、延伸深度、拓展广度，持续推动污染防治提档升级。

推动绿色低碳转型成效显著。习近平总书记强调："建立绿色低碳发展的经济体系，促进经济社会发展全面绿色转型，才是实现可持续发展的长久之策。"① 以习近平同志为核心的党中央坚定不移贯彻新发展理念，把碳达峰碳中和纳入经济社会发展全局和生态文明建设整体布局，将绿色低碳循环发展作为推动高质量发展的内在要求和自觉行动，推动经济社会发展全面绿色转型。

推动生态安全屏障愈加牢固。习近平总书记强调："生态是统一的自然系统，是相互依存、紧密联系的有机链条。"② 以习近平同志为核心的党中央从生态系统整体性出发，持续推进山水林田湖草沙一体化保护和修复，不断提升生态系统的质量和稳定性，切实守好自然生态安全边界，筑牢国家生态安全屏障。

推动突出环境问题有效治理。习近平总书记强调："生态环境是关系党的使命宗旨的重大政治问题，也是关系民生的重大社会问题。"③ 以习近平同志为核心的党中央把解决突出生态环境问题作为民生的优先领域，持续加大监管督察力度，推动解决了一大批群众身边的突出生态环境问题，显著增进了民生福祉。

推动环境治理体系持续健全。习近平总书记强调："推动绿色发展，建设生态文明，重在建章立制，用最严格的制度、最严密的法治保护生态环境。"④ 以习近平同志为核心的党中央把制度建设作为推进生态文明建设的重中之重，加快完善生态文明顶层设计和制度体系，建立健全生态文明建设目标评价考核和责任追究制度、生态补偿制度、河湖长制、林长制、环境保护"党政同责"和"一岗双责"等制度。

习近平总书记在党的二十大报告中做出"推动绿色发展，促进人与自然和谐共生"的重要决策部署。走好新的"赶考"之路，必须矢志不渝做习近平生态文明思想的坚定信仰者、忠实践行者和不懈奋斗者，锲而不舍、久久为功，朝着美丽中国建设的宏伟目标奋勇前进。

---

① 习近平. 与世界相交　与时代相通　在可持续发展道路上阔步前行［N］. 人民日报，2021-10-15（02）.

② 习近平出席全国生态环境保护大会并发表重要讲话［EB/OL］. 新华社，2018-05-19.

③ 让绿水青山造福人民泽被子孙——习近平总书记关于生态文明建设重要论述综述［N］. 新华社，2021-06-03.

④ 习近平：把生态文明的"四梁八柱"建立起来［EB/OL］. 人民网-中国共产党新闻网，2018-03-05.

第五章

事物发展的趋势与重要战略机遇期

唯物辩证法认为，必然与偶然的辩证关系表明事物的联系和发展过程中存在着确定不移的趋势和不确定的趋势，事物的发展既包含着必然的方面，也包含着偶然的方面。我们必须重视事物发展的必然规律和发展趋势，同时也要充分估计各种偶然因素的作用，在经济社会发展过程中，注重把握战略机遇期。今天，世界正在经历新一轮大发展大变革大调整，处于百年未有之大变局。新兴市场国家和发展中国家加速发展，国际力量对比发生重大变化，经济全球化既深入发展又面临挑战，全球治理体系也面临变革。中国的发展和崛起依然处在重要战略机遇期，要全面用好战略机遇期，化挑战为机遇，牢牢把握战略主动。我国在百年未有之大变局中将继续保持战略定力，顺应世界发展大势，继续深化改革、扩大开放，既发展自己又造福世界。

第一节　事物发展中的不确定趋势及战略机遇期特点

事物发展过程中存在着确定性和不确定性两种趋势。必然与偶然是揭示事物产生、发展和衰亡过程中的不同趋势的一对范畴。必然是指事物联系与发展中确定不移的趋势，在一定条件下具有不可避免性。偶然是指事物联系与发展中不确定的趋势。事物的发展既包含着必然的方面，也包含着偶然的方面。

必然与偶然相互依存。一方面，没有脱离偶然的必然。现实事物的发展，不通过偶然而只表现为纯粹必然的情况是不存在的。必然总是伴随着偶然，必然要通过偶然表现出来，并为自己开辟道路。另一方面，没有脱离必然的偶然。在似乎是偶然起支配作用的地方，实际上是必然起着决定性作用，并制约着偶然的作用形式及其变化。必然与偶然相互转化。相对于某一过程来说是必然的东西，对另一过程就可能成为偶然的东西，反之亦然。在事物的产生、发展和衰亡的过程中，包含必然性因素和偶然性因素的相互转化。比如，在生物进化过程中，某个基因变异会导致新物种的产生，这是偶然转化为必然；旧物种的基本性状在新物种中表现为返祖现象，这是必然转化为偶然。

在我们的认识和实践中，首先必须重视事物发展的必然规律和发展趋势，并以此为依据制定我们的目标和计划；同时，也要充分估计各种偶然因素的作用，善于敏锐地识别和把握机遇，把握住国家发展面临的重大战略机遇期，在实践中达到预期的目标。

战略机遇期是指国际和国内各种因素综合发挥作用而产生的、能为一个国家的经济社会发展提供非常好的机会，这种机会不可以再次出现和复制，对这种机会的把握可以对这个国家的历史命运产生极其长远和深刻的影响的特定历史时期。战略机遇期的出现是非常复杂的，从形成战略机遇期的原因来看，主要有三种情况：第一种是世界出现均势，这种均势产生了相对和平的局面，和平又带来了发展的机遇，这是一种"和平机遇"；第二种是邻国和其他国家的腐败动乱，例如，俄罗斯在17世纪、18世纪崛起的过程中就充分利用了邻国波兰的政治腐败与政治治理无能，再例如，英国在其18世纪崛起过程中也充分利用了清王朝的腐败；第三种就是利用世界贸易、经济、科技中心不断转移的规律发展自己，例如，14世纪、15世纪地中海贸易时期的意大利，大西洋贸易时期的英国以及后来的美国。从时间上来看，机遇可以分为特大战略机遇期、大战略机遇期、中战略机遇期、小战略机遇期。特大战略机遇期的时间一般在50年以上，大战略机遇期的时间一般在30年以上，中战略机遇期一般持续20年到30年，小战略机遇期时间一般为10年到20年。从机遇可以利用的程度讲，可以分为完全战略机遇和有限战略机遇，前者可以利用的机会非常多，而后者可以利用的机会很少。从机遇与风险的关联程度讲，可以分为风险性机遇与非风险性机遇，前者一般在机遇的背后隐藏着非常大的风险，机遇利用不好的话会造成大的风险，后者一般不连带着风险。

战略机遇期应该包括五方面的特点：

第一，长时段。也就是说战略机遇期在时间上至少应该是20年的一个时间段，其下限是20年，上限是50年。10年以下的时间构不成战略机遇期，充其量只能称之为策略机遇期。一个国家的大的发展战略通常是以20年计算的。例如，邓小平提出中国经济翻两番是以20年的时间为计算单元的（1980年到2000年），十六大报告提出全面建设小康社会也是以20年为一个时间段（2000年到2020年）。在国外，日本战后经济所利用机遇的时间是30年（1955年至1985年），韩国所利用的机遇是37年（1960年至1997年）。

第二，大空间。也就是说战略机遇是从整个世界意义上讲的，它不是一个国家自己的事情，而是具有世界意义的事情。战略机遇应该从世界发展的整体中去寻找，从世界发展的规律中去寻找。

第三，稀缺性。也就是说是千载难逢的，这种机遇在人类历史上出现的次数非常少，难以遇到。尤其是在一个世纪的初叶，出现和平与发展战略机遇的可能性更小。如17世纪30年代在欧洲出现了以德意志为主战场的三十年战争（1618年至1648年），这场战争使欧洲1/3的人口死亡，社会经济遭到极大破坏。19世纪初是法国拿破仑与英国的战争，从1789年到1815年，持续26年，欧洲大陆深受其害。20世纪20年代战争不断，从1914年到1918年还发生了第一次世界大战，上千万人死于战争。21世纪前20年发生战争的概率很小，这是一个非常好的机遇期。

第四，大协调。这是一个强调相互协调的时期，世界上绝大部分国家越来越强调国家间的相互协调性。例如，欧洲在21世纪初形成了相互协调的欧盟统一体，其内部协调性在不断上升。欧洲人的相互协调性也是有周期的，现在正处于其相互协调的黄金时期。这种协调性可以"外溢"出很多有利于我们发展的因素，中国可以从中获得自己的利益。

第五，大叠加。这是一个"经济增长＋技术创新＋制度变迁＋人力资本开发"相互叠加的时期，全球的经济增长、技术创新、制度变迁、人力资本开发都是最快的时期。这是一个前所未有的时期。中国可以利用好的世界经济增长的环境，利用世界范围的技术创新，利用别的国家制度变迁的好经验来发展自己。

人类社会近代以来的500年中，世界上出现了几次比较大的战略机遇期。第一个机遇是16世纪中期以后50年中各个国家都在忙于自己民族国家内部的统一与整合，在这个时期，葡萄牙与西班牙利用航海优势，率先获得发展与崛起的机会；第二个机遇是17世纪中期以后威斯特伐利亚体系形成的，各个国家之间开始有了比较公认的国际准则，在1648年以后20年至30年的时间内在欧洲出现了相对和平的局面，荷兰充分利用这一机会成长为世界大国；第三个机遇是1815年拿破仑战败欧洲出现了均势局面，其后的100年中没有太大规模的战争，英国利用这一局面完成了自己的崛起，成长为一个霸权国家；第四个机遇是第二次世界大战之后，美国利用自己的工业优势与军事优势发展成为一个世界强国。

对于战略机遇期，中国共产党人有着非常深刻的认识。2002年11月8日江泽民同志在中共十六大所做的报告中提出："综观全局，二十一世纪头二十年，对我国来说，是一个必须紧紧抓住并且可以大有作为的重要的战略机遇期。"根据十五大提出的到2010年、建党一百年和新中国成立一百年的发展目标，我们要在 21 世纪头二十年，集中力量，全面建设惠及十几亿人口的更高水平的小康社会，使经济更加发展、民主更加健全、科教更加进步、文化更加繁荣、社会更加和谐、人民生活更加殷实。在 2003 年 11 月 24 日中共中央政治局第九次集体学习会上，胡锦涛同志强调："历史一再表明，机遇极为宝贵，稍纵即逝。在历史发展的关键时期，把握住了机遇，落后的国家和民族就有可能实现跨越式发展，成为时代发展的弄潮儿；而丧失了机遇，原本强盛的国家和民族也会不进则退，成为时代发展落伍者。"时隔一个月后，2003 年 12 月 26 日，在纪念毛泽东同志诞辰 110 周年座谈会上，胡锦涛同志又进一步指出："当前，我国进入了全面建设小康社会在、加快推进社会主义现代化的新的发展阶段。党和人民在新世纪新阶段的任务，就是紧紧抓住并充分运用 21 世纪头 20 年的重要战略机遇期，集中力量全面建设惠及十几亿人口的更高水平的小康社会。"①

2007 年 10 月胡锦涛在中国共产党第十七次全国代表大会上的报告中指出，当今世界正在发生广泛而深刻的变化，当代中国正在发生广泛而深刻的变革。机遇前所未有，挑战也前所未有，机遇大于挑战。全党必须坚定不移地高举中国特色社会主义伟大旗帜，带领人民从新的历史起点出发，抓住和用好重要战略机遇期，求真务实，锐意进取，继续全面建设小康社会、加快推进社会主义现代化，完成时代赋予的崇高使命。

第二节　世界面临百年未有之大变局

党的十八大以来，习近平多次强调"我们面对的是百年未有之大变局"。党的十九大报告提出，"世界正处于大发展大变革大调整时期"。在 2018 年中央外事工作会议上，习近平指出，当前中国处于近代以来最好的发展时期，世界处于百年未有之大变局，两者同步交织、相互激荡。正确理解和把握这个"大变局"，决定着我们对当今世界发展与中国改革的客观认识；努力适应和应对这个"大变局"，决定着中华民族伟大复兴战略目标的如期实现。

何谓"历史大变局"，清人赵翼说："（从春秋到）战国秦汉间为天地一大变局。"李鸿章在 1865 年致友人的信中，也提出了著名的"千古变局"命题，认为他当时所处的中国正面临着"三千余年未有之大变局"。学者路齐一曾定义

---

① 胡锦涛. 在纪念毛泽东同志诞辰 110 周年座谈会上的讲话［EB/OL］. 新华社，2003-12-27.

说：大变革（大变局）指一个国家（社会）的大发展，即一个国家（社会）在一个较为集中的历史时期，社会的各个方面、各个领域，诸如科技、经济、政治、军事、文化等，都出现大发展和突破性进展，同时产生广泛而深刻的社会影响，而不是指某项事业或个别社会领域的大发展。这样一种全面大发展的历史过程，往往是历史中最重要的时期，因此我们把它称作"大变革"（大变局）。

从世界范围来看，历史大变局主要表现在两方面：一方面，是人类社会在技术、经济、政治、文化等领域发生了重大变化，推动人类社会迈入更高级的文明社会。比如，农业社会迈向工业社会，工业社会迈入信息社会，都可以看作人类社会所经历的历史大变局。另一方面，世界历史大变局往往还包括国际力量的对比，从近现代国际关系史看，大变局的本质是国际主要行为体之间的力量对比发生重大变化，由此引发国际格局大洗牌、国际秩序大调整。今天，我们处在新的百年变局之中，世界正在经历新一轮大发展大变革大调整，不稳定性、不确定性更加突出。不稳定性、不确定性因素增多固然意味着风险挑战加大，但也意味着世界发展出现新趋势、面临新机遇。

当今世界处于百年未有之大变局，主要基于以下几方面事实：

一是国际力量对比发生重大变化。新兴市场国家和发展中国家加速发展已经成为不可阻挡的历史潮流。这带来国际力量对比的重大变化，改变着上一个百年形成的西方发达国家占据主导地位的国际格局。自近代以来，世界权力首次开始向非西方世界转移扩散。一大批新兴经济体和发展中国家群体性崛起，世界经济中心向亚太转移，出现"东升西降"的现象。国际权力在少数几个西方国家之间"倒手"的局面走向终结，百年来西方国家主导国际政治的情况正在发生根本性改变。上一个百年，西方发达国家引领了以自动化为标志的科技革命。如今，以人工智能为标志的新一轮科技革命正在兴起，这对仍然处在现代化路途上的发展中国家具有新的导向作用。不过，新技术的兴起和扩散需要诸多条件，多数发展中国家经济社会发展中的短板还很多，能否找到适合自己的发展道路、抓住新一轮科技革命的机遇步入发达国家行列，仍然是巨大考验。

二是科技发展呈现几何级数的爆发态势。进入 21 世纪，以大数据、云计算、人工智能、量子通信等为代表的新一轮科技革命兴起，不仅推动形成以数字经济为主要代表的新产业、新业态，促进世界生产力发展、生产方式变革、经济形态演变、人类文明进步，而且正在改变人们的思维方式、生活方式、交往方式。科技发展呈现几何级数的爆发态势，开始深度重构人类社会生活方式与实践形态。恩格斯曾将科学的发现和进步与社会发展变迁联系起来，指出：

"随着自然科学领域中每一个划时代的发现，唯物主义也必然要改变自己的形式。"① 随着新生产力的获得，人们改变自己的生产方式；随着生产方式的改变，人们也会改变自己的社会关系。例如，手推磨产生的是封建主义的社会，蒸汽磨产生的是工业资本家的社会。

三是经济全球化面临调整。上一个百年，世界经济联系程度不断加深。经济全球化、社会信息化极大解放和发展了社会生产力，既创造了前所未有的发展机遇，也带来了需要认真对待的新威胁、新挑战。工业化给西方国家带来物质财富的极大增长，但一些发展中国家沿袭西方工业化道路，出现了贫富差距拉大、增长乏力、能源危机、生态恶化等一系列问题。这表明发展范式需要因地制宜、因时制宜，没有统一固定的标准。随着时代环境的变化，人们需要重新看待发展的内涵。今天应该倡导的是创新、协调、绿色、开放、共享的发展理念，应该追求的是更加全面、更有质量、更可持续的发展，人类的生产方式、生活方式、思维方式都将发生深刻变化。但是，2008年国际金融危机爆发以来，世界经济深刻调整，一些国家保护主义、单边主义抬头，经济全球化遭遇波折，多边主义和自由贸易体制受到冲击。面对错综复杂的形势，应当推动经济全球化朝着更加开放、包容、普惠、平衡、共赢的方向发展，使不同国家、不同阶层、不同人群能够共享经济全球化和世界经济增长成果。

四是全球治理体系深刻变革。长期以来，西方一些国家在国际规则制定中占据主导地位，广大发展中国家则处于边缘地带，缺少发言权。随着时代发展，现行全球治理体系与新发展形势不相适应的地方越来越多，国际社会对变革全球治理体系的呼声越来越高。广大发展中国家在世界经济中的地位和作用日益突出，这必然要在国际规则完善发展中体现出来。一系列新的全球治理规则的出现也反映了这一点，如G20机制、金砖国家机制的建立，为发展中国家与发达国家对话、共同解决人类面临的重大问题提供了重要沟通平台和全新治理模式。世界迎来大发展大变革大调整，各国在推动全球治理体系变革中都肩负着重要使命。因此，应坚持通过对话协商解决国际争端，坚持多边主义，坚决维护以联合国宪章宗旨和原则为核心的国际秩序，推动全球治理体系朝着更加公正合理的方向发展。

五是世界正在经历大调整大变局。二战之后形成的国际秩序基本上是由美国为首的西方发达国家主导建立的。各项法规由其一手制定，各个国际机构也

---

① 中共中央马克思恩格斯列宁斯大林著作编译局. 马克思恩格斯选集：第四卷 ［M］. 北京：人民出版社，2012：913.

为少数美欧发达国家所把持。现行国际秩序存在着诸多不公正、不合理，与广大发展中国家所认可的，以国际关系准则为基础的国际秩序相距甚远。而特朗普政府则认为现行国际秩序让美国吃了"大亏"，肆无忌惮地破坏现行国际规则，成为当今世界名副其实的"修正主义者"。中国和其他新兴经济体国家，不是以推翻旧秩序为目标，而是采取和平和渐进的方式，通过补充、修改和变革措施，积极完善现有国际秩序和全球治理机制。这是人类有史以来首次以和平方式，实现新旧秩序转变和治理模式改善。在各国相互高度依赖的情况下，这个进程所遇到阻力之大、困难之多可想而知，注定将是百年未有之大调整。与此同时，第四次工业革命方兴未艾，人工智能、机器人技术、虚拟现实以及量子科技等蓬勃发展，将深度改变人类的生产和生活方式，对变局发展产生重要的影响。非国家行为体作用上升，是重塑变局的一个新的重要变量。国家治理机制、手段、执行力的比拼成为主导变局走向的主要因素。大变局要素的比拼涉及国家生活的方方面面，其广度和深度令人震惊。

现在，尽管我们对世界未来发展变化的具体内容、方式、影响等难以做出精准预测，但世界和平发展的大势不可逆转，经济全球化的历史规律不可违背，世界各国联系越来越紧密、越来越成为休戚与共的命运共同体的趋势不可改变。习近平同志指出，人类可以认识、顺应、运用历史规律，但无法阻止历史规律发生作用。在变局面前，人类面临选择，只有抛弃陈旧思维，高举和平、发展、合作、共赢的旗帜，才能真正推动世界各国共同发展进步。

2019 年 3 月，习近平在中法全球治理论坛闭幕式上的讲话中指出，当今世界正面临百年未有之大变局，和平与发展仍然是时代主题，同时不稳定性不确定性更加突出，人类面临许多共同挑战。①

法国有句谚语——"人的命运掌握在自己的手里"。面对严峻的全球性挑战，面对人类发展在十字路口何去何从的抉择，各国应该有以天下为己任的担当精神，积极做行动派、不做观望者，共同努力把人类前途命运掌握在自己手中。

第一，坚持公正合理，破解治理赤字。全球热点问题此起彼伏、持续不断，气候变化、网络安全、难民危机等非传统安全威胁持续蔓延，保护主义、单边主义抬头，全球治理体系和多边机制受到冲击。我们要坚持共商共建共享的全球治理观，坚持全球事务由各国人民商量着办，积极推进全球治理规则民主化。我们要继续高举联合国这面多边主义旗帜，充分发挥世界贸易组织、国际货币基金组织、世界银行、二十国集团、欧盟等全球和区域多边机制的建设性作用，

---

① 习近平在中法全球治理论坛闭幕式上的讲话［N］. 人民日报，2019-03-27（3）.

共同推动构建人类命运共同体。

第二，坚持互商互谅，破解信任赤字。信任是国际关系中最好的黏合剂。当前，国际竞争摩擦呈上升之势，地缘博弈色彩明显加重，国际社会信任和合作受到侵蚀。我们要把互尊互信放在前头，把对话协商利用起来，坚持求同存异、聚同化异，通过坦诚深入的对话沟通，增进战略互信，减少相互猜疑。要坚持正确义利观，以义为先、义利兼顾，构建命运与共的全球伙伴关系。要加强不同文明交流对话，加深相互理解和彼此认同，让各国人民相知相亲、互信互敬。当前中欧关系中合作是主流，即使有竞争，也应是良性竞争。我们要相互信任，并肩前行。

第三，坚持同舟共济，破解和平赤字。人类今天所处的安全环境仍然堪忧，地区冲突和局部战争持续不断，恐怖主义仍然猖獗，不少国家民众特别是儿童饱受战火摧残。我们要秉持共同、综合、合作、可持续的新安全观，摒弃冷战思维、零和博弈的旧思维，摒弃弱肉强食的丛林法则，以合作谋和平、以合作促安全，坚持以和平方式解决争端，反对动辄使用武力或以武力相威胁，反对为一己之私挑起事端、激化矛盾，反对以邻为壑、损人利己，各国一起走和平发展道路，实现世界长久和平。

第四，坚持互利共赢，破解发展赤字。经济全球化是推动世界经济增长的引擎。当前，逆全球化思潮正在发酵，保护主义的负面效应日益显现，收入分配不平等、发展空间不平衡已成为全球经济治理面临的最突出问题。我们要坚持创新驱动，打造富有活力的增长模式；坚持协同联动，打造开放共赢的合作模式；坚持公平包容，打造平衡普惠的发展模式，让世界各国人民共享经济全球化发展成果。中国支持对世界贸易组织进行必要的改革，更好地建设开放型世界经济，维护多边贸易体制，引导经济全球化更加健康发展。"一带一路"倡议丰富了国际经济合作理念和多边主义内涵，为促进世界经济增长、实现共同发展提供了重要途径。

中国在历史上曾经经历过几次大的历史变局。第一次"历史大变局"发端于公元前221年左右，代表性事件是秦统一六国。在这一过程中，中国在农业上进入铁犁牛耕时代，在经济上瓦解井田制，在政治上分封制被君主专制的中央集权制取代，在文化上从百家争鸣到思想统一，在社会形态上完成从奴隶社会向封建社会的转变。大变局的结局是中国形成大一统的政治体、经济体、文化体，而大一统带给中国的是崇尚国家统一、民族团结、社会安定，它是中华民族文化的内核和灵魂。世界范围的第一次"历史大变局"可以追溯到公元前1世纪左右，代表性事件是罗马帝国建立。在这一过程中，罗马共和国成为一个环地中海的多民族、多宗教、多语言、多文化的统一大国，经济空前繁荣，疆域幅员辽阔，政治高度稳定，宗教文化发达，这与之后西欧社会近千年"黑暗的中世纪"形成鲜明的对比。应该说，秦汉时期和罗马帝国时期是东西方文明的重大发展和成熟时期。

中国的又一次"历史大变局"发端于19世纪中后期洋务思潮的"变局论"，结局是20世纪上半叶中国人民掀起了风起云涌的革命浪潮，结束了2000多年的封建帝制，中华民族迎来了浴火重生的曙光，建立了新中国，从而开启了实现国家富强、民族振兴、人民幸福的伟大征程。世界范围的第二次"历史大变局"可追溯至17世纪，代表性事件是科学革命、工业革命，直至20世纪中叶雅尔塔体系确立新的世界格局和国际秩序。这一时期时间较长，西方国家经济社会快速发展、科学技术突飞猛进、文化影响不断扩大，在各个领域完成了对亚非拉国家的超越，形成了延续至今东西方社会的差异性格局。

当今世界，传统国际格局和综合实力已经发生变化。"百年未有之大变局"的百年是一个不确切的数字，不一定指一百年，也可能更长，也可能更短，准确的理解应该是时间比较长。一战结束至今已100多年了，一战之后《凡尔赛条约》的签订确立了大国瓜分小国的国际格局。二战结束至今已70多年，二战之后形成的"雅尔塔体系"确立了美苏争霸的国际格局。冷战结束以后则形成了美国独霸世界的格局。但是随着中国改革开放和近年来新兴发展中国家的强势崛起，世界格局正在发生前所未有的变化。全球力量的天平正在从西方向东方转移。应该说，国际格局和国家之间综合实力的变化是"百年未有之大变局"的突出表现。当前国际秩序和国际规则正在持续改写。现行国际秩序和国际规则是在二战以后逐步形成的，从联合国以及各类国际组织的成立，再到形形色色的国际协议、制度、议事决策规则的制定，一并构成了全球治理体系，总体上维持了世界的和平与发展。但现行国际秩序也存在着诸多不公正、不合理的地方，与广大发展中国家所认可的、以国际关系准则为基础的国际秩序相距甚远。今后，自由贸易何去何从，国际组织如何发挥作用，政治制度孰优孰劣等问题，都在挑战着我们对二战之后形成的国际秩序的认知。

放眼全球，面对世界百年未有之大变局，每个国家都需要把握机遇、应对挑战。对我国来说，我们曾经历了贫穷、战乱的深重苦难，也在苦难中自立自强、顽强拼搏，在中国共产党领导下建立新中国，实行改革开放，迎来了从站起来、富起来到强起来的伟大飞跃，迎来了实现中华民族伟大复兴的光明前景。建设社会主义现代化强国的任务、实现中华民族伟大复兴的夙愿要在这个百年完成，这个百年对于中国来说至关重要。我们需要深入分析国际形势的演变规律，准确把握历史交汇期我国发展外部环境的基本特征，并把自身发展摆到世界变局中来看待，在我国与世界的关系中看问题，科学分析我国在世界格局演变中的地位和作用，让我国发展与世界发展形成良性互动，既发展自己也造福世界。中国正日益走近世界舞台中央。在世界大发展大变革大调整中，我们有智慧也有能力抓住历史性机遇、妥善应对风险挑战。我国正走在建设社会主义现代化强国的历史征程上，无论外部环境如何变化，坚持立足自身发展这一前提不会改变。同时，我国宏观调控能力不断增强，全面深化改革不断释放发展动力，我国经济长期健康稳定发展也为世界和平发展贡献着强大力量。在世界百年未有之大变局中，在纷繁复杂的局势下，我国将继续保持战略定力，顺应经济全球化的历史规律，不会停滞改革的脚步，并将开放的大门越开越大。中国将始终是全球共同开放的重要推动者、世界经济增长的稳定动力源、各国拓展商机的活力大市场、全球治理改革的积极贡献者。

第三节　中国发展依然处在重要战略机遇期

党的十八大以来，习近平总书记多次强调，我国发展仍处于并将长期处于重要战略机遇期。2017年，在党的十九大报告中，习近平指出，国内外形势正在发生深刻复杂变化，我国发展仍处于重要战略机遇期，前景十分光明，挑战也十分严峻。全党同志一定要登高望远、居安思危，勇于变革、勇于创新，永不僵化、永不停滞，团结带领全国各族人民决胜全面建成小康社会，奋力夺取新时代中国特色社会主义伟大胜利。十九大报告提出了新时代中国特色社会主义发展的战略安排，即从全面建成小康社会到基本实现现代化，再到全面建成社会主义现代化强国，开启了全面建设社会主义现代化国家的新征程。

从十九大到二十大，是"两个一百年"奋斗目标的历史交汇期。我们既要全面建成小康社会、实现第一个百年奋斗目标，又要乘势而上开启全面建设社会主义现代化国家新征程，向第二个百年奋斗目标进军。

综合分析国际国内形势和我国发展条件，从2020年到21世纪中叶可以分两个阶段来安排。

第一个阶段，从2020年到2035年，在全面建成小康社会的基础上，再奋斗十五年，基本实现社会主义现代化。到那时，我国经济实力、科技实力将大幅提升，跻身创新型国家前列；人民平等参与、平等发展权利得到充分保障，法治国家、法治政府、法治社会基本建成，各方面制度更加完善，国家治理体系和治理能力现代化基本实现；社会文明程度达到新的高度，国家文化软实力显著增强，中华文化影响更加广泛深入；人民生活更为宽裕，中等收入群体比例明显提高，城乡区域发展差距和居民生活水平差距显著缩小，基本公共服务均等化基本实现，全体人民共同富裕迈出坚实步伐；现代社会治理格局基本形成，社会充满活力又和谐有序；生态环境根本好转，美丽中国目标基本实现。

第二个阶段，从2035年到21世纪中叶，在基本实现现代化的基础上，再奋斗十五年，把我国建成富强民主文明和谐美丽的社会主义现代化强国。到那时，我国物质文明、政治文明、精神文明、社会文明、生态文明将全面提升，实现国家治理体系和治理能力现代化，成为综合国力和国际影响力领先的国家，全体人民共同富裕基本实现，我国人民将享有更加幸福安康的生活，中华民族将以更加昂扬的姿态屹立于世界民族之林。

2018年12月，中央经济工作会议明确指出，我国发展仍处于并将长期处于重要战略机遇期，要善于化危为机、转危为安，紧扣重要战略机遇新内涵，加快经济结构优化升级，提升科技创新能力，深化改革开放，加快绿色发展，参与全球经济治理体系变革，变压力为加快推动经济高质量发展的动力。2019年12月中共中央政治局召开会议，分析研究了2020年的经济工作。会议认为，今年以来，面对国内外风险挑战明显上升的复杂局面，当前和今后一个时期，我国经济稳中向好、长期向好的基本趋势没有变。我们要坚持用辩证思维看待形势发展变化，增强必胜信心，善于把外部压力转化为深化改革、扩大开放的强大动力，集中精力办好自己的事。要坚持宏观政策要稳、微观政策要活、社会政策要托底的政策框架，坚持问题导向、目标导向、结果导向，提高宏观调控的前瞻性、针对性、有效性，运用好逆周期调节工具。要坚决打好三大攻坚战，确保实现脱贫攻坚目标任务，确保实现污染防治攻坚战阶段性目标，确保不发生系统性金融风险。要加快现代化经济体系建设，推动农业、制造业、服务业高质量发展，加强基础设施建设，推动形成优势互补高质量发展的区域经济布局，提升科技实力和创新能力，深化经济体制改革，建设更高水平开放型经济新体制。

我国发展仍处于并将长期处于重要战略机遇期。世界面临百年未有之大变局，变局中危和机同生并存，这给中华民族伟大复兴带来重大机遇。当前，我国发展正处于爬坡过坎的关键阶段，所面临的问题和矛盾之多是前所未有的。在这样的大背景下，要科学分析和准确判断国内外环境变化，牢牢把握我国发展的重要战略机遇期，始终保持战略定力。

我国发展仍处于并将长期处于重要战略机遇期，主要有以下几方面的基本判断。

第一，和平与发展的时代主题并没有改变，各国相互联系和依存日益加深。从外部环境看，虽然世界面临的不稳定性不确定性突出，世界经济增长动能不足，地区热点问题此起彼伏，霸权主义和强权政治依然盛行，贸易保护主义和逆全球化思潮抬头，但是和平与发展的时代主题并未改变，世界多极化、经济全球化、社会信息化、文化多样化深入发展，全球治理体系和国际秩序变革加速推进，各国相互联系和依存日益加深，多个发展中心在世界各地区逐渐形成，国际力量对比继续朝着有利于世界和平与发展的方向发展，和平与发展的大势不可逆转。这就意味着在未来可以预见的一段时间内，我国依然可以争取总体和平的国际环境，集中精力搞现代化建设，继续实施全面深化改革开放的战略决策，不断加强与世界各国的经济合作，实现与世界各国的互利共赢。

第二，我国经济发展健康稳定的基本面没有改变，长期稳中向好的总体发展势头没有改变。从内部发展看，虽然我国发展还面临不少困难和挑战，当前经济运行稳中有变，经济下行压力有所加大，部分企业经营困难较多，长期积累的风险隐患有所暴露，但是，我们也要看到，我国已经是世界第二大经济体，经济继续保持中高速增长，2020年国内生产总值突破100万亿元。当前，我国供给侧结构性改革深入推进，经济结构不断优化，数字经济蓬勃发展，高铁、公路、桥梁、港口、机场等基础设施建设快速推进，我国巨大的市场对经济发展的拉动效应正在不断显现，等等。这些都说明，我国经济发展健康稳定的基本面没有改变，支撑高质量发展的生产要素条件没有改变，长期稳中向好的总体发展势头没有改变。尽管当前世界经济发展和我国经济发展还面临诸多不确定因素，我国经济已不可能重回过去那种高速增长的轨道，但我国经济的体量在不断增大，仅每年新增长的部分就相当于一个中等国家的经济总量，在世界经济格局中的分量还会进一步加重。更重要的是，我国经济增长的质量在稳步上升，经济结构在持续优化，国际竞争力在逐步增强。

第三，目前，整个世界正在经历从第三次工业革命转入第四次工业革命的转折期。以大数据、人工智能、量子通信等为代表的第四次工业革命，将极大地改善人类生活，改变人类社会的运作方式。应该说，中国已经进入第四次工业革命，属于这场新工业革命的"第一方阵"。这样就更可以理解，2018年12月18日习近平在庆祝改革开放40周年大会上所说的这一段话：我们用几十年时间走完了发达国家几百年走过的工业化历程。在中国人民手中，不可能成为可能。我们为创造了人间奇迹的中国人民感到无比自豪、无比骄傲。

第四，改革开放40多年的发展，我国正日益走近世界舞台的中央，国际地位和国际话语权已经得到前所未有的提升。在构建人类命运共同体理念的引领下，中国致力于开展中国特色大国外交，与世界各国建立各种形式的伙伴关系，积极倡导并推动"一带一路"建设，大力推动经济全球化朝着更加开放、包容、普惠、平衡、共赢的方向发展。中国主动塑造国际环境的重要举措有利于世界和平与发展，也有利于维护和延长我国发展的重要战略机遇期。

一个国家、一个民族要赢得主动、赢得优势、赢得未来，就必须敏锐地发现机遇，紧紧抓住和用好机遇。党的十九大指出，国内外形势正在发生深刻复杂变化，我国发展仍处于重要战略机遇期。这是党中央全面分析形势和任务得出的重要结论。尽管世界大变局充满着风险与挑战，但和平与发展仍然是当今时代主题，我国在解决各种世界性难题中的作用不可替代，经济全球化的历史大势不可逆转，我国在主要科技领域和方向上有着重要的一席之地，各国对我国市场等方面的依赖全面上升。正因此，我国发展仍处于并将长期处于重要战略机遇期的基本判断是正确的，时与势在我们一边。

用好我国发展的重要战略机遇期，必须深刻认识危与机的相互转化关系。古人言：祸兮福之所倚，福兮祸之所伏。这其实讲的就是危和机之间相互转化的辩证关系。在国内外形势不断发展中，危和机始终是同时存在的，二者在一定条件下可以相互转化，克服了危即是机，失去了机即是危。实践证明，机遇和挑战、危和机都具有客观性，其存在不以人的意志为转移。掩耳盗铃不可能应对挑战、解决危机，只会错失解决问题的最佳时机。敢于直面危机，积极应对挑战，就能争取战略上的主动，化挑战为机遇、化危为机。强调我国发展仍处于并将长期处于重要战略机遇期，并不是否认我们可能面临的各种危险。用好我国发展的重要战略机遇期，必须强化危机意识和忧患意识，做到居安思危，善于转危为机。习近平同志指出："面对波谲云诡的国际形势、复杂敏感的周边环境、艰巨繁重的改革发展稳定任务，我们必须始终保持高度警惕，既要高度警惕'黑天鹅'事件，也要防范'灰犀牛'事件；既要有防范风险的先手，也要有应对和化解风险挑战的高招；既要打好防范和抵御风险的有准备之战，也要打好化险为夷、转危为机的战略主动战。"① 我们要通过高超的战略谋划，充分运用自身的综合实力，科学制定应对危机的方略，不断实现转危为机，从而维护、延长并且积极塑造我国发展的重要战略机遇期。

面对世界百年未有之大变局，党的十九大科学制定了新时代中国特色社会主义现代化建设的宏伟蓝图和战略部署，要实现我们的奋斗目标，关键就是要

---

① 应急管理部编写组．深入学习贯彻习近平关于应急管理的重要论述［M］．北京：人民出版社，2023：261．

用好我国发展的重要战略机遇期。和平与发展是世界的主题，我们要一心一意谋发展，聚精会神搞建设，把自己的事情做好，进一步增强综合国力。新一轮技术革命和产业变革在加速推进。发展中国家要想实现跨越式增长，一定要把握好新技术革命的机遇。当下我们还面临新的国际发展机遇。我们在工业化起步阶段，抓住了制造业跨境产业转移的机遇，推动了快速工业化，今天讲创新和高质量发展时，我们又面临很多有利于创新的国际机遇。因此，我们要有强烈的机遇意识，事先预判，谋定而后动，要根据情况调整开放战略，要以强烈的历史责任感和紧迫感把战略机遇转化为行动。

历史的发展，总有一些关键的节点、关键的时期。一个国家的发展历程，也常常因此面临许多重要转折，或抓住机遇，顺势而为，事业获得大发展，或与机遇擦肩而过，跟不上时代，逐渐落后。在5000多年的历史长河中，中华民族创造过很多辉煌，但近代以来，我们却有些落后了。邓小平同志曾指出，我国在历史上失去机遇太多，如果再不抓住机遇，后果不堪设想。机遇千载难逢，机遇稍纵即逝。新时代历史机遇期，是中华民族强起来、实现伟大复兴的机遇，是中国特色社会主义道路、理论、制度、文化更加成熟、更具引领力感召力的机遇，是中国人民创造美好生活、走向共同富裕的机遇，是中国共产党从建党百年迈向执政百年，进而铸就千秋伟业的机遇。只有紧紧抓住这个大有可为的历史机遇期，锐意进取、埋头苦干、勇于创新、永不懈怠，才能不负时代的馈赠、历史的厚待。

紧紧抓住大有可为的历史机遇期，需要我们"快干"。新时代要有新气象，"两个一百年"奋斗目标，令人神往，党的十九大确定的宏伟蓝图，催人奋进。"一万年太久，只争朝夕。"观望等待、畏首畏尾，被动应付、行动迟缓，是不可能抓住机遇的。面对新征程，容不得彷徨、犹豫和懈怠，需要以奋进者的姿态披荆斩棘，不断开辟新的局面。要有一种"马上就办"的精神，一刻也不能耽误，一会儿也不能停留，把时间这个最稀缺的资源利用好、发挥好。

紧紧抓住大有可为的历史机遇期，需要我们"实干"。空谈误国，实干兴邦。邓小平同志曾指出，世界上的事情都是干出来的。不干，半点马克思主义也没有。习近平总书记反复强调，面向未来，全面建成小康社会要靠实干，基本实现现代化要靠实干，全面建成社会主义现代化强国要靠实干。一切难题只有在实干中才能破解，一切办法只有在实干中才能见效，一切机遇只有在实干中才能抓住用好。进入新时代，改革发展任务越来越重，我们必须准备付出更为艰巨、更为艰苦的努力。面对各类新矛盾、新问题、新挑战，要在全社会大力弘扬脚踏实地、真抓实干的良好风尚，特别是各级领导干部要带头发扬实干精神，既当改革的促进派，又当改革的实干家，出实招、鼓实劲、办实事，不图虚名、不务虚功，更加奋发有为地把改革全面推向深入、进行到底。

紧紧抓住大有可为的历史机遇期，需要我们"会干"。中国特色社会主义是全新的事业，人类社会总是在不断创新创造中前进的。要抓住机遇，破解难题，实现更好发展，除了开拓创新，别无他途。历史证明，从来没有两次完全相同的机遇。担负起新的使命，旧有的经验不能完全指导全新的实践。要创新工作方法，以日新精神、精进态度，谋定后动、统筹兼顾，增强把握复杂局面的能力，提高破解难题的本领。要尊重客观规律，突出重点、突破难点，或抓大放小、以大兼小，或以小带大、小中见大，"十个指头弹钢琴"，奏出最美妙的乐章。

紧紧抓住大有可为的历史机遇期，需要我们增强忧患意识，注意防范风险。前进道路上不可能一帆风顺，越是取得成绩的时候，越要谨慎，越要有居安思危的忧患意识，绝不能犯战略性、颠覆性错误。习近平总书记告诫全党同志，增强忧患意识、防范风险挑战要一以贯之。面对波谲云诡的国际形势、复杂敏感的周边环境、艰巨繁重的改革发展稳定任务，既要有防范风险的先手，也要有应对和化解风险挑战的高招；既要打好防范和抵御风险的有准备之战，也要打好化险为夷、转危为机的战略主动战。要继续进行具有许多新的历史特点的伟大斗争，准备战胜一切艰难险阻，朝着我们党确立的伟大目标奋勇前进。

2022 年全国两会期间，习近平总书记从统筹中华民族伟大复兴战略全局和世界百年未有之大变局的高度，做出我国发展具有"五个战略性有利条件"的重大论断，对新时代新征程上我国面临的战略机遇和显著优势进行了精辟概括和深刻阐释。

"五个战略性有利条件"，是习近平总书记站在统筹中华民族伟大复兴战略全局和世界百年未有之大变局的高度，深刻洞察时代发展大势、准确把握历史发展趋势，对新时代新征程上我国面临的战略机遇和显著优势做出的精辟概括，为全党和全国人民更好地奋进新征程、建功新时代注入了强大信心和力量。

中国共产党的坚强领导是政治保障方面的战略性有利条件。万山磅礴，必有主峰。中国共产党是中国工人阶级的先锋队，同时是中国人民和中华民族的先锋队，是中国特色社会主义事业的领导核心。中国共产党的领导是中国特色社会主义最本质的特征，是中国特色社会主义制度的最大优势。正是在中国共产党的坚强领导下，我们才创造出新民主主义革命、社会主义革命和建设、改革开放和社会主义现代化建设的伟大成就。中国特色社会主义进入新时代，党和国家事业取得历史性成就、发生历史性变革，根本的原因就是坚持和加强党的全面领导。

中国特色社会主义制度显著优势是根本制度方面的战略性有利条件。中国特色社会主义制度是植根于中华大地、具有深厚中华文化根基、深得人民群众拥护的先进制度，是顺应历史发展要求和人民群众意愿并经过实践检验的科学制度体系，在实践中彰显出强大生命力和巨大优越性。

持续快速发展积累的坚实基础是物质基础方面的战略性有利条件。党的十八大以来，我们统筹推进"五位一体"总体布局、协调推进"四个全面"战略布局，战胜一系列重大风险挑战，解决了许多长期想解决而没有解决的难题，办成了许多过去想办而没有办成的大事，党和国家事业取得历史性成就、发生历史性变革。尤其是在建党百年之时，历史性地解决了绝对贫困问题，实现了第一个百年奋斗目标，在中华大地上全面建成小康社会，创造了彪炳史册的人间奇迹。所有这些，都为我们进一步提振全党和全国人民的发展信心、确保我国经济社会持续健康发展、奋力实现第二个百年奋斗目标，提供了坚实的物质基础和强大的精神力量。

长期稳定的社会环境是客观环境方面的战略性有利条件。党的十八大以来，我国社会建设全面加强，人民生活全方位改善，社会治理水平大幅度提升，人民安居乐业、社会安定有序，续写了社会长期稳定的奇迹。当今中国，政治稳定、经济发展、文化繁荣、民族团结、人民幸福、社会安宁、国家统一，成为国际社会公认的最有安全感的国家之一。社会稳定、国泰民安，既是广大人民群众的热切期盼，也是我们党治国理政的重要目标。在全面建设社会主义现代化国家的新征程上，长期稳定的社会环境必将继续为我国改革发展提供强大支撑，一个安全稳定的中国定会不断释放出更加强劲的发展活力。

自信自强的精神力量是精神动力方面的战略性有利条件。我们党百年奋斗积累的宝贵经验，是激励全党和全国人民不断攻坚克难的宝贵精神财富，也是我们在风雨来袭时同心同德共渡难关的信心来源。人民有信仰，民族有希望，国家有力量。在全面建设社会主义现代化国家的新征程上，继续增强自信自强的精神力量，进一步发扬历史主动精神，保持永不懈怠的精神状态和一往无前的奋斗姿态，不断谱写新时代中国特色社会主义伟大事业新篇章。

国之大者，战略为要。习近平总书记强调："我们是一个大党，领导的是一个大国，进行的是伟大的事业……要善于进行战略思维，善于从战略上看问题、想问题。"① 大党、大国、大事业，必然需要大情怀、大思维、大战略。党的十八大以来，习近平总书记善于从战略上思考问题、引领方向，既确立战略目标、战略方针，又确定战略布局、战略举措，"五个战略性有利条件"的重大判断，给全党提供了科学指引。

_____

① 习近平. 更好把握和运用党的百年奋斗历史经验［J］. 求是，2022（13）：4-19.

第六章

认识的发展规律与对马克思主义认识的新境界

辩证唯物主义认识论认为，实践是认识产生和发展的基础，实践在认识活动中起着决定性的作用，认识的本质是主体在实践基础上对客体的能动反映。人的认识过程是一个在实践基础上不断深化的发展过程，既表现为实践基础上由感性认识到理性认识，再从理性认识到实践的具体认识过程；又表现为从实践到认识，再从认识到实践的循环往复和无限发展的总过程。真理是一个过程，真理永远处在由相对向绝对的转化和发展中。马克思主义作为客观真理，是绝对性和相对性的统一。马克思主义并没有穷尽对一切事物及其规律的认识，仍需要随着社会实践的发展而发展。中国社会进入新时代，中国共产党人对马克思主义的认识与时俱进。我们必须坚持以马克思主义为指导思想，又必须在实践中不断丰富和发展马克思主义。

第一节　辩证唯物主义认识论基本观点以及方法论意义

毛泽东在 1937 年 7 月写成的《实践论》中，阐述了辩证唯物主义认识论的基本观点，强调实践的观点是辩证唯物论的认识论之第一和基本观点。辩证唯物论的认识论把实践提到第一的地位，认为人的认识不能离开实践，排斥一切否认实践重要性、使认识离开实践的错误理论。列宁这样说过："实践高于（理论的）认识，因为它不但有普遍性的品格，而且还有直接现实性的品格。"[①] 马克思主义的哲学辩证唯物论有两个最显著的特点，一个是它的阶级性，公然申明辩证唯物论是为无产阶级服务的；另一个是它的实践性，强调理论对实践的依赖关系。

---

① 中共中央马克思恩格斯列宁斯大林著作编译局. 列宁选集：第 1 卷 ［M］. 北京：人民出版社，2012：322.

第一，毛泽东指出认识对社会实践的依赖关系。人类的生产活动是最基本的实践活动，是决定其他一切活动的东西。人的认识，主要依赖物质的生产活动，逐渐地了解自然的现象、自然的性质、自然的规律性、人和自然的关系，而且经过生产活动，也在各种不同程度上逐渐地认识了人和人一定的相互关系。这些知识，离开生产活动是不能得到的。在没有阶级的社会中，每个人以社会一员的资格，同其他社会成员协力，结成一定的生产关系，从事生产活动，以解决人类物质生活问题。在各种阶级的社会中，各阶级的社会成员，则又以各种不同的方式，结成一定的生产关系，从事生产活动，以解决人类的物质生活问题。这是人认识发展的基本来源。

人的社会实践，不限于生产活动一种形式，还有多种其他的形式，阶级斗争，政治生活，科学和艺术的活动，总之社会实际生活的一切领域都是社会的人所参加的。因此，人的认识，在物质生活以外，还从政治文化生活中（与物质生活密切联系），在各种不同程度上，指导人和人的各种关系。其中，尤以各种形式的阶级斗争，给予人的认识发展以深刻的影响。在阶级社会中，每一个人都在一定的阶级地位中生活，各种思想无不打上阶级的烙印。

第二，人类社会的生产活动，是一步又一步地由低级向高级发展，因此，人们的认识，不论对自然界方面，还是对社会方面，也都是一步又一步地由低级向高级发展，即由浅入深，由片面到更多的方面。在很长的历史时期内，大家对社会的历史只能限于片面的了解，这一方面由于剥削阶级的偏见经常歪曲社会的历史，另一方面，则由于生产规模的狭小，限制了人们的眼界。人们能够对社会历史的发展做全面的了解，把对社会的认识变成科学，这只是到了伴随巨大生产力——大工业而出现的近代无产阶级的时候，这就是马克思主义的科学。

第三，只有人们的社会实践，才是人们对外界认识的真理性的标准。实际的情形是这样的，只有在社会实践过程中（物质生产过程中，阶级斗争过程中，科学实验过程中），人们达到思想中所预想的结果时，人们的认识才被证实了。人们要想得到工作的胜利即得到预想的结果，一定要使自己的思想合于客观外界的规律性，如果不合，就会在实践中失败。人们经过失败之后，也就从失败中吸取教训，改正自己的思想使之适合外界的规律性，人们就能变失败为胜利，所谓"失败乃成功之母""吃一堑长一智"，就是这个道理。判定认识或理论是否为真理，不是依据主观上觉得如何而定，而是依据客观上社会实践的结果如何而定。真理的标准只能是社会的实践。

第四，理论的基础是实践，又转过来为实践服务。人的认识究竟怎样从实践中产生，而又服务于实践呢？这只要看一看认识的发展过程就会明了。原来人在实践过程中，开始只是看到过程中各个事物的现象方面，看到各个事物的片面，看到各个事物之间的外部联系。这些就是事物的现象，事物的各个片面以及这些事物的外部联系。这叫作认识的感性阶段，就是感觉和印象的阶段，这是认识的第一个阶段。在这个阶段中，人们还不能形成深刻的概念，做出合乎论理（合乎逻辑）的结论。

社会实践的继续，使人们在实践中引起感觉和印象的东西反复了多次，于是在脑子里生起一个认识过程中的突变（飞跃），产生了概念。概念不是事物的现象，不是事物的各个片面，不是它们的外部联系，而是抓住事物的本质，事物的全体，事物的内部联系。循此继进，使用判断和推理的方法，就可产生合乎论理的结论来。《三国演义》中所谓"眉头一皱，计上心来"，就是所谓的"让我想一想"，就是人在脑子中运用概念以做判断和推理的过程。这是认识的第二个阶段。这个概念、判断和推理的阶段，在人们对一个事物的整个认识过程中是更重要的阶段，也就是理性认识的阶段。认识的真正任务在于经过感觉而到达思维，到达逐步了解客观事物的内部矛盾，了解它的规律性，了解这一过程和那一过程间的内部联系，即到达论理的认识。重复地说，论理的认识之所以和感性的认识不同，是因为感性的认识属于事物之片面的、现象的、外部联系的东西，论理的认识则推进了一大步，到达了事物的全体的、本质的、内部联系的东西，到达了暴露周围世界的内在的矛盾，因而能在周围世界的总体上，在周围世界一切方面的内部联系上去把握周围世界的发展。

理性认识依赖感性认识的问题。如果以为理性认识可以不从感性认识得来，他就是一个唯心论者。认识的感性阶段有待于发展到理性阶段——这就是认识论的辩证法。如果以为认识可以停顿在低级的感性阶段，以为只有感性认识可靠，而理性认识是靠不住的，这便重复了历史上的"经验论"的错误。理性认识依赖于感性认识，感性认识有待于发展到理性认识，这就是辩证唯物论的认识论。然而认识运动至此还没有完结。马克思主义哲学认为十分重要的问题，不在于懂得了客观世界的规律性，因而能够解释世界，而在于具有对客观规律性的认识可以能动地改造世界。在马克思主义看来，理论是重要的，它的重要性充分地表现在列宁说过的一句话："没有革命的理论，就不会有革命的运动。"① 马克思主义看重理论，是因为它能够指导行动。如果有了正确的理论，

---

① 中共中央马克思恩格斯列宁斯大林著作编译局．列宁选集：第 2 卷［M］．北京：人民出版社，2012：435.

只是把它空谈一阵，束之高阁，并不实行，那么，这种理论再好也是没有意义的。认识从实践开始，经过实践得到理论的认识，还须再回到实践中去。认识的能动作用，不但表现于从感性的认识到理性的认识能动的飞跃，更重要的还须表现于从理性的认识到革命的实践这一飞跃。抓住世界的规律性的认识，必须把它再放回改造世界的实践中去，再用到生产的实践、革命的阶级斗争和民族斗争的实践以及科学实验的实践中去。这就是检验理论和发展理论的过程，是整个认识过程的继续。理论的东西是否符合客观真理性这个问题，在前面说的由感性到理性之认识运动中是没有完全解决的，也是不能完全解决的。要完全地解决这个问题，只有把理性的认识再放回社会实践中去，应用理论于实践，看它是否能够达到预想的目的。许多自然科学理论被称为真理，不但在自然科学家们创立这些学说的时候，而且在为以后的科学实践所证实的时候。马克思列宁主义被称为真理，也不仅仅在马克思、恩格斯、列宁、斯大林等人科学地构成这些学说的时候，而且在为以后革命的阶级斗争和民族斗争的实践所证实的时候。辩证唯物论之所以为普遍真理，在于经过无论什么人的实践都不能逃出它的范围。人类认识的历史告诉我们，许多理论的真理性是不完全的，经过实践的检验可纠正它们的不完全性，许多理论是错误的，经过实践的检验可纠正其错误。

毛泽东强调："一个正确的认识，往往需要经过由物质到精神，由精神到物质，即由实践到认识，由认识到实践这样多次的反复，才能够完成。"[1] 如此"实践、认识、再实践、再认识，循环往复以至无穷，而实践和认识之每一循环的内容，都比较地进到了高一级的程度"[2]。这就是认识辩证运动发展的基本过程，也是认识运动的总规律，表明认识是一个反复循环和无限发展的过程。这个过程既是认识在实践基础上沿着科学性方向不断深化发展的过程，也是实践在认识的指导下沿着合理性方向不断深入推进的过程。这个过程既不是封闭式的循环，也不是直线式的发展，往往充满了曲折以至反复，因而是一个波浪式前进和螺旋式上升的过程。

在实践和认识的辩证运动中，主观必须统一于客观，认识必须统一于实践。这种统一是认识和实践的矛盾在发展中的统一，是具体的历史的统一。所谓具体的统一，是指主观认识要与一定时间、地点、条件下的客观实践相符合，它是具体的，而不是抽象的；所谓历史的统一，是说主观认识要同特定历史发展

---

① 毛泽东. 毛泽东选集：第 1 卷 [M]. 北京：人民出版社，1991：326.
② 毛泽东. 毛泽东选集：第 1 卷 [M]. 北京：人民出版社，1991：296-297.

阶段的客观实践相符合。由于客观实践是具体的、历史的，所以，主观认识也应是具体的、历史的。客观实践变化了，主观认识也应当随之转变。我们的结论是主观和客观、理论和实践、知和行的具体的历史的统一，反对一切离开具体历史的"左"的或右的错误思想。

认识是不断向前发展的，真理也是一个过程。就真理的发展过程以及人们对它的认识和掌握程度来说，真理既具有绝对性，又具有相对性，它们是同一客观真理的两种属性，这是真理问题上的辩证法。任何真理都是绝对性和相对性的统一，二者相互联系、不可分割。

真理的绝对性是指真理主客观统一的确定性和发展的无限性。它有两方面的含义：一是指任何真理都标志着主观与客观之间的符合，都包含着不依赖于人和人的意识的客观内容，都同谬误有原则的界限。这一点是绝对的、无条件的。在这个意义上，承认了真理的客观性也就承认了真理的绝对性。正如列宁所说："当一个唯物主义者，就要承认感官给我们揭示的客观真理。承认客观的即不依赖于人和人类的真理，也就是这样或那样地承认绝对真理。"① 二是人类认识按其本性来说，能够正确认识无限发展着的物质世界，认识到每前进一步，都是对无限发展着的物质世界的接近，这一点也是绝对的、无条件的。在这个意义上，承认了世界的可知性，承认人能够获得关于无限发展着的物质世界的正确认识，也就承认了真理的绝对性。正如恩格斯所说："对自然界的一切真实的认识，都是对永恒的东西、对无限的东西的认识，因而本质上是绝对的。"②

真理的相对性。真理的相对性是指人们在一定条件下对客观事物及其本质和发展规律的正确认识总是有限度的、不完善的。它具有两方面的含义：一是从客观世界的整体来看，任何真理都只是对客观世界的某一阶段、某一部分的正确认识，人类已经达到的认识的广度总是有限度的，因而，认识有待扩展。二是就特定事物而言，任何真理都只是对客观对象一定方面、一定层次和一定程度的正确认识，认识反映事物的深度是有限度的，或是近似性的。因而，认识有待深化。正如列宁所说："人不能完全地把握、反映、描绘整个自然界、它的'直接的总体'，人只能通过创立抽象、概念、规律、科学的世界图景等永远

---

① 中共中央马克思恩格斯列宁斯大林著作编译局. 列宁选集：第 1 卷 [M]. 北京：人民出版社，2012：428.

② 中共中央马克思恩格斯列宁斯大林著作编译局. 马克思恩格斯选集：第 1 卷 [M]. 北京：人民出版社，1995：68.

地接近于这一点。"① 也就是说，任何真理都只能是主观对客观事物近似正确即相对正确的反映。

真理的绝对性和相对性的关系。真理的绝对性和相对性是辩证统一的。其一，二者相互依存。即人们对客观事物及其本质和规律的每一个正确认识，都是在一定范围内、一定程度上、一定条件下的认识，因而是相对的和有局限的；但是，在这一定范围内、一定程度上、一定条件下，它又是对客观对象的正确反映，因而它又是无条件的、绝对的。其二，二者相互包含。一是真理的绝对性寓于真理的相对性之中。任何真理所包含的客观内容都只能是人们在特定历史条件下所把握到的，都只是对客观世界及其事物的一定范围、一定程度的正确反映。二是真理的相对性包含并表现真理的绝对性。任何真理都与谬误有本质的区别，标志着人们在一定范围内和一定层次上达到了对无限发展着的物质世界的正确认识，包含着确定客观内容。毛泽东把真理的绝对性与相对性的关系比喻为长河与水滴的关系，马克思主义者承认，在绝对的总的宇宙发展过程中，各个具体过程的发展都是相对的，因而在绝对真理的长河中，人们对各个发展阶段具体过程的认识只具有相对的真理性。无数相对的真理之总和，就是绝对的真理。

真理永远处在由相对向绝对的转化和发展中，这是从真理的相对性走向绝对性、接近绝对性的过程。任何真理性的认识都是由真理的相对性向绝对性转化过程中的一个环节，这是真理发展的规律。

马克思主义作为客观真理，是绝对性和相对性的统一。它正确反映了人类社会的发展规律，因而具有绝对性。马克思主义经典作家并没有穷尽真理，而是不断地为寻求真理和发展真理开辟道路，马克思主义并没有穷尽对一切事物及其规律的认识，仍需要随着社会实践的发展而发展，因而又具有相对性。马克思主义真理的绝对性要求我们必须坚持以马克思主义为指导思想，马克思主义真理的相对性要求我们又必须在实践中丰富和发展马克思主义。

改革开放 40 多年的实践启示我们，坚持马克思主义指导地位，必须不断推进实践基础上的理论创新。实践发展永无止境，解放思想永无止境。恩格斯说："一切社会变迁和政治变革的终极原因，不应当到人们的头脑中，到人们对永恒的真理和正义的日益增进的认识中去寻找，而应当到生产方式和交换方式的变

---

① 中共中央马克思恩格斯列宁斯大林著作编译局 . 列宁全集（第五十五卷）[M]. 北京：人民出版社，1990：187

更中去寻找。"① 我们坚持理论联系实际，及时回答时代之问、人民之问，廓清困扰和束缚实践发展的思想迷雾，不断推进马克思主义中国化时代化大众化，不断开辟马克思主义发展新境界。

前进道路上，我们必须坚持以马克思列宁主义、毛泽东思想、邓小平理论、"三个代表"重要思想、科学发展观、习近平新时代中国特色社会主义思想为指导，坚持解放思想和实事求是有机统一。发展21世纪马克思主义、当代中国马克思主义，是当代中国共产党人责无旁贷的历史责任。我们要强化问题意识、时代意识、战略意识，用深邃的历史眼光、宽广的国际视野把握事物发展的本质和内在联系，紧密跟踪亿万人民的创造性实践，借鉴吸收人类一切优秀文明成果，不断解决时代和实践给我们提出的新的重大课题，让当代中国马克思主义放射出更加灿烂的真理光芒。

第二节　马克思主义与时俱进若干重要节点

马克思主义具有与时俱进的理论品格，马克思主义经典作家为我们做出了理论联系实际和理论创新的光辉典范。马克思、恩格斯、列宁、毛泽东、邓小平关于发展马克思主义、毛泽东思想以及中国特色社会主义理论体系的论述，体现了他们对待马克思主义的科学态度，反映了马克思主义在实践中的丰富和发展。

第一，马克思、恩格斯从"两个必然"判断到"两个决不会"结论的提出。

1848年2月，马克思、恩格斯为国际性工人组织"共产主义者同盟"起草的世界上第一个无产阶级政党的党纲《共产党宣言》发表，标志着马克思主义的公开问世。在《共产党宣言》第一章"资产者和无产者"中，马克思、恩格斯运用历史唯物主义的基本观点，通过对资产阶级和无产阶级的产生、发展及其斗争过程的分析，得出了资产阶级的灭亡和无产阶级的胜利是同样不可避免的判断。

《共产党宣言》第一章一开头就指出，自原始公社解体以来，至今一切社会的历史都是阶级斗争的历史。马克思、恩格斯指出，我们的时代，资产阶级时

---

① 中共中央马克思恩格斯列宁斯大林著作编译局. 马克思恩格斯选集：第1卷［M］. 北京：人民出版社，1995：248.

代，却有一个特点：它使阶级对立简单化了。整个社会日益分裂为两大敌对的阵营，分裂为两大相互直接对立的阶级：资产阶级和无产阶级。资产阶级不仅锻造了置自身于死地的武器，它还产生了将要运用这种武器的人——现代的工人，即无产者。在当前同资产阶级对立的一切阶级中，只有无产阶级是真正革命的阶级。其余的阶级都随着大工业的发展而日趋没落和灭亡，无产阶级却是大工业本身的产物。《共产党宣言》阐明无产阶级只有用暴力革命建立自己的统治，才能完成自己的使命。无产阶级团结起来，就挖掉了资产阶级赖以生产和占有产品的基础，就成了资本主义制度的掘墓人，就得出了资产阶级的灭亡和无产阶级的胜利是同样不可避免的判断。

1848 年欧洲革命失败以后，马克思给自己的任务是揭示资本主义的内在矛盾运动过程，使无产阶级清楚地理解支配这一运动并导致资本主义制度灭亡的规律。从 1850 年 7 月起，马克思加紧研究政治经济学，写下了一系列的重要手稿，为他的主要著作《资本论》的写作做好了准备。《〈政治经济学批判〉序言》是马克思为他在 1858 年 11 月至 1859 年 1 月写成的《政治经济学批判——第一分册》所写的序言。在这篇序言中，马克思回顾了自己研究政治经济学和发现唯物史观的过程，对唯物史观做了经典表述，科学地阐明了生产力决定生产关系、经济基础决定上层建筑、人们的社会存在决定人们的社会意识等历史唯物主义的基本原理，通过对生产力和生产关系、经济基础和上层建筑的矛盾运动的分析，揭示了人类社会发展的一般规律和经济的社会形态演进的一般进程，论证了旧的社会形态为新的更高的社会形态所取代的历史必然性，同时指出："无论哪一个社会形态，在它所能容纳的全部生产力发挥出来之前，是决不会灭亡的；而新的更高的生产关系，在它的物质存在条件在旧社会的胎胞里成熟以前，是决不会出现的。"①

马克思指出："我所得到的、并且一经得到就用于指导我的研究工作的总的结果，可以简要地表述为人们在自己生活的社会生产中发生一定的、必然的、不以他们的意志为转移的关系，即同他们的物质生产力的一定发展阶段相适合的生产关系。"② 这些生产关系的总和构成社会的经济结构，即有法律的和政治的上层建筑竖立其上并有一定的社会意识形式与之相适应的现实基础。物质生活的生产方式制约着整个社会生活、政治生活和精神生活的过程。不是人们的

① 中共中央马克思恩格斯列宁斯大林著作编译局．马克思恩格斯选集：第二卷 [M]．北京：人民出版社，2012：33.

② 魏小萍．探求马克思——《德意志意识形态》原文文本的解读与分析 [M]．北京：人民出版社，2010：376.

意识决定人们的存在，相反，是人们的社会存在决定人们的意识。社会的物质生产力发展到一定阶段，便同它们一直在其中运动的现存生产关系或财产关系（这只是生产关系的法律用语）发生矛盾，于是这些关系便由生产力的发展形式变成生产力的桎梏，那时社会革命的时代就到来了。随着经济基础的变更，全部庞大的上层建筑也或慢或快地发生变革。在考察这些变革时，必须时刻把下面两者区别开来：一种是生产的经济条件方面所发生的物质的、可以用自然科学的精确性指明的变革，另一种是人们借以意识到这个冲突并力求把它克服的那些法律的、政治的、宗教的、艺术的或哲学的，简言之，意识形态的形式。我们判断一个人不能以他对自己的看法为根据，同样，我们判断这样一个变革时代也不能以它的意识为根据；相反，这个意识必须从物质生活的矛盾中，从社会生产力和生产关系之间的现存冲突中去解释。无论哪一种社会形态，在它所能容纳的全部生产力发挥出来以前，是决不会灭亡的；而新的更高的生产关系，在它的物质存在条件在旧社会的胎胞里成熟以前，是决不会出现的。所以人类始终只提出自己能够解决的任务，因为只要仔细考察就可以发现，任务本身，只有在解决它的物质条件已经存在或者至少是在生成过程中的时候，才会产生。大体说来，亚细亚的、古代的、封建的和现代资产阶级的生产方式可以看作经济的社会形态演进的几个时代。资产阶级的生产关系是社会生产过程的最后一个对抗形式，这里所说的对抗，不是指个人的对抗，而是指从个人的社会生活条件中生长出来的对抗；但是，在资产阶级社会的胎胞里发展的生产力，同时又创造着解决这种对抗的物质条件。因此，人类社会的史前时期就以这种社会形态而告终。

马克思在《〈政治经济学批判〉序言》中，首先阐述了唯物史观的基本思想，一是物质生活资料的生产方式制约着整个社会生活过程。马克思指出，"人们在自己生活的社会生产中发生一定的、必然的、不以他们的意志为转移的关系，即同他们的物质生产力的一定发展阶段相适合的生产关系。这些生产关系的总和构成社会的经济结构，即有法律的和政治的上层建筑竖立其上并有一定的社会意识形式与之相适应的现实基础"①。物质生活资料的生产方式制约着整个社会生活过程，"物质生活的生产方式制约着整个社会生活、政治生活和精神生活的过程。"② 二是社会存在决定社会意识。"不是人们的意识决定人们的存

---

① 中共中央马克思恩格斯列宁斯大林著作编译局 . 马克思恩格斯选集：第 1 卷 [M]. 北京：人民出版社，1995：123.

② 中共中央马克思恩格斯列宁斯大林编译局 . 马克思《政治经济学批判》序言、导言 [M]. 北京：人民出版社，1971：10.

在，相反，是人们的社会存在决定人们的意识。"① 三是生产力与生产关系、经济基础与上层建筑的矛盾推动社会发展。马克思说："社会的物质生产力发展到一定阶段，便同它们一直在其中运动的现存生产关系或财产关系（这只是生产关系的法律用语）发生矛盾。于是这些关系便由生产力的发展形式变成生产力的桎梏。那时社会革命的时代就到来了。随着经济基础的变更，全部庞大的上层建筑也或慢或快地发生变革。"②《〈政治经济学批判〉序言》中这段论述揭示了生产力与生产关系、经济基础与上层建筑的矛盾导致社会革命、推动社会发展的客观必然性和一般进程。

在阐明生产力与生产关系、经济基础与上层建筑的矛盾运动引起社会变革的规律后，《〈政治经济学批判〉序言》指出了分析社会变革的根据，做出了两个"决不会"的科学论断。

马克思说："在考察这些变革时，必须时刻把下面两者区别开来：一种是生产的经济条件方面所发生的物质的、可以用自然科学的精确性指明的变革，一种是人们借以意识到这个冲突并力求把它克服的那些法律的、政治的、宗教的、艺术的或哲学的，简言之，意识形态的形式。我们判断一个人不能以他对自己的看法为根据，同样，我们判断这样一个变革时代也不能以它的意识为根据；相反，这个意识必须从物质生活的矛盾中，从社会生产力和生产关系之间的现存冲突中去解释。"③

揭示社会客观规律是为了运用它去观察社会、指导实践。马克思提出了考察社会变革的方法论原则。既然是生产方式决定着社会的政治生活、精神生活，是社会存在决定社会意识而不是相反，那么，正如我们判断一个人不能以他对自己的看法为根据一样，判断一个时代也不能以意识为根据。只有以社会存在特别是物质生产为根据得出的认识和判断才是靠得住的。生产的经济条件方面所发生的变化是物质的变化，这些变化具有客观性，可以用自然科学的精确性来指明，因而是考察社会的可靠的根据；而各种形式的意识形态是社会存在在人们头脑中的反映，是一定阶级的人们力求克服社会生产力和生产关系之间的冲突、维护自身利益而建立起来的，所以是复杂的、未必符合客观实际的反映，

---

① 中共中央马克思恩格斯列宁斯大林著作编译局．马克思恩格斯选集：第四卷［M］．北京：人民出版社，2012：903.

② 中共中央马克思恩格斯列宁斯大林著作编译局．马克思恩格斯选集：第1卷［M］．北京：人民出版社，1995：23.

③ 中共中央马克思恩格斯列宁斯大林著作编译局．马克思恩格斯选集：第1卷［M］．北京：人民出版社，1995：25.

甚至是虚幻的反映，因而不能作为考察社会的根据，倒是需要根据生产力和生产关系的冲突来解释各种意识形态为什么是这样的。

马克思根据这样的考察指出："无论哪一个社会形态，在它所能容纳的全部生产力发挥出来以前，是决不会灭亡的；而新的更高的生产关系，在它的物质存在条件在旧社会的胎胞里成熟以前，是决不会出现的。所以人类始终只提出自己能够解决的任务，因为只要仔细考察就可以发现，任务本身，只有在解决它的物质条件已经存在或者至少是在生成过程中的时候，才会产生。"①

社会革命发生的终极原因不是在人们的头脑中，而是在生产力和生产关系的冲突中。因此，当一种生产关系和以它为基础的社会形态还能够容纳生产力的发展时，这个社会形态是决不会灭亡的；当生产力还没有发展到与现有生产关系发生冲突，要求用新的生产关系取代它时，是决不会有新的生产关系产生出来的。这两个"决不会"表明，社会革命是不能人为地制造出来的，生产关系是不能主观随意地改变的。《〈政治经济学批判〉序言》中两个"决不会"的论断强调指出了社会革命的客观根源在于生产力与生产关系的冲突，指出了革命发生的客观必然性。如果没有这样的客观根源，革命就不会发生，更不会取得胜利。有人用两个"决不会"来指责、否定十月社会主义革命和中国革命，这是对马克思思想的曲解。革命的发生和革命的成功，正是社会实践对其具有客观根源和客观必然性的证明。正如恩格斯所言："把革命的发生归咎于少数煽动者的恶意那种迷信的时代，早已过去了。"②

社会的发展是不断提出和解决一定的历史任务的过程。一定的历史任务的提出，是社会中矛盾运动的结果，而不是由人们主观决定的。它之所以被提出来，是因为解决它的物质条件已经存在或者至少是在生成过程之中。离开一定的客观条件，历史的任务不仅不能得到解决，而且不能被提出来。马克思指出，"在将来某个特定的时刻应该做些什么，应该马上做些什么，这当然完全取决于人们将不得不在其中活动的那个既定的历史环境"。他反对离开客观历史条件提出"不着边际的""幻想的问题"。他说对这样的问题的"唯一的答复应当是对问题本身的批判"。因为，"如果一个方程式的已知各项中不包含解这个方程式

---

① 中共中央马克思恩格斯列宁斯大林著作编译局. 马克思恩格斯选集：第 2 卷 [M]. 北京：人民出版社，2012：3.

② 中共中央马克思恩格斯列宁斯大林著作编译局. 马克思恩格斯选集：第二卷 [M]. 北京：人民出版社，1995：69.

的因素，那我们就无法解这个方程式"。①

马克思、恩格斯在 1848 年的《共产党宣言》中明确提出"两个必然"思想，但在认真总结了 1848 年欧洲革命之后，1859 年所编写的《〈政治经济学批判〉序言》中有这样的一段话："无论哪一个社会形态在它所能容纳的全部生产力发挥出来以前，是决不会灭亡的；而新的更高的生产关系，在它的物质存在条件在旧社会的胎胞里成熟以前，是决不会出现的。"② 这就是著名的"两个决不会"的科学论断，也是唯物史观的重要原理，同时"两个决不会"思想也是对"两个必然"的补充和发展。马克思提出的"两个决不会"思想，在马克思主义发展史上具有重要意义。

一是马克思纠正了以前对资本主义即将灭亡和社会主义即将胜利的过于乐观的估计，开始认识到"当时欧洲大陆经济发展的状况远远没有成熟到可以铲除资本主义生产的程度"③。正是基于对实践经验的总结，并在对政治经济学研究的深入和唯物史观进一步成熟的基础上，马克思在 1858 年 11 月至 1859 年 1 月完成的《〈政治经济学批判〉序言》中提出了"两个决不会"思想，这是对"两个必然"理论做出的重大补充。马克思、恩格斯认为，社会存在决定社会意识。社会变革不是凭空产生的，而是社会基本矛盾运动的结果。因此，在社会基本矛盾的运动过程中，如果生产关系能够适应生产力的发展，社会变革的任务就不会产生，只有生产关系成为生产力发展的桎梏时，才能具备变革生产关系的物质条件，社会革命的时代才会到来。社会主义取代资本主义的历史必然性能否变成现实，归根结底，要由社会生产力的发展水平及与之相适应的生产关系成熟程度所决定。

二是马克思在《〈政治经济学批判〉序言》中指出的"两个决不会"的思想，使他的唯物史观和剩余价值理论都达到成熟的理论形态，为论证《共产党宣言》中"两个必然"即"资本主义必然灭亡，社会主义必然胜利"奠定了更加坚实的基础。马克思的"两个决不会"思想是对"两个必然"思想的发展和补充，是社会主义必然取代资本主义的强大理论武器，也构成了科学社会主义的核心。马克思在《资本论》第一卷的最后一篇中，进一步指出："生产资料的

---

① 中共中央马克思恩格斯列宁斯大林著作编译局. 马克思恩格斯选集：第四卷 [M]. 北京：人民出版社，1995：687.

② 中共中央马克思恩格斯列宁斯大林著作编译局. 马克思恩格斯选集：第 2 卷 [M]. 北京：人民出版社，2012：3.

③ 中共中央马克思恩格斯列宁斯大林著作编译局. 马克思恩格斯选集：第四卷 [M]. 北京：人民出版社，1995：512.

集中和劳动的社会化，达到了同它们的资本主义外壳不能相容的地步。这个外壳就要炸毁了。资本主义私有制的丧钟就要响了。剥夺者就要被剥夺了。"①

马克思、恩格斯从"两个必然"结论到"两个决不会"判断的提出，丰富了马克思主义科学社会主义的思想，要求我们要全面理解和准确把握社会主义代替资本主义的问题，在面对"两个决不会"时，决不能忘记"两个必然"，否则会动摇社会主义必胜的信念，从而丧失根本、迷失方向；在坚信"两个必然"时，也不能忽略"两个决不会"，否则就可能脱离实际，犯急躁冒进的错误。我们既要坚定对社会主义和共产主义的理想信念，又要充分认识社会主义代替资本主义的长期性。

第二，列宁从"共同胜利"到一国或数国首先取得社会主义革命胜利的理论。

列宁是坚定的马克思主义者。他在同第二国际机会主义的斗争中捍卫了马克思主义，并结合新的时代条件和俄国实际，制定了无产阶级革命的战略策略，丰富和发展了马克思主义。

关于无产阶级革命的发生，马克思、恩格斯曾经从自由竞争的资本主义时代条件出发，认为无产阶级革命至少将在几个主要的资本主义国家同时发生。他们在《德意志意识形态》中指出："交往的任何扩大都会消灭地域性的共产主义。共产主义只有作为占统治地位的各民族'一下子'同时发生的行动，在经验上才是可能的，而这是以生产力的普遍发展和与此相联系的世界交往为前提的。"②

列宁总结了当时变化了的新情况，深刻论述了社会主义革命可以首先在一个或者几个国家获得胜利。1915 年，他在《论欧洲联邦口号》一文中明确指出："经济和政治发展的不平衡是资本主义的绝对规律。由此就应得出结论：社会主义可能首先在少数甚至在单独一个资本主义国家内获得胜利。"③ 1916 年，他又在《无产阶级革命的军事纲领》一文中写道："资本主义的发展在各个国家是极不平衡的。而且在商品生产下也只能是这样。由此得出一个必然的结论：社会主义不能在所有国家内同时获得胜利。它将首先在一个或者几个国家内获

① 中共中央马克思恩格斯列宁斯大林著作编译局 . 马克思恩格斯全集：第 23 卷［M］. 北京：人民出版社，1972：831-832.

② 中共中央马克思恩格斯列宁斯大林著作编译局 . 马克思恩格斯选集：第 1 卷［M］. 北京：人民出版社，1995：86.

③ 中共中央马克思恩格斯列宁斯大林著作编译局 . 列宁全集：第 36 卷［M］. 北京：人民出版社，1988：367.

得胜利，而其余的国家在一段时间内将仍然是资产阶级的或资产阶级以前的国家。"① 在这一理论的基础上，列宁根据对俄国国内革命形势和国际状况的科学分析，进一步得出了社会主义可能在经济文化相对落后的俄国首先取得胜利的结论，并且将这一理论付诸实践，在革命形势成熟的条件下，领导了俄国十月革命。

20 世纪初，俄国成为帝国主义链条上的薄弱环节。二月革命推翻了沙皇专制统治，但革命成果落入资产阶级手中。列宁制定了《四月提纲》，提出了继续进行革命、由民主革命向社会主义革命转变的方针。1917 年 10 月 20 日，列宁回到国内，领导武装起义的准备工作。11 月 6 日，武装起义开始，当晚列宁来到斯莫尔尼宫，亲自领导武装起义。7 日上午，起义者占领了彼得格勒所有重要据点。下午 6 时，包围了资产阶级临时政府所在地冬宫。晚 9 时 40 分，根据革命军事委员会的命令，停泊在涅瓦河上的"阿芙乐尔号"巡洋舰发出了攻打冬宫的炮声，起义群众随即冲入冬宫。当晚，全俄苏维埃第二次代表大会在斯莫尔尼宫召开。大会宣读了由列宁起草的宣言，庄严宣告革命胜利。于是，1917 年 11 月 7 日（俄历 10 月 25 日）作为伟大的十月社会主义革命胜利日载入史册。

十月革命实现了社会主义从理想到现实的伟大飞跃，开辟了人类历史的新纪元。它从根本上推翻了人剥削人、人压迫人的制度，建立起世界上第一个人民当家作主的社会主义国家。此后，社会主义作为一种崭新的社会形态和社会制度登上历史舞台，引领着人类社会的发展方向。在十月革命的影响下，社会主义成为许多国家赢得民族独立、解放和发展的重要选择，包括中国在内的一些国家先后走上社会主义道路，世界上近 1/3 人口一度生活在社会主义制度下，社会主义力量大大增强，打破了资本主义的一统天下，成为维护世界和平发展的中坚力量。十月革命的胜利，特别是列宁关于殖民地半殖民地民族解放的思想，极大地推动了受帝国主义、殖民主义欺凌压迫的国家人民的觉醒，促进了民族解放力量的崛起，有力推动了殖民地半殖民地国家的民族解放运动，加速了世界范围内帝国主义殖民体系的整体瓦解，深刻改变了国际力量的对比和世界格局。

第三，毛泽东提出农村包围城市的新道路。

1927 年大革命失败以后，中国革命转入低潮，中国共产党遇到了前所未有

---

① 中共中央马克思恩格斯列宁斯大林著作编译局. 列宁全集：第 28 卷 ［M］. 北京：人民出版社，1990：88.

的困难。敢不敢坚持革命？怎样坚持革命？这是中国共产党人和革命群众必须回答的两个根本性的问题。在严峻的考验面前，中国共产党人表现出坚定的革命立场和大无畏的英雄气概。他们并没有被吓倒、被征服、被杀绝。他们从地上爬起来，揩干净身上的血迹，掩埋好同伴的尸首，又继续投入战斗。一些追求进步、向往真理的人士，在革命的危急时刻加入共产党的队伍。受尽压迫的工农群众，重新在中国共产党的周围逐步聚集起来。在黑暗的背景下，中国共产党独立高举起反帝反封建的革命旗帜。但是，怎样坚持革命，坚持革命应当走什么道路，中国共产党领导的武装斗争的主攻方向究竟是应当指向城市还是指向农村呢？为了回答这个问题，中国共产党人开始了长时间的艰苦探索。

党的工作重心仍然放在中心城市，中共中央继续留在上海。革命工作应当以城市为中心，这是一个时期内全党的共同认识。但是，所有以占领中心城市为目标的起义很快就失败了。这些起义失败后保留下来的部队，大都经过摸索，逐步转移到远离国民党统治中心的农村区域，在那里发动农民群众、开展游击战争、进行土地革命和创建工农政权。除毛泽东率领的秋收起义部队及时转移到井冈山地区、创建农村革命根据地，南昌起义余部一部分转移到海丰、陆丰地区与当地农民会合，主要部分由朱德、陈毅率领转移到湘南农村，在那里开始探索上山打游击，开展农村革命的新途径，后来也上了井冈山。广州起义余部一部分也转移到海丰、陆丰地区与农民会合，一部分后来随朱德上了井冈山，另一部分则从广州西北郊转入农村，后来参加了广西左右江起义。客观环境迫使一批又一批的中国革命者深入农村区域去坚持革命斗争。

八七会议以后的中共中央依据"找着新的道路"的要求，在领导各地武装起义的过程中，也初步提出了找准机会占领某个县或几个县、建立革命政权、实行武装割据的思想。1928年6月召开的中国共产党第六次全国代表大会，在继续把城市工作的复兴视为革命高潮到来的决定条件的同时，肯定了农村根据地和红军是决定革命新高潮的更大的发展基础和重要力量。1929年6月，中共六届二中全会进一步指出，在中国，找不到一个经济力量能够统治全国的大城市，所以中国革命要胜利，必须要有红军，必须要有广大的苏维埃区域的帮助。同年9月，中共中央给红四军前委的指示信更指出先有农村红军，后有城市政权，这是中国革命的特征，这是中国经济基础的产物。1930年5月，中共中央机关刊物《红旗》发表署名信件，明确提出共产党应当以大部分力量甚至全部力量去发展乡村工作；认为革命势力占据了广大农村之后，即可以联合起来包围城市、封锁城市，用广大的农村革命势力向城市进攻，这样，革命必然可以取得胜利。

毛泽东不仅在实践中首先把革命的进攻方向指向了农村，而且从理论上阐明了武装斗争的极端重要性和农村应当成为党的工作中心的思想。早在 1928 年 10 月和 11 月，毛泽东就写了《中国的红色政权为什么能够存在?》和《井冈山的斗争》两篇文章，明确地指出以农业为主要经济的中国革命，以军事发展暴动，是一种特征；同时还科学地阐述了共产党领导的土地革命、武装斗争与根据地建设这三者之间的辩证统一关系，强调工农武装割据的思想，是共产党和割据地方的工农群众必须具备的一个重要思想。1929 年 4 月，针对共产国际和中共党内某些人担心农村斗争超过城市斗争将不利于中国革命的观点，毛泽东指出，半殖民地中国的革命，只有农民斗争得不到工人的领导而失败，没有农民斗争的发展超过工人的势力而不利于革命本身的。随着红军的发展和根据地的扩大，1930 年 1 月，毛泽东在《星星之火，可以燎原》一文中进一步指出："红军、游击队和红色区域的建立和发展，是半殖民地中国在无产阶级领导之下的农民斗争的最高形式，和半殖民地农民斗争发展的必然结果，并且无疑义的是促进全国革命高潮的最重要因素。"① 以毛泽东为书记的红四军前敌委员会还明确地提出了"农村工作是第一步，城市工作是第二步"的思想。

农村包围城市、武装夺取政权的理论，还是在以毛泽东为主要代表的中国共产党人同当时党内盛行的把马克思主义教条化、把共产国际决议和苏联经验神圣化的错误倾向做坚决斗争的基础上逐步形成的。1930 年 5 月，毛泽东在《反对本本主义》一文中，阐明了坚持辩证唯物主义的思想路线即坚持理论与实际相结合的原则的极端重要性，提出了"没有调查，没有发言权"和"中国革命斗争的胜利要靠中国同志了解中国情况"的重要思想，表现了毛泽东开辟新道路、创造新理论的革命首创精神。农村包围城市、武装夺取政权理论的提出，标志着中国化的马克思主义即毛泽东思想的初步形成。这是马克思主义在中国的创造性运用和发展。

第三节 新时代对马克思主义认识的新境界

马克思主义诞生于 19 世纪 40 年代，马克思的思想理论源于那个时代又超越了那个时代，既是那个时代精神的精华又是整个人类精神的精华。《共产党宣言》发表 170 多年来，马克思主义在世界上得到广泛传播。在人类思想史上，

---

① 毛泽东. 毛泽东选集：第一卷 [M]. 北京：人民出版社，1991：98.

没有一种思想理论像马克思主义那样对人类产生了如此广泛而深刻的影响。在马克思亲自领导下，在马克思主义指导下，"第一国际"等国际工人组织相继创立和发展，在不同时期指导和推动了国际工人运动的联合和斗争。在马克思主义的影响下，马克思主义政党在世界范围内相继建立和发展起来，人民第一次成为自己命运的主人，成为实现自身解放和全人类解放的根本政治力量。列宁领导的十月革命取得胜利，社会主义从理论变为现实，打破了资本主义一统天下的世界格局。第二次世界大战结束后，一大批社会主义国家诞生，特别是中华人民共和国成立，极大地壮大了世界社会主义力量。尽管世界社会主义在发展中也会出现曲折，但人类社会发展的总趋势没有改变，也不会改变。马克思、恩格斯积极支持被压迫民族和人民的解放斗争。进入 20 世纪后，以列宁为代表的马克思主义者继承和发展马克思主义民族理论，指导和支持殖民地半殖民地国家民族解放运动。第二次世界大战结束后，一大批获得独立和解放的民族国家建立起来，彻底瓦解了帝国主义的殖民体系，世界各民族平等交往、共同发展展现出光明前景。今天，马克思主义极大地推进了人类文明进程，至今依然是具有重大国际影响的思想体系和话语体系。

马克思主义不仅深刻改变了世界，也深刻改变了中国。中华民族在几千年的历史进程中创造了灿烂的中华文明，为人类文明进步做出了重大贡献。1840年鸦片战争以后，西方列强凭着坚船利炮野蛮轰开了中国的大门，中华民族陷入内忧外患的悲惨境地。帝国主义的野蛮侵略和中国人民的深重苦难引起了马克思的高度关注。第二次鸦片战争期间，马克思撰写了十几篇关于中国的通信，向世界揭露西方列强侵略中国的真相，为中国人民伸张正义。马克思、恩格斯高度肯定中华文明对人类文明进步的贡献，科学预见了"中国特色社会主义"的出现，甚至为他们心中的新中国取了靓丽的名字——"中华共和国"。近代以后，争取民族独立、人民解放和实现国家富强、人民幸福就成为中国人民的历史任务。在旧式的农民战争走到尽头，不触动封建根基的自强运动和改良主义屡屡碰壁，资产阶级革命派领导的革命和西方资本主义的其他种种方案纷纷破产的情况下，十月革命一声炮响，为中国送来了马克思列宁主义，给苦苦探寻救亡图存出路的中国人民指明了前进方向、提供了全新选择。在这个历史大潮中，一个以马克思主义为指导、一个勇担民族复兴历史大任、一个必将带领中国人民创造人间奇迹的马克思主义政党——中国共产党应运而生。中国共产党诞生后，中国共产党人把马克思主义基本原理同中国革命和建设的具体实际结合起来，团结带领人民经过长期奋斗，完成新民主主义革命和社会主义革命，建立起中华人民共和国和社会主义基本制度，进行了社会主义建设的艰辛探索，实现了中华民族从历经磨难到站起来的伟大飞跃。这一伟大飞跃以铁一般的事实证明，只有社会主义才能救中国！

改革开放以来，中国共产党人把马克思主义基本原理同中国改革开放的具体实际结合起来，团结带领人民进行建设中国特色社会主义新的伟大实践，使中国大踏步赶上了时代，实现了中华民族从站起来到富起来的伟大飞跃。这一伟大飞跃以铁一般的事实证明，只有中国特色社会主义才能发展中国！在新时代，中国共产党人把马克思主义基本原理同新时代中国具体实际结合起来，团结带领人民进行伟大斗争、建设伟大工程、推进伟大事业、实现伟大梦想，推动党和国家事业取得全方位、开创性历史成就，发生深层次、根本性历史变革，中华民族迎来了从富起来到强起来的伟大飞跃。伴随着中国特色社会主义事业的发展和进步，我们对马克思主义的认识也达到了新的境界。

一是马克思主义是科学的理论，它是对自然、社会和人类思维发展本质和规律的正确反映，创造性地揭示了人类社会的发展规律。它是在社会实践和科学发展的基础上产生的，并在自身发展过程中不断总结实践经验，吸取自然科学和社会科学发展的最新成就。马克思主义具有科学的世界观和方法论基础，即辩证唯物主义和历史唯物主义，这是马克思主义的一个突出特征和理论优势，也是马克思主义科学性的重要体现。在马克思提出科学社会主义之前，空想社会主义者早已存在，他们怀着悲天悯人的情感，对理想社会有很多美好的设想，但由于没有揭示社会发展规律，没有找到实现理想的有效途径，因而也就难以真正对社会发展发生作用。马克思创建了唯物史观和剩余价值学说，揭示了人类社会发展的一般规律，揭示了资本主义运行的特殊规律，为人类指明了从必然王国向自由王国飞跃的途径，为人民指明了实现自由和解放的道路。

二是马克思主义是人民的理论，人民至上是马克思主义的政治立场，它第一次创立了人民实现自身解放的思想体系。马克思主义博大精深，归根结底就一句话，为人类求解放。马克思主义的人民性是以阶级性为深刻基础的，是无产阶级先进性的体现。马克思主义是无产阶级的世界观，是关于无产阶级解放的学说。无产阶级解放和全人类解放是完全一致的。只有无产阶级这样的先进阶级，才能领导全人类解放的伟大事业；而无产阶级也只有解放全人类，才能最后解放自己。在马克思主义诞生之前，社会上占统治地位的理论都是为统治阶级服务的。马克思主义第一次站在人民的立场探求人类自由解放的道路，以科学的理论为最终建立一个没有压迫、没有剥削、人人平等、人人自由的理想社会指明了方向。马克思主义之所以具有跨越国度、跨越时代的影响力，就是因为它植根人民之中，指明了依靠人民推动历史前进的人间正道。

三是马克思主义是实践的理论，它从实践中来，到实践中去，指引着人民改造世界的行动。马克思说，"全部社会生活在本质上是实践的"，"哲学家们只是用不同的方式解释世界，问题在于改变世界"。① 习近平进一步提出："马克思主义具有鲜明的实践品格，不仅致力于科学'解释世界'，而且致力于积极'改变世界'。"② 从马克思主义的内容来看，实践观点是马克思主义首要的和基本的观点，这一基本观点体现在马克思主义全部思想内容之中。马克思主义具有突出的实践精神，它始终强调理论与实践的统一，始终坚持与社会主义实际运动紧密结合。马克思主义不是书斋里的学问，而是为了改变人民历史命运而创立的，是在人民求解放的实践中形成的，也是在人民求解放的实践中丰富和发展的，为人民认识世界、改造世界提供了强大精神力量。

四是马克思主义是不断发展的开放的理论，具有与时俱进的理论品质，始终站在时代前沿。马克思主义是时代的产物，并随着时代、实践和科学的发展而不断发展。马克思主义理论体系是开放的，它不断吸取人类最新的文明成果来充实和发展自己。一部马克思主义发展史就是马克思、恩格斯以及他们的后继者们不断根据时代、实践、认识发展而发展的历史，是不断吸收人类历史上一切优秀思想文化成果丰富自己的历史。当今世界和我们所处的新时代，同过去相比发生了深刻的变化。无论从国际还是从国内看，我们都面临着许多新情况新问题，需要从理论和实践上做出回答并加以解决，为此必须坚持与时俱进，继续丰富和发展马克思主义。我们既要坚持马克思主义基本原理，又要谱写新的理论篇章，既要发扬优良传统，又要创造新鲜经验，善于在解放思想中统一思想，用发展的马克思主义指导新的实践。

中国特色社会主义的实践证明，马克思主义的命运早已同中国共产党的命运、中国人民的命运、中华民族的命运紧紧连在一起，它的科学性和真理性在中国得到了充分检验，它的人民性和实践性在中国得到了充分贯彻，它的开放性和时代性在中国得到了充分彰显。实践还证明，马克思主义为中国革命、建设、改革提供了强大的思想武器，使中国这个古老的东方大国创造了人类历史上前所未有的发展奇迹。历史和人民选择马克思主义是完全正确的，中国共产党把马克思主义写在自己的旗帜上是完全正确的，坚持马克思主义基本原理同中国具体实际相结合、不断推进马克思主义中国化时代化是完全正确的！

---

① 中共中央马克思恩格斯列宁斯大林著作编译局. 马克思恩格斯选集：第1卷［M］. 北京：人民出版社，1995：423.

② 习近平. 在哲学社会科学工作座谈会上的讲话［M］. 北京：人民出版社，2016：12.

马克思主义始终是我们党和国家的指导思想，是我们认识世界、把握规律、追求真理、改造世界的强大思想武器。新时代，中国共产党人仍然要学习和实践马克思主义，不断从中汲取科学智慧和理论力量，在统筹推进"五位一体"总体布局、协调推进"四个全面"战略布局中，更有定力、更有自信、更有智慧地坚持和发展习近平新时代中国特色社会主义思想，确保中华民族伟大复兴的巨轮始终沿着正确航向破浪前行。

要学习和实践马克思主义关于人类社会发展规律的思想。马克思科学地揭示了人类社会最终走向共产主义的必然趋势。马克思、恩格斯坚信，未来社会将是这样一个联合体，在那里，每个人的自由发展是一切人自由发展的条件，无产者在这个革命中失去的只是锁链，他们获得的将是整个世界。马克思坚信历史潮流奔腾向前，只要人民成为自己的主人、社会的主人、人类社会发展的主人，共产主义理想就一定能够在不断改变现存状况的现实运动中一步一步实现。马克思主义奠定了共产党人坚定理想信念的理论基础。我们要全面掌握辩证唯物主义和历史唯物主义的世界观和方法论，深刻认识实现共产主义是由一个一个阶段性目标逐步达成的历史过程，把共产主义远大理想同中国特色社会主义共同理想统一起来、同我们正在做的事情统一起来，坚定中国特色社会主义道路自信、理论自信、制度自信、文化自信，坚守共产党人的理想信念，像马克思那样，为共产主义奋斗终身。

要学习和实践马克思主义关于坚守人民立场的思想。人民性是马克思主义最鲜明的品格。马克思表明，"历史活动是群众的活动"。让人民获得解放是马克思毕生的追求。我们要始终把人民立场作为根本立场，把为人民谋幸福作为根本使命，坚持全心全意为人民服务的根本宗旨，贯彻群众路线，尊重人民主体地位和首创精神，始终保持同人民群众的血肉联系，凝聚起众志成城的磅礴力量，团结带领人民共同创造历史伟业。这是尊重历史规律的必然选择，是共产党人不忘初心、牢记使命的自觉担当。

要学习和实践马克思主义关于生产力和生产关系的思想。马克思主义认为，物质生产力是全部社会生活的物质前提，同生产力发展一定阶段相适应的生产关系的总和构成社会经济基础。生产力是推动社会进步最活跃、最革命的要素。人们所达到的生产力的总和决定着社会状况。生产力和生产关系、经济基础和上层建筑相互作用、相互制约，支配着整个社会发展进程。解放和发展社会生产力是社会主义的本质要求，是中国共产党人接力探索、着力解决的重大问题。新中国成立以来特别是改革开放以来，在70多年的时间内，我们党带领人民坚定不移地解放和发展社会生产力，走完了西方几百年的发展历程，推动我国快速成为世界第二大经济体。我们要勇于全面深化改革，自觉通过调整生产关系激发社会生产力的发展活力，自觉通过完善上层建筑适应经济基础发展要求，让中国特色社会主义更加符合规律地向前发展。

要学习和实践马克思主义关于人民民主的思想。马克思、恩格斯指出，"无产阶级的运动是绝大多数人的，为绝大多数人谋利益的独立的运动"，"工人阶级一旦取得统治权，就不能继续运用旧的国家机器来进行管理"，必须"以新的真正民主的国家政权来代替"。① 国家机关必须由社会主人变为社会公仆，接受人民监督。我们要坚定不移走中国特色社会主义政治发展道路，在坚持党的领导、人民当家作主、依法治国有机统一中推进社会主义民主政治建设，不断加强人民当家作主的制度保障，加快推进国家治理体系和治理能力现代化，充分调动人民的积极性、主动性、创造性，更加切实、更有成效地实施人民民主。

要学习和实践马克思主义关于文化建设的思想。马克思认为，在不同的经济和社会环境中，人们生产不同的思想和文化，思想文化建设虽然决定于经济基础，但又对经济基础发生反作用。先进的思想文化一旦被群众掌握，就会转化为强大的物质力量；反之，落后的、错误的观念如果不破除，就会成为社会发展进步的桎梏。理论自觉、文化自信，是一个民族进步的力量；价值先进、思想解放，是一个社会活力的来源。国家之魂，文以化之，文以铸之。我们要立足中国，面向现代化、面向世界、面向未来，巩固马克思主义在意识形态领域的指导地位，发展社会主义先进文化，加强社会主义精神文明建设，把社会主义核心价值观融入社会发展各个方面，推动中华优秀传统文化创造性转化、创新性发展，不断提高人民思想觉悟、道德水平、文明素养，不断铸就中华文化新辉煌。

要学习和实践马克思主义关于社会建设的思想。马克思、恩格斯设想，在未来社会中，生产将以所有人的富裕为目的，所有人共同享受大家创造出来的福利。恩格斯结合马克思在《共产党宣言》《哥达纲领批判》《资本论》等著作中提出的一系列主张，阐明在社会主义条件下，社会应该给所有的人提供健康而有益的工作，给所有的人提供充裕的物质生活和闲暇时间，给所有的人提供真正的充分的自由。人民对美好生活的向往就是我们的奋斗目标。我们要坚持以人民为中心的发展思想，抓住人民最关心最直接最现实的利益问题，不断保障和改善民生，促进社会公平正义，在更高水平上实现幼有所育、学有所教、劳有

---

① 中共中央马克思恩格斯列宁斯大林著作编译局. 马克思恩格斯选集：第一卷 [M]. 北京：人民出版社，1995：356.

所得、病有所医、老有所养、住有所居、弱有所扶，让发展成果更多更公平地惠及全体人民，不断促进人的全面发展，朝着实现全体人民共同富裕目标不断迈进。

要学习和实践马克思主义关于人与自然关系的思想。马克思认为，"人靠自然界生活"，自然不仅给人类提供了生活资料来源，如肥沃的土地、渔产丰富的江河湖海等，而且给人类提供了生产资料来源。自然物构成人类生存的自然条件，人类在同自然的互动中生产、生活、发展，人类善待自然，自然也会馈赠人类，但"如果说人靠科学和创造性天才征服了自然力，那么自然力也对人进行报复"①。自然是生命之母，人与自然是生命共同体，人类必须敬畏自然、尊重自然、顺应自然、保护自然。我们要坚持人与自然和谐共生，牢固树立和切实践行绿水青山就是金山银山的理念，动员全社会力量推进生态文明建设，共建美丽中国，让人民群众在绿水青山中共享自然之美、生命之美、生活之美，走出一条生产发展、生活富裕、生态良好的文明发展道路。

要学习和实践马克思主义关于世界历史的思想。马克思、恩格斯说："各民族的原始封闭状态由于日益完善的生产方式、交往以及因交往而自然形成的不同民族之间的分工消灭得越是彻底，历史也就越是成为世界历史。"② 马克思、恩格斯当年的这个预言，现在已经成为现实，历史和现实日益证明这个预言的科学价值。今天，人类交往的世界性比过去任何时候都更深入、更广泛，各国相互联系和彼此依存比过去任何时候都更频繁、更紧密。一体化的世界就在那里，谁拒绝这个世界，这个世界也会拒绝他。万物并育而不相害，道并行而不相悖。我们要站在世界历史的高度审视当今世界发展趋势和面临的重大问题，坚持和平发展道路，坚持独立自主的和平外交政策，坚持互利共赢的开放战略，不断拓展同世界各国的合作，积极参与全球治理，在更多领域、更高层面上实现合作共赢、共同发展，不依附别人，更不掠夺别人，同各国人民一起努力构建人类命运共同体，把世界建设得更加美好。

要学习和实践马克思主义关于马克思主义政党建设的思想。马克思认为，在无产阶级和资产阶级的斗争所经历的各个发展阶段上，共产党人始终代表整个运动的利益，他们没有任何同整个无产阶级的利益不同的利益，而是要为绝大多数人谋利益，为建设共产主义社会而奋斗。共产党要在全世界面前树立起可供人们用来衡量党的运动水平的里程碑。始终同人民在一起，为人民利益而

---

① 中共中央马克思恩格斯列宁斯大林著作编译局. 马克思恩格斯全集：第18卷 [M]. 北京：人民出版社，1972：341.

② 中共中央马克思恩格斯列宁斯大林著作编译局. 马克思恩格斯全集：第3卷 [M]. 北京：人民出版社，1972：17.

奋斗，是马克思主义政党同其他政党的根本区别。我们要统揽伟大斗争、伟大工程、伟大事业、伟大梦想，增强政治意识、大局意识、核心意识、看齐意识，持之以恒推进全面从严治党，坚持把党的政治建设摆在首位，坚持和加强党的全面领导，坚决维护党中央权威和集中统一领导，做到坚持真理、修正错误，永远保持共产党人政治本色，把党建设成为始终走在时代前列、人民衷心拥护、勇于自我革命、经得起各种风浪考验、朝气蓬勃的马克思主义执政党。

不断深化对党的理论创新的规律性认识。开辟马克思主义中国化时代化新境界的重大任务，是当代中国共产党人的庄严历史责任。习近平总书记在主持二十届中央政治局第六次集体学习时强调，党的二十大报告在总结历史经验基础上，提出并阐述了"两个结合""六个必须坚持"等推进理论创新的科学方法，为继续推进党的理论创新提供了根本遵循，我们要坚持好、运用好。①

理论的生命力在于创新。回顾党的百年奋斗史，我们党之所以能够在革命、建设、改革各个历史时期取得重大成就，能够领导人民完成中国其他政治力量不可能完成的艰巨任务，根本原因在于掌握了马克思主义科学理论，并不断结合新的实际推进理论创新，取得了毛泽东思想、邓小平理论、"三个代表"重要思想、科学发展观、习近平新时代中国特色社会主义思想等重大理论成果，始终坚持解放思想、实事求是、与时俱进、求真务实，使马克思主义在中国焕发出强大生命力，使党掌握了强大的真理力量。中国共产党为什么能，中国特色社会主义为什么好，归根结底是马克思主义行，是中国化时代化的马克思主义行。

坚守好马克思主义魂脉和中华优秀传统文化根脉，是理论创新的基础和前提。理论创新必须讲新话，但不能丢了老祖宗，数典忘祖就等于割断了魂脉和根脉，最终会犯失去魂脉和根脉的颠覆性错误。必须坚持马克思主义这个立党立国、兴党兴国之本不动摇，坚持植根本国、本民族历史文化沃土发展马克思主义不停步，坚定历史自信、文化自信，坚持古为今用、推陈出新，以马克思主义为指导对中华五千多年文明宝库进行全面挖掘，用马克思主义激活中华优秀传统文化中富有生命力的优秀因子并赋予新的时代内涵，将中华民族的伟大精神和丰富智慧更深层次地注入马克思主义，有效地把马克思主义思想精髓同中华优秀传统文化精华贯通起来，聚变为新的理论优势，不断攀登新的思想高峰。要拓宽理论视野，以海纳百川的开放胸襟学习和借鉴人类社会一切优秀文明成果，在"人类知识的总和"中汲取优秀思想文化资源来创新和发展党的理

---

① 习近平在中共中央政治局第六次集体学习时强调：不断深化对党的理论创新的规律性认识 在新时代新征程上取得更为丰硕的理论创新成果［EB/OL］.新华网，2023-07-01.

论，形成兼容并蓄、博采众长的理论大格局大气象。

要及时科学地解答时代新课题。一切划时代的理论，都是满足时代需要的产物。用以观察时代、把握时代、引领时代的理论，必须反映时代的声音，绝不能脱离所在时代的实践，必须不断总结实践经验，将其凝结成时代的思想精华。在"两个大局"加速演进并深度互动的时代背景下，人类社会面临许多亟待解决的共同问题，我国改革发展稳定，内政外交国防、治党治国治军等各个领域也都面临着一系列新的重大课题，中国之问、世界之问、人民之问、时代之问给我们提出的新考题比过去更复杂、更难，迫切需要我们从理论与实践的结合上提交答案。要牢固树立大历史观，以更宽广的视野、更长远的眼光把握世界历史的发展脉络和正确走向，认清我国社会发展、人类社会发展的大逻辑大趋势，把握中国式现代化的历史沿革和实践要求，在新一轮科技变革、全球经济发展大格局和我国发展的阶段性特征中深化对推动高质量发展、构建新发展格局的规律性认识，在世界马克思主义政党命运比较和我们党长期执政面临的现实考验中深化对党的自我革命战略思想的规律性认识，全面系统地提出解决现实问题的科学理念、有效对策，让当代中国马克思主义、21世纪马克思主义展现出更为强大、更有说服力的真理力量。

第七章

社会基本矛盾与全面深化改革

社会基本矛盾是社会发展的基本矛盾和根本动力，在同一社会形态的发展中，社会基本矛盾通常是通过改革的方式来解决的。改革是同一种社会形态发展过程中的量变和部分质变，是推动社会发展的又一重要动力。改革开放40多年，中国社会获得了巨大的发展，与此同时，也存在着发展的不平衡和不充分的问题。推进新时代的改革开放，把握好全面深化改革正确方向，推进国家治理体系和治理能力现代化。

第一节　社会基本矛盾与改革的作用

物质生产方式是社会发展的基础，在此基础上形成的生产力和生产关系的矛盾、经济基础和上层建筑的矛盾是社会发展的基本矛盾和根本动力，这一基本矛盾的运动从根本上决定了各种社会矛盾的产生和发展，决定了各种社会矛盾之间的关系及其转变，决定了社会形态由低级向高级的发展。这一矛盾根源于社会基本矛盾的社会改革，是社会发展的重要推动力量。

生产力和生产关系的矛盾、经济基础和上层建筑的矛盾是社会发展的基本矛盾和根本动力。生产力和生产关系、经济基础和上层建筑的矛盾，规定并反映了社会基本结构的性质和基本面貌，涉及社会的基本领域，囊括社会结构的主要方面。社会基本结构主要包括经济结构、政治结构和观念结构。经济结构有广义和狭义之分。广义的经济结构是指生产方式，包含生产力和生产关系两个方面，狭义的经济结构是指经济关系或经济制度，这里指的是广义的经济结构。政治结构是指建立在经济结构之上的政治上层建筑，即政治法律制度及设施和政治组织。观念结构中的主要部分是以经济结构为基础，并反映一定社会经济和政治状况的社会意识形态，即观念上层建筑。社会基本矛盾实际上也就是社会基本结构要素之间的矛盾。

社会基本矛盾是历史发展的根本动力，它在历史发展中的作用主要表现在以下方面：

首先，生产力是社会基本矛盾运动中最基本的动力因素，是人类社会发展和进步的最终决定力量。生产力是社会存在和发展的物质基础，是不能任意选择的物质力量和历史活动的前提。生产力决定生产关系的性质，进而决定其他社会关系的基本面貌，决定世界发展的历史进程。17 世纪和 18 世纪从事制造蒸汽机的人们也没有料到，他们所制作的工具，比其他任何东西都更能使全世界的社会状态发生革命。随着生产力的发展，人类的活动范围越来越扩大，各民族的交往越来越多，人类历史逐渐由封闭的各民族的历史向世界历史转化。正如马克思、恩格斯所指出的那样，大工业"首次开创了世界历史，因为它使每个文明国家以及这些国家中的每一个人的需要的满足都依赖于整个世界，因为它消灭了各国以往自然形成的闭关自守的状态"，"历史也就越是成为世界历史"。[1]

生产力是社会进步的根本内容，是衡量社会进步的根本尺度。人类社会是在生产力与生产关系的矛盾运动中前进的。作为社会历史发展过程中基础的物质生产存在着双重关系，体现为生产力中的人与自然的关系以及生产关系中的人与人的关系。这双重关系犹如社会历史的经纬线，构成了社会发展过程中最基本的矛盾。生产力发展既是社会物质文明发展的基本内容，也是制约政治文明、精神文明和生态文明发展的基本物质条件。只有在生产力发展的基础上，才有可能充分满足人民群众的物质生活和精神生活的需要。

其次，社会基本矛盾特别是生产力和生产关系的矛盾，决定着社会中其他矛盾的存在和发展。在生产力和生产关系、经济基础和上层建筑这一社会基本矛盾的运动中，生产力和生产关系的矛盾是更为基本的矛盾，它决定着经济基础和上层建筑的矛盾的产生和发展。如前所述，当旧的生产关系成为生产力发展的桎梏时，生产力就必然要求改变或变革生产关系，而一旦生产关系或经济基础状况发生了变化，就会同原有的上层建筑发生矛盾，并要求改变旧的上层建筑。社会基本矛盾的变化、发展又会引发其他社会矛盾的产生和发展。正是从这个意义上说，"一切历史冲突都根源于生产力和交往形式之间的矛盾"。

经济基础和上层建筑的矛盾也会影响和制约生产力和生产关系的矛盾。这是因为，生产力和生产关系矛盾的最终解决还有赖于经济基础和上层建筑矛盾的解决。生产关系或经济基础的变化，不仅决定于生产力的发展，而且受制于

---

[1] 中共中央马克思恩格斯列宁斯大林著作编译局 . 马克思恩格斯选集：第 1 卷 [M]. 北京：人民出版社，2012：194.

社会意识形态和政治法律制度即上层建筑的变化或变革。当上层建筑适应新的经济基础时，就必然会促进经济和社会的进步。当上层建筑不适应经济基础状况并阻碍生产力的发展时，只有解决了经济基础和上层建筑的矛盾，才能解决生产力和生产关系的矛盾，进而解放生产力、发展生产力。

最后，社会基本矛盾具有不同的表现形式和解决方式，并从根本上影响和促进社会形态的变化和发展。在阶级社会中，社会基本矛盾往往会通过一定社会的阶层或阶级的矛盾表现出来，或表现为不同社会集团之间的利益矛盾甚至冲突。社会基本矛盾的尖锐化，会导致代表或拥护不同生产关系、政治法律制度阶级之间的矛盾尖锐化，阶级之间的利益矛盾积累到一定程度就会引发阶级斗争甚至社会革命，进而促使一定社会形态的变迁、更替。在同一社会形态的发展中，社会基本矛盾通常是通过改革的方式来解决的。每一次成功的改革，都是对社会基本矛盾的某一方面或某种程度的解决，从而促进社会发展。在我国改革开放的历史进程中，坚持把推动经济基础变革同推动上层建筑改革结合起来，把发展社会生产力同提高全民族文明素质结合起来，从生产力到生产关系、从经济基础到上层建筑都发生了意义深远的重大变化，因而取得了举世瞩目的发展成就。

生产力与生产关系矛盾运动的规律和经济基础与上层建筑矛盾运动的规律，是人类社会发展的一般规律。这些规律决定了社会形态的更替和历史发展的基本趋势。依据生产关系的不同性质，社会历史可划分为五种社会形态，即原始社会、奴隶社会、封建社会、资本主义社会和共产主义社会（其第一阶段是社会主义社会）。这五种社会形态的依次更替，是社会历史运动的一般过程和一般规律，表现了社会形态更替的统一性。

由于社会发展的复杂性和曲折性，社会形态更替在遵循一般规律的同时，也会表现出一些特殊的形式。有些国家在发展中经历了几种社会形态依次更替的典型过程，也有些国家在发展中超越了一个甚至几个社会形态而跨越式地向前发展；有些国家在历史发展的一定阶段社会形态性质不够典型，甚至多种社会形态特征交叉渗透；有些国家在一定时期由较为落后的社会形态快速跃进为先进的社会形态；而有些国家的社会形态则长期陷于停滞状态。即使是同一种社会形态，在不同国家也会显现出不同特点。所有这些都体现了社会形态更替形式的多样性。

社会形态更替的统一性与多样性，根源于社会发展的客观必然性与人们的历史选择性相统一的过程。社会形态更替的客观必然性主要是指社会形态依次更替的过程和规律是客观的，其发展的基本趋势是确定不移的。社会形态更替归根结底是社会基本矛盾运动的结果，其中，生产力的发展具有最终的决定意义。所以，只要把全部社会关系归结于生产关系，把生产关系归结于生产力的高度，就有可靠的根据把社会形态的发展看作自然历史过程，就能够发现"各国社会现象中的重复性和常规性"，即规律性。也就是说，生产力与生产关系矛盾运动的规律性，从根本上规定了社会形态更替的客观必然性。

但是，如同其他社会规律一样，社会形态更替的规律也是人们自己的社会行动的规律。规律的客观性并不否定人们历史活动的能动性，并不排斥人们在遵循社会发展规律的基础上，对某种社会形态的历史选择性。一是社会发展的客观必然性造成了一定历史阶段社会发展的基本趋势，为人们的历史选择提供了基础、范围和可能性空间。例如，中国新民主主义革命胜利后，中国人民选择了社会主义道路，就是由具有建立公有制为主体的生产关系的基本生产力条件、当时苏联社会主义的存在和影响以及资本主义道路走不通等原因决定的。二是社会形态更替的过程也是一个主观能动性与客观规律性相统一的过程。人是社会实践的主体。在社会发展过程中，一方面，人们的历史选择活动总要受到自己目的的驱使和制约，因为在社会历史领域活动的是具有意识、经过思虑或凭激情行动、追求目的的人；另一方面，人们的历史选择活动又必须遵循社会发展的客观规律，因为历史过程是受内在的一般规律支配的，人们的历史选择只有符合社会发展规律才能实现。三是人们的历史选择性归根结底是人民群众的选择性。人们对社会形态的历史选择最终取决于人民群众的根本利益、根本意愿以及对社会发展规律的把握和顺应程度。历史是人民群众创造的，人民群众是社会形态变革的决定力量。人民群众对社会形态的历史选择，正是在遵循社会发展客观规律的基础上，通过参与社会变革实现的。因此，历史的发展、社会形态更替的规律，归根结底会通过人民的意志和人民的选择表现出来。

社会形态的更替还表现为历史的前进性与曲折性、顺序性与跨越性的统一。社会形态更替的前进性、顺序性主要是指五种社会形态依次演进的基本趋势，其历史过程是一个"扬弃"的过程，但它并不否认历史发展的曲折性和跨越性。一种新社会制度取代旧社会制度，有时并不是从旧社会制度发展较为充分的典型国家开始的，而是更易于在旧制度发展不很完善或者很不充分的地方突破。这既体现了社会形态更替过程的曲折性，又为社会形态更替的跨越性提供了条件和历史契机。例如，资本主义制度是在欧洲而并非在封建制度高度发展完善的中国等东方国家首先取得胜利，社会主义制度首先是在俄国、中国等经济文化相对落后国家而并非在欧美等较发达的资本主义国家获得成功，这些都是明显的例证。封建制取代奴隶制的过程也有某些类似的情况。

在社会进步发展过程中，有时会出现社会形态更替的反复甚至倒退现象。从世界历史角度看，每一次社会制度的变革，无不经过曲折反复的斗争；每一个新生的社会制度，无不有一个从不成熟到逐步成熟的发展过程。例如，英国资产阶级革命开始于 1640 年，但在战胜封建制度以后，接着就出现了 1660 年的旧王朝复辟。直到 1688 年，英国的资本主义社会形态才稳固下来。就整个资本主义社会制度看，从建立到巩固大体经历了二三百年时间。社会主义作为人类历史迄今最进步的社会形态，它的产生和发展具有某种跨越性，是合乎规律的。它走向成熟，取得最后胜利，必然要经过曲折复杂的斗争和长期发展的过程，在这个过程中，甚至会出现某种重大挫折甚至倒退。但历史车轮前进的总趋势是不可改变的，它所呈现的曲折，必将以社会的巨大进步来补偿。社会主义光辉灿烂的未来，必将进一步为世人所瞩目。

社会基本矛盾运动的结果，不仅表现为通过革命实现一种新的社会制度取代旧的社会制度，而且表现为通过改革实现社会制度的自我调整和完善。改革是同一种社会形态发展过程中的量变和部分质变，是推动社会发展的又一重要动力。我国自 20 世纪 70 年代末以来进行的改革，是社会主义制度的自我完善和发展。当前，我国已经进入全面深化改革的历史新阶段，要牢牢把握全面深化改革的正确方向，推进国家治理体系和治理能力现代化。

改革在社会历史发展中的重要作用集中表现在：它是在一定程度上解决社会基本矛盾、促进生产力发展、推动社会进步的有效途径和手段。在一定社会形态总的量变过程中，当社会基本矛盾发展到一定程度但又尚未激化到引起社会革命的程度时，就需要依靠改革的途径或手段，来改变与生产力不相适应的生产关系和与经济基础不相适应的上层建筑。改革所涉及的领域是多方面的，包括经济改革、政治改革、文化改革等。如果说社会革命适用于解决现存的社会基本制度问题，把生产力从已不能容纳它的旧的生产关系中解放出来，那么，改革则适用于解决现存的社会体制存在的问题，在不改变社会基本制度的前提下，对生产关系和上层建筑的某些方面和环节进行变革，从而促进生产力发展和社会进步。

从历史上看，改革有范围和程度上的不同。有的是局部性的、浅层次的改革，有的则是全局性的、深层次的改革。由于后者对社会的生产关系和上层建筑有深层的触动和调整，因而能对社会生活产生广泛而深远的影响，甚至会影响一定社会的发展方向。对于这样的改革，人们有时也会在一定意义上称其为"革命"或"社会革命"。这种概念的用法，不是从社会形态更替的本来含义上讲的，而是就这种改革的深刻性和对社会的深远影响而言的。

社会主义社会也是一个需要改革并经常进行改革的社会，社会主义社会的改革也有范围和程度上的不同。中国的社会主义改革是一场广泛深刻的伟大变革，从性质上看，它是社会主义制度的自我完善和自我发展，但从其广泛性和深刻性而言，从对我国社会生活的深远影响而言，则可以说是一场伟大的革命。习近平将党领导人民奋斗的全部历程统称为一场伟大的社会革命。他指出，"中国特色社会主义不是从天上掉下来的，而是在改革开放 40 多年的伟大实践中得来的，是在中华人民共和国成立 70 多年的持续探索中得来的，是在我们党领导人民进行伟大社会革命 100 多年的实践中得来的"。① 中国共产党 100 多年的历史，就是一部党领导人民进行伟大社会革命的历史。新时代中国特色社会主义是我们党领导人民进行伟大社会革命的成果，也是我们党领导人民进行伟大社会革命的继续，是一场具有许多新的历史特点的伟大社会革命，必须一以贯之进行下去。

第二节　邓小平关于改革的理论与改革开放 40 多年发展

"文革"结束后，邓小平审时度势，以极大的政治勇气冲破"两个凡是"，力主改革开放。面对思想上的禁锢，邓小平怒斥道："现在发生了一个问题，连实践是检验真理的唯一标准都成了问题，简直莫名其妙！"② 用马克思主义的真理力量，解开了许多人内心的困惑。中央党校在《理论动态》第 60 期发表的《实践是检验真理的唯一标准》一文，作为《光明日报》特约评论员文章公开发表后，引发了全国性的具有历史意义的真理标准大讨论。对于这篇文章和这次大讨论，邓小平多次予以肯定和支持，在同胡耀邦谈话时他明确指出，真理标准这篇文章是马克思主义的，争论不可避免，争得好。邓小平将这次大讨论上升到党和国家前途命运的战略高度来看待，指出："关于真理标准问题的争论，的确是个思想路线问题，是个政治问题，是个关系党和国家的前途和命运的问题。"③ 就这样，在邓小平的支持和倡导下，全党陆续开展了声势浩大的关

---

① 新征程上，必须坚持和发展中国特色社会主义：论学习贯彻习近平总书记在庆祝中国共产党成立一百周年大会上重要讲话 [N]. 人民日报，2021-07-08（2）.

② 中共中央文献研究室科研管理部. 改革开放三十年研究文集 [M]. 北京：中央文献出版社，2009：111.

③ 中共中央文献研究室科研管理部. 改革开放三十年研究文集 [M]. 北京：中央文献出版社，2009：170.

于真理标准问题的大讨论，为改革开放做了思想上的准备。

思想解放了，思维活跃了，还要把思想统一到改革开放上来。只有科学解答"为什么要改革开放"，才能坚定改革开放的决心和信心。邓小平从发展社会主义这一根本问题出发，探讨中国改革开放的必要性，又在总结历史教训的基础上，提出"贫穷不是社会主义"的著名口号。面对一些人担心的姓"资"姓"社"的问题，邓小平又多次使用犀利而睿智的话语强调改革开放的重要性和正确性。他指出："如果现在再不实行改革，我们的现代化事业和社会主义事业就会被葬送。"① 以此，将改革开放与社会主义的命运联系起来，便于人们理解和重视改革开放对社会主义的巨大价值。在坚持改革开放的道路上，邓小平始终没有忘记自己的责任，他反复告诫人们：不坚持社会主义，不改革开放，不发展经济，不改善人民生活，只能是死路一条。

邓小平明确指出："改革是中国的第二次革命。"② 中国共产党领导的第一次革命，把一个半殖民地半封建的旧中国变成了一个社会主义新中国；中国共产党领导的第二次革命，将把一个经济文化比较落后的社会主义中国变成一个现代化的社会主义国家。改革作为一次新的革命，不是也不允许否定和抛弃我们建立起来的社会主义基本制度，它是社会主义制度的自我完善和发展。改革不是一个阶级推翻另一个阶级那种意义上的革命，也不是原有经济体制细枝末节的修补，而是对体制的根本性变革。它的实质和目标，是要从根本上改变束缚我国生产力发展的经济体制，建立充满生机和活力的社会主义新经济体制，同时相应地改革政治体制和其他方面的体制，以实现中国的社会主义现代化。中国人民在中国共产党的带领下，用革命推翻了三座大山，赢得了民族独立和人民解放。中国人民广泛参与并亲身经历了革命。因此，中国的老百姓对革命是熟悉的，对革命的作用是肯定的。邓小平紧紧抓住人们对革命的积极关注，使用简洁明了的话语将改革开放与革命进行类比和联系，有利于人们深入理解改革开放的含义。1984 年，邓小平提出了"把改革当作一种革命"的论断，之后又提炼出"改革是中国的第二次革命"的表述，向人民群众说明了改革开放的历史定位。

以革命为话语承载，邓小平详细阐述了改革开放的科学内涵，他指出："这是一场根本改变我国经济和技术落后面貌，进一步巩固无产阶级专政的伟大革

① 中共中央党史和文献研究院著. 十九大以来重要文献选编（上）［M］. 北京：中央文献出版社，2019：736.

② 邓小平. 邓小平文选：第三卷［M］. 北京：人民出版社，1993：133.

命。这场革命既要大幅度地改变目前落后的生产力，就必然要多方面地改变生产关系，改变上层建筑，改变工农业企业的管理方式和国家对工农业企业的管理方式，使之适应于现代化大经济的需要。"① 1992 年，他通过与革命类比的方式，阐释了"革命是解放生产力，改革也是解放生产力"，指出：推翻帝国主义、封建主义、官僚资本主义的反动统治，使中国人民的生产力获得解放，这是革命，所以革命是解放生产力。社会主义基本制度确立以后，还要从根本上改变束缚生产力发展的经济体制，建立起充满生机和活力的社会主义经济体制，促进生产力的发展，这是改革，所以改革也是解放生产力。根据邓小平的这些论述，党的十三大正式提出："改革是社会主义社会发展的重要动力，对外开放是实现社会主义现代化的必要条件。"②

改革是社会主义社会发展的直接动力。社会主义社会的基本矛盾仍然是生产关系和生产力、上层建筑和经济基础之间的矛盾，正是这些矛盾推动了社会主义社会的发展。党的十一届三中全会以后，邓小平指出："要发展生产力，经济体制改革是必由之路。"③ 他在强调坚持社会主义基本制度的同时，指出还要通过改革从根本上改变束缚生产力发展的经济体制，促进生产力的发展，从而解决了社会主义社会的发展动力问题。

如何进行改革开放？邓小平结合生动活泼的日常实践，吸收人民群众的生活话语，陆续概括出"不争论""杀出一条血路来""摸着石头过河""三个有利于""两手抓，两手都要硬""科学技术是第一生产力"等著名论断，把深刻的改革开放之道，浅显易懂地呈现出来，有针对性地解决了"怎样改革开放"的难题，具有普遍的方法论意义。

一是坚持"不争论"。改革如同革命，一开始持观望心态的人居多，甚至会出现不同意见和议论。对此，邓小平说："我们的政策就是允许看。我们推行三中全会以来的路线、方针、政策，不搞强迫，不搞运动，这样慢慢就跟上来了。不搞争论，是我的一个发明。不争论，是为了争取时间干。"④ 邓小平用"不争论"表明了对于改革开放的基本态度，遇到争议可以暂时搁置，把时间留出来干实事，避免了许多无谓的内部消耗，提高了效率。

二是鼓励"大胆地试，大胆地闯"。中国的改革开放如同一张白纸，一切都是新的，没有成功的经验可以借鉴。邓小平指出："改革开放胆子要大一些，敢

①　邓小平. 邓小平文选：第三卷 [M]. 北京：人民出版社，1993：113.
②　邓小平. 邓小平文选：第三卷 [M]. 北京：人民出版社，1993：113.
③　邓小平. 邓小平文选：第三卷 [M]. 北京：人民出版社，1993：138.
④　邓小平. 邓小平文选：第三卷 [M]. 北京：人民出版社，1993：108.

于试验，不能像小脚女人一样。看准了的，就大胆地试，大胆地闯。"① 邓小平用"小脚女人"做比喻，批评了改革开放中的保守现象，将其畏首畏尾的形象刻画得淋漓尽致。同时，他极力推崇"试"和"闯"，以"杀出一条血路来"的决心和气势，鼓励和感染着身边的每一个人，点燃了人们在改革开放大潮中干事创业的热情。

三是主张"摸着石头过河"。"摸着石头过河——稳稳当当"是一句民间歇后语，为群众首创，本意是过河时多去摸索才稳当。邓小平借用饱含民间话语智慧的歇后语，来探索和表达改革开放的科学方法。摸着石头过河就是摸规律，从实践中获得真知。摸着石头过河，是富有中国特色、符合中国国情的改革方法和话语表达。

四是提出"三个有利于"标准。改革是一项崭新的事业，是一个大试验。改革中难免遇到这样那样的风险，胆子要大，步子要稳。在改革的进程中，不能因循守旧，四平八稳，不能不顾条件，急于求成。判断改革和各方面工作的是非得失，归根结底，要以是否有利于发展社会主义社会的生产力，是否有利于增强社会主义国家的综合国力，是否有利于提高人民的生活水平为标准。

五是指出开放也是改革。对外开放是建设中国特色社会主义的一项基本国策。邓小平明确指出："对外开放具有重要意义，任何一个国家要发展，孤立起来，闭关自守是不可能的，不加强国际交往，不引进发达国家的先进经验、先进科学技术和资金，是不可能的。"② 历史经验一再告诉我们，关起门来搞建设是不行的，把自己孤立于世界之外是不利的。只有坚持实行对外开放，积极参与国际经济竞争和合作，发挥自己的比较优势，使国内经济与国际经济实现必要的互接互补，加上我们自己的艰苦奋斗、自力更生、不断创新，才能赶上时代，赶上当代世界的科技和经济发展。对外开放，包括对发达国家的开放，也包括对发展中国家的开放，是对世界所有国家的开放。它不仅是经济领域的开放，还包括科技、教育、文化等领域的开放。实行对外开放要正确对待资本主义社会创造的现代文明成果。资本主义社会经过几百年发展，特别是一些发达国家，在经济、科技、教育、文化和社会管理等方面，积累了丰富经验，取得了许多历史性的文明成果。社会主义作为后起的崭新的社会制度，必须大胆借鉴、吸收人类社会包括资本主义社会创造出来的全部文明成果，结合新的实践进行新的创造，为我所用，才能加快发展，赢得比资本主义更大的发展优势。

---

① 邓小平．邓小平文选：第三卷［M］．北京：人民出版社，1993：122.

② 邓小平．邓小平文选：第三卷［M］．北京：人民出版社，1993：117.

对外开放要高度珍惜并坚决维护中国人民经过长期奋斗得来的独立自主权利。邓小平指出："中国的事情要按照中国的情况来办，要依靠中国人自己的力量来办。独立自主，自力更生，无论过去、现在和将来，都是我们的立足点。""任何外国不要指望中国做他们的附庸，不要指望中国会吞下损害我国利益的苦果。"①

在中国特色社会主义理论指导之下，改革开放 40 多年来，中国共产党带领中国人民进行了全方位、宽领域的改革。从实行家庭联产承包、乡镇企业异军突起、取消农业税牧业税和特产税到农村承包地"三权"分置、打赢脱贫攻坚战、实施乡村振兴战略，从兴办深圳等经济特区、沿海沿边沿江沿线和内陆中心城市对外开放到加入世界贸易组织、共建"一带一路"、设立自由贸易试验区、谋划中国特色自由贸易港、成功举办首届中国国际进口博览会，从"引进来"到"走出去"，从搞好国营大中小企业、发展个体私营经济到深化国资国企改革、发展混合所有制经济，从单一公有制到公有制为主体、多种所有制经济共同发展和坚持"两个毫不动摇"，从传统的计划经济体制到前无古人的社会主义市场经济体制再到使市场在资源配置中起决定性作用和更好发挥政府作用，从以经济体制改革为主到全面深化经济、政治、文化、社会、生态文明体制和党的建设制度改革、党和国家机构改革、行政管理体制改革、依法治国体制改革、司法体制改革、外事体制改革、社会治理体制改革、生态环境督察体制改革、国家安全体制改革、国防和军队改革、党的领导和党的建设制度改革、纪检监察制度改革等一系列重大改革扎实推进，各项便民、惠民、利民举措持续实施，使改革开放成为当代中国最显著的特征、最壮丽的气象。

2018 年 12 月，在庆祝改革开放 40 周年大会上，习近平指出改革开放 40 年来，从开启新时期到跨入新世纪，从站上新起点到进入新时代，我们党引领人民绘就了一幅波澜壮阔、气势恢宏的历史画卷，谱写了一曲感天动地、气壮山河的奋斗赞歌。改革开放 40 多年的发展我们取得了十方面的发展和成果。

一是我们始终坚持解放思想、实事求是、与时俱进、求真务实，坚持马克思主义指导地位不动摇，坚持科学社会主义基本原则不动摇，勇敢推进理论创新、实践创新、制度创新、文化创新以及各方面创新，不断赋予中国特色社会主义以鲜明的实践特色、理论特色、民族特色、时代特色，形成了中国特色社会主义道路、理论、制度、文化，以不可辩驳的事实彰显了科学社会主义的鲜活生命力，社会主义的伟大旗帜始终在中国大地上高高飘扬。

---

① 邓小平. 邓小平文选：第三卷［M］. 北京：人民出版社，1993：3.

二是我们始终坚持以经济建设为中心，不断解放和发展社会生产力，1978年以来，我国国内生产总值由 1978 年的 3679 亿元增长到 2017 年的 82.7 万亿元，年均实际增长 9.5%，远高于同期世界经济 2.9% 左右的年均增速。我国国内生产总值占世界生产总值的比重由改革开放之初的 1.8% 上升到 15.2%，多年来对世界经济增长贡献率超过 30%。① 2018 年经济数据显示，全年国内生产总值 900309 亿元，按可比价格计算，比上年增长 6.6%，实现了 6.5% 左右的预期发展目标。② 我国货物进出口总额从 206 亿美元增长到超过 4 万亿美元，累计使用外商直接投资超过 2 万亿美元，对外投资总额达到 1.9 万亿美元。③ 我国主要农产品产量跃居世界前列，建立了全世界最完整的现代工业体系，科技创新和重大工程捷报频传。我国基础设施建设成就显著，信息畅通，公路成网，铁路密布，高坝矗立，西气东输，南水北调，高铁飞驰，巨轮远航，飞机翱翔，天堑变通途。现在，我国是世界第二大经济体、制造业第一大国、货物贸易第一大国、商品消费第二大国、外资流入第二大国，我国外汇储备连续多年位居世界第一，中国人民在富起来、强起来的征程上迈出了决定性的步伐。

三是我们始终坚持中国特色社会主义政治发展道路，不断深化政治体制改革，发展社会主义民主政治，党和国家领导体制日益完善，全面依法治国深入推进，中国特色社会主义法律体系日益健全，人民当家作主的制度保障和法治保障更加有力，人权事业全面发展，爱国统一战线更加巩固，人民依法享有和行使民主权利的内容更加丰富、渠道更加便捷、形式更加多样，掌握着自己命运的中国人民焕发出前所未有的积极性、主动性、创造性，在改革开放和社会主义现代化建设中展现出气吞山河的强大力量。

四是我们始终坚持发展社会主义先进文化，加强社会主义精神文明建设，培育和践行社会主义核心价值观，传承和弘扬中华优秀传统文化，坚持以科学理论引路指向，以正确舆论凝心聚力，以先进文化塑造灵魂，以优秀作品鼓舞斗志，爱国主义、集体主义、社会主义精神广为弘扬，时代楷模、英雄模范不断涌现，文化艺术日益繁荣，网信事业快速发展，全民族理想信念和文化自信不断增强，国家文化软实力和中华文化影响力大幅提升。改革开放铸就的伟大精神，极大地丰富了民族精神内涵，成为当代中国人民最鲜明的精神标识。

① 北京市科学技术研究院首都高端智库研究报告.全球变局下的中国机遇与发展［R］.北京：人民出版社，2022：73.
② 2018 年中国经济总量首次突破 90 万亿元［EB/OL］.人民网，2019-01-21.
③ 北京市科学技术研究院首都高端智库研究报告.全球变局下的中国机遇与发展［R］.北京：人民出版社，2022：73.

五是我们始终坚持在发展中保障和改善民生，全面推进幼有所育、学有所教、劳有所得、病有所医、老有所养、住有所居、弱有所扶，不断改善人民生活、增进人民福祉。改革开放40年来，全国居民人均可支配收入由171元增加到2.6万元，中等收入群体持续扩大。我国贫困人口累计减少7.4亿人，贫困发生率下降94.4个百分点，谱写了人类反贫困史上的辉煌篇章。教育事业全面发展，九年义务教育巩固率达93.8%。我国建成了包括养老、医疗、低保、住房在内的世界最大的社会保障体系，基本养老保险覆盖超过9亿人，医疗保险覆盖超过13亿人。常住人口城镇化率达到58.52%，上升40.6个百分点。居民预期寿命由1981年的67.8岁提高到2017年的76.7岁。我国社会大局保持长期稳定，成为世界上最有安全感的国家之一。① 粮票、布票、肉票、鱼票、油票、豆腐票、副食本、工业券等百姓生活曾经离不开的票证已经进入历史博物馆，忍饥挨饿、缺吃少穿、生活困顿这些几千年来困扰我国人民的问题总体上一去不复返了。

六是我们始终坚持保护环境和节约资源，坚持推进生态文明建设，生态文明制度体系加快形成，主体功能区制度逐步健全，节能减排取得重大进展，重大生态保护和修复工程进展顺利，生态环境治理明显加强，积极参与和引导应对气候变化国际合作，中国人民生于斯、长于斯的家园更加美丽宜人。

七是我们始终坚持党对军队的绝对领导，不断推进国防和军队现代化，推进人民军队实现革命性重塑，武器装备取得历史性突破，治军方式发生根本性转变，革命化现代化正规化水平显著提高，人民军队维护国家主权、安全、发展利益的能力显著增强，成为保卫人民幸福生活、保卫祖国和世界和平牢不可破的强大力量。

八是我们始终坚持推进祖国和平统一大业，实施"一国两制"基本方针，相继对香港、澳门恢复行使主权，洗雪了中华民族百年屈辱。我们坚持一个中国原则和"九二共识"，加强两岸经济文化交流合作，推动两岸关系和平发展，坚决反对和遏制"台独"分裂势力，牢牢掌握两岸关系发展主导权和主动权。海内外全体中华儿女的民族认同感、文化认同感大大增强，同心共筑中国梦的意志更加坚强。

九是我们始终坚持独立自主的和平外交政策，始终不渝走和平发展道路、奉行互利共赢的开放战略，坚定维护国际关系基本准则，维护国际公平正义。

---

① 全国干部培训教材编审指导委员会组织编写. 新时代 新思想 新征程［M］. 北京：人民出版社 党建读物出版社，2019：149-150.

我们实现由封闭半封闭到全方位开放的历史转变，积极参与经济全球化进程，为推动人类共同发展做出了应有贡献。我们积极推动建设开放型世界经济、构建人类命运共同体，促进全球治理体系变革，旗帜鲜明反对霸权主义和强权政治，为世界和平与发展不断贡献中国智慧、中国方案、中国力量。我国日益走近世界舞台中央，成为国际社会公认的世界和平的建设者、全球发展的贡献者、国际秩序的维护者。

十是我们始终坚持加强和完善党的领导，积极应对在长期执政和改革开放条件下党面临的各种风险考验，持续推进党的建设新的伟大工程，保持党的先进性和纯洁性，保持党同人民群众的血肉联系。我们积极探索共产党的执政规律、社会主义建设规律、人类社会发展规律，不断开辟马克思主义中国化的新境界。我们坚持党要管党、从严治党，净化党内政治生态，持之以恒正风肃纪，大力整治形式主义、官僚主义、享乐主义和奢靡之风，以零容忍态度严厉惩治腐败，反腐败斗争取得压倒性胜利。我们党在革命性锻造中坚定走在时代前列，始终是中国人民和中华民族的主心骨。

第三节　新时代进一步深化改革的方向和内容

面对新的形势新的挑战，新时代仍然需要全面深化改革。改革开放是一场深刻革命，必须坚持正确方向，沿着正确道路前进。习近平总书记强调："推进改革的目的是要不断推进我国社会主义制度自我完善和发展，赋予社会主义新的生机活力。这里面最核心的是坚持和改善党的领导、坚持和完善中国特色社会主义制度，偏离了这一条，那就南辕北辙了。"① 我们所进行的一切改革，都是在既定方向上的继续前进，而不是改航转向，更不是要丢掉党、国家、人民安身立命的根本。

全面深化改革，就要把握好坚持和发展中国特色社会主义的根本政治方向。方向决定道路，道路决定命运。习近平总书记指出，全面深化改革总目标是完善和发展中国特色社会主义制度、推进国家治理体系和治理能力现代化。这两句话是一个统一整体，前一句规定了根本方向，后一句规定了在根本方向指引下完善和发展中国特色社会主义制度的鲜明指向，两句话都讲，才是完整的、全面的。改革是在中国特色社会主义道路上不断前进的改革，既不走封闭僵化

---

① 习近平. 论坚持党对一切工作的领导 [M]. 北京：中央文献出版社，2019：29.

的老路，也不走改旗易帜的邪路，而是坚定不移走中国特色社会主义道路。一些敌对势力和别有用心的人在那里摇旗呐喊、制造舆论、混淆视听，把改革定义为往西方政治制度的方向上改，否则就是不改革。他们是醉翁之意不在酒，"项庄舞剑，意在沛公"。对此我们要洞若观火，保持政治坚定性，明确政治定位。不断推进改革，是为了推动党和人民事业更好发展，而不是为了迎合某些人的"掌声"，不能把西方的理论、观点生搬硬套在自己身上。不实行改革开放死路一条，搞否定社会主义方向的"改革开放"更是死路一条。有些不能改的，再过多长时间也不能改，决不在根本性问题上出现颠覆性错误。在涉及道路、理论、制度、文化等根本性问题上，在大是大非面前，必须立场坚定、旗帜鲜明，不讲模棱两可的话，不做遮遮掩掩的事。

全面深化改革，必须坚持和加强党的全面领导。党是改革的倡导者、推动者、领导者，改革能否顺利推进，关键取决于党，取决于党的领导。面对艰巨复杂的改革任务，党中央对全面深化改革做出一系列重大战略部署，成立中央全面深化改革委员会，习近平总书记亲自担任主任，运筹帷幄、总揽全局，亲力亲为谋划指导改革的顶层设计、总体布局，统筹协调、整体推进、督促落实，形成了集中统一的改革领导体制、务实高效的统筹决策机制、上下联动的协调推进机制和有力有序的督办落实机制。实践证明，加强党对全面深化改革的集中统一领导，是艰巨复杂的改革工作得以顺利推进的根本政治保证，是全面深化改革取得成功的关键。将全面深化改革进行到底，必须充分发挥党总揽全局、协调各方的领导核心作用，必须把准政治方向、政治立场、政治定位、政治大局，坚持走中国特色社会主义道路不动摇，坚持社会主义基本制度不动摇，坚持党的全面领导不动摇，确保改革开放始终沿着正确道路前进。

全面深化改革，坚持改革朝有利于维护社会公平正义、增进人民福祉的方向前进。促进社会公平正义、增进人民福祉是全面深化改革的出发点和落脚点，是坚持党全心全意为人民服务根本宗旨的必然要求。在不同发展水平上，在不同历史时期，不同的人，对社会公平正义的认识和诉求不同。我们讲促进社会公平正义，是从最广大人民根本利益出发，从社会发展水平、从社会大局、从全体人民的角度出发，通过创新制度安排，创造更加公平正义的社会环境，让改革发展成果更多更公平地惠及全体人民，保证人民平等参与、平等发展的权利，实现好、维护好、发展好最广大人民的根本利益。通过改革给人民群众带来更多的获得感。

全面深化改革，要坚持社会主义市场经济改革方向。提出建立社会主义市场经济体制的改革目标，是我们党在建设中国特色社会主义进程中的重大理论和实践创新，解决了世界上其他社会主义国家长期没有解决的一个重大问题。我国社会主义市场经济体制已经初步建立，要继续朝着加快完善社会主义市场经济体制的目标努力，着力健全市场在资源配置中的决定性作用和更好发挥政府作用的制度体系。坚持社会主义市场经济改革方向，不仅是经济体制改革的基本遵循，也是全面深化改革的重要依托。要使各方面体制改革朝着这一方向协同推进，同时也使各方面自身相关环节更好地适应社会主义市场经济发展提出的新要求。

全面深化改革的总目标和主要内容，即完善和发展中国特色社会主义制度，推进国家治理体系和治理能力现代化。党的十八届三中全会通过了《中共中央关于全面深化改革若干重大问题的决定》，提出全面深化改革的总目标，国家治理体系和治理能力是一个国家的制度和制度执行能力的集中体现。推进国家治理体系和治理能力现代化，是完善和发展中国特色社会主义制度的必然要求，也是建设社会主义现代化强国的题中应有之义。

纵观社会主义从诞生到现在的历史过程，怎样治理社会主义社会这样的全新社会，在以往的世界社会主义实践中没有解决得很好。在领导中国革命的进程中，我们党就不断思考未来建立什么样的国家治理体系这个问题。新中国成立后，我们党继续探索这个问题，取得了重要成果。改革开放以来，我们党开始以全新的角度思考国家治理体系问题，强调领导制度、组织制度问题更带有根本性、全局性、稳定性和长期性。今天，摆在我们面前的一项重大历史任务，就是推动中国特色社会主义制度更加成熟更加定型，为党和国家事业发展、人民幸福安康、社会和谐稳定、国家长治久安提供一整套更完备、更稳定、更管用的制度体系。这项工程极为宏大，零敲碎打调整不行，碎片化修补也不行，必须进行全面系统的改革和改进，是各领域改革和改进的联动和集成，在国家治理体系和治理能力现代化上形成总体效应、取得总体效果。

推进国家治理体系和治理能力现代化，就是要适应时代变化，不断改革不适应实践发展要求的体制机制，在创新中使各方面体制机制更加科学、更加完善。从总体上看，我国国家治理体系和治理能力是好的，是有独特优势的，是适应国情和发展要求的，同时在国家治理体系和治理能力方面还有许多亟待改进的地方。党的十八大以来，以习近平同志为核心的党中央统筹推进经济、政治、文化、社会、生态文明等各领域体制机制改革，根据不同领域不同层面的问题，把脉开方、对症下药，把长远制度建设同解决突出问题结合起来，把整体推进同重点突破结合起来，把顶层设计同试点探路结合起来，把改革创新同法律法规立改废释结合起来，把破除体制机制顽疾同解决新出现的矛盾问题结合起来，推动重大改革方案不断出台，重大举措有力展开。改革涉及范围之广、出台方案之多、触及利益之深、推进力度之大前所未有，主要领域改革主体框架基本确立，为构建系统完备、科学规范、运行有效的制度体系打下坚实基础。

完善和发展中国特色社会主义制度，推进国家治理体系和治理能力现代化，这两句话是一个整体，前一句规定了根本方向，后一句规定了实现路径，我们是在中国特色社会主义道路这个方向上推进国家治理体系和治理能力现代化。推进国家治理体系和治理能力现代化，是完善和发展中国特色社会主义制度的必然要求，是实现社会主义现代化的应有之义。推进国家治理体系和治理能力现代化，就是要使各方面制度更加科学、更加完善，为党和国家事业发展、为人民幸福安康、为社会和谐稳定、为国家长治久安提供一整套更完备、更稳定、更管用的制度体系，实现党、国家、社会各项事务治理制度化、规范化、程序化，善于运用制度和法律治理国家，提高党科学执政、民主执政、依法执政的水平，提高运用中国特色社会主义制度有效治理国家的能力，充分发挥我国社会主义制度优越性。

国家治理体系和治理能力是一个国家的制度和制度执行能力的集中体现，两者相辅相成。国家治理体系是在党领导下管理国家的制度体系，包括经济、政治、文化、社会、生态文明和党的建设等各领域体制机制、法律法规安排，即一整套紧密相连、相互协调的国家制度；国家治理能力则是运用国家制度管理社会各方面事务的能力，包括改革发展稳定、内政外交国防、治党治国治军等各个方面。治理国家，制度是起根本性、全局性、长远性作用的，但没有有效的治理能力，再好的制度也难以发挥作用。同时，又不能把国家治理体系和国家治理能力等同起来，不是国家治理体系越完善，国家治理能力就越强。必须把国家治理体系和治理能力结合在一起，把两者当作一个相辅相成的有机整体，通过好的国家治理体系提高治理能力，通过提高国家治理能力充分发挥国家治理体系的效能。

推进国家治理体系和治理能力现代化，必须解决好价值体系问题。培育和弘扬核心价值体系和核心价值观，有效整合社会意识，是社会系统得以正常运转、社会秩序得以有效维护的重要途径，是国家治理体系和治理能力的重要方面。能否构建具有强大感召力的核心价值观，关系社会和谐稳定，关系国家长治久安。要大力培育和弘扬社会主义核心价值体系和核心价值观，加快构建充分反映中国特色、民族特性、时代特征的价值体系，努力抢占价值体系的制高点。

党的十八届三中全会既提出了全面深化改革的总目标，也在总目标统领下明确了经济体制、政治体制、文化体制、社会体制、生态文明体制和党的建设制度等方面深化改革的具体目标和任务，强调要紧紧围绕使市场在资源配置中起决定性作用和更好发挥政府作用深化经济体制改革，紧紧围绕坚持党的领导、人民当家作主、依法治国有机统一深化政治体制改革，紧紧围绕建设社会主义核心价值体系、社会主义文化强国深化文化体制改革，紧紧围绕更好保障和改善民生、促进社会公平正义深化社会体制改革，紧紧围绕建设美丽中国深化生态文明体制改革，紧紧围绕提高科学执政、民主执政、依法执政水平深化党的建设制度改革。总之，要推进理论创新、实践创新、制度创新以及其他各方面的创新，让制度更加成熟定型，让发展更有质量，让治理更有水平，让人民更有获得感。

2019年10月31日，中国共产党十九届四中全会提出，坚持和完善中国特色社会主义制度、推进国家治理体系和治理能力现代化的总体目标是，到我们党成立一百年时，在各方面制度更加成熟更加定型上取得明显成效；到2035年，各方面制度更加完善，基本实现国家治理体系和治理能力现代化；到新中国成立一百年时，全面实现国家治理体系和治理能力现代化，使中国特色社会主义制度更加巩固、优越性充分展现。

坚持和完善党的领导制度体系，提高党科学执政、民主执政、依法执政水平。必须坚持党政军民学、东西南北中，党是领导一切的，坚决维护党中央权威，健全总揽全局、协调各方的党的领导制度体系，把党的领导落实到国家治理各领域各方面各环节。要建立不忘初心、牢记使命的制度，完善坚定维护党中央权威和集中统一领导的各项制度，健全党的全面领导制度，健全为人民执政、靠人民执政各项制度，健全提高党的执政能力和领导水平制度，完善全面从严治党制度。

坚持和完善人民当家作主制度体系，发展社会主义民主政治。必须坚持人民主体地位，坚定不移走中国特色社会主义政治发展道路，确保人民依法通过各种途径和形式管理国家事务，管理经济文化事业，管理社会事务。要坚持和完善人民代表大会制度这一根本政治制度，坚持和完善中国共产党领导的多党合作和政治协商制度，巩固和发展最广泛的爱国统一战线，坚持和完善民族区域自治制度，健全充满活力的基层群众自治制度。

坚持和完善中国特色社会主义法治体系，提高党依法治国、依法执政能力。建设中国特色社会主义法治体系、建设社会主义法治国家是坚持和发展中国特色社会主义的内在要求。必须坚定不移走中国特色社会主义法治道路，全面推进依法治国，坚持依法治国、依法执政、依法行政共同推进，坚持法治国家、法治政府、法治社会一体化建设。要健全保证宪法全面实施的体制机制，完善立法体制机制，健全社会公平正义法治保障制度，加强对法律实施的监督。

坚持和完善中国特色社会主义行政体制，构建职责明确、依法行政的政府治理体系。国家行政管理承担着按照党和国家决策部署推动经济社会发展、管理社会事务、服务人民群众的重大职责。必须坚持一切行政机关为人民服务、对人民负责、受人民监督，创新行政方式，提高行政效能，建设人民满意的服务型政府。要完善国家行政体制，优化政府职责体系，优化政府组织结构，健全充分发挥中央和地方两个积极性体制机制。

坚持和完善社会主义基本经济制度，推动经济高质量发展。公有制为主体、多种所有制经济共同发展，按劳分配为主体、多种分配方式并存，社会主义市场经济体制等社会主义基本经济制度，既体现了社会主义制度的优越性，又同我国社会主义初级阶段社会生产力发展水平相适应，是党和人民的伟大创造。必须坚持社会主义基本经济制度，充分发挥市场在资源配置中的决定性作用，更好发挥政府作用，全面贯彻新发展理念，坚持以供给侧结构性改革为主线，加快建设现代化经济体系。要毫不动摇巩固和发展公有制经济，毫不动摇鼓励、支持、引导非公有制经济发展，坚持按劳分配为主体、多种分配方式并存，加快完善社会主义市场经济体制，完善科技创新体制机制，建设更高水平的开放型经济新体制。

坚持和完善繁荣发展社会主义先进文化的制度，巩固全体人民团结奋斗的共同思想基础。发展社会主义先进文化、广泛凝聚人民精神力量，是国家治理体系和治理能力现代化的深厚支撑。必须坚定文化自信，牢牢把握社会主义先进文化前进方向，激发全民族文化创造活力，更好构筑中国精神、中国价值、中国力量。要坚持马克思主义在意识形态领域指导地位的根本制度，坚持以社会主义核心价值观引领文化建设制度，健全人民文化权益保障制度，完善坚持正确导向的舆论引导工作机制，建立健全把社会效益放在首位、社会效益和经济效益相统一的文化创作生产体制机制。

坚持和完善统筹城乡的民生保障制度，满足人民日益增长的美好生活需要。增进人民福祉、促进人的全面发展是我们党立党为公、执政为民的本质要求。必须健全幼有所育、学有所教、劳有所得、病有所医、老有所养、住有所居、弱有所扶等方面国家基本公共服务制度体系，注重加强普惠性、基础性、兜底性民生建设，保障群众基本生活。满足人民多层次多样化需求，使改革发展成果更多更公平地惠及全体人民。要健全有利于更充分更高质量就业的促进机制，构建服务全民终身学习的教育体系，完善覆盖全民的社会保障体系，强化提高人民健康水平的制度保障。坚决打赢脱贫攻坚战，建立解决相对贫困的长效机制。

坚持和完善共建共治共享的社会治理制度，保持社会稳定、维护国家安全。社会治理是国家治理的重要方面。必须加强和创新社会治理，完善党委领导、政府负责、民主协商、社会协同、公众参与、法治保障、科技支撑的社会治理体系，建设人人有责、人人尽责、人人享有的社会治理共同体，确保人民安居乐业、社会安定有序，建设更高水平的平安中国。要完善正确处理新形势下人民内部矛盾有效机制，完善社会治安防控体系，健全公共安全体制机制，构建基层社会治理新格局，完善国家安全体系。

坚持和完善生态文明制度体系，促进人与自然和谐共生。生态文明建设是关系中华民族永续发展的千年大计。必须践行绿水青山就是金山银山的理念，坚持节约资源和保护环境的基本国策，坚持节约优先、保护优先、自然恢复为主的方针，坚定走生产发展、生活富裕、生态良好的文明发展道路，建设美丽中国。要实行最严格的生态环境保护制度，全面建立资源高效利用制度，健全生态保护和修复制度，明确生态环境保护责任制度。

坚持和完善党对人民军队的绝对领导制度，确保人民军队忠实履行新时代的使命任务。党对人民军队的绝对领导是人民军队的建军之本、强军之魂。必须牢固确立习近平强军思想在国防和军队建设中的指导地位，巩固和拓展、深化国防和军队改革成果，构建中国特色社会主义军事政策制度体系，全面推进国防和军队现代化，确保实现党在新时代的强军目标，把人民军队全面建成世界一流军队，永葆人民军队的性质、宗旨、本色。要坚持人民军队最高领导权和指挥权属于党中央，健全人民军队党的建设制度体系，把党对人民军队的绝对领导贯彻到军队建设各领域全过程。

坚持和完善"一国两制"制度体系，推进祖国和平统一。"一国两制"是党领导人民实现祖国和平统一的一项重要制度，是中国特色社会主义的一个伟大创举。必须严格依照宪法和基本法对香港特别行政区、澳门特别行政区实行管治，维护香港、澳门长期繁荣稳定。建立健全特别行政区维护国家安全的法律制度和执行机制。要坚定推进祖国和平统一进程，完善促进两岸交流合作、深化两岸融合发展、保障台湾同胞福祉的制度安排和政策措施，团结广大台湾同胞共同反对"台独"、促进统一。

坚持和完善独立自主的和平外交政策，推动构建人类命运共同体。必须统筹国内国际两个大局，高举和平、发展、合作、共赢旗帜，坚定不移地维护国家主权、安全、发展利益，坚定不移地维护世界和平、促进共同发展。要健全党对外事工作领导体制机制，完善全方位外交布局，推进合作共赢的开放体系建设，积极参与全球治理体系改革和建设。

坚持和完善党和国家监督体系，强化对权力运行的制约和监督。党和国家监督体系是党在长期执政条件下实现自我净化、自我完善、自我革新、自我提高的重要制度保障。必须健全党统一领导、全面覆盖、权威高效的监督体系，增强监督严肃性、协同性、有效性，形成决策科学、执行坚决、监督有力的权力运行机制，构建一体推进不敢腐、不能腐、不想腐体制机制，确保党和人民赋予的权力始终用来为人民谋幸福。

坚持和完善中国特色社会主义制度、推进国家治理体系和治理能力现代化，是全党的一项重大战略任务。各级党委和政府以及各级领导干部要切实强化制度意识，带头维护制度权威，做制度执行的表率，带动全党全社会自觉尊崇制度、严格执行制度、坚决维护制度。加强制度理论研究和宣传教育，引导全党全社会充分认识中国特色社会主义制度的本质特征和优越性，坚定制度自信。推动广大干部严格按照制度履行职责、行使权力、开展工作，提高推进"五位一体"总体布局和"四个全面"战略布局等各项工作能力和水平。

全面深化改革，完善和发展中国特色社会主义制度，推进国家治理体系和治理能力现代化，要处理好以下几方面关系。

第一，全面深化改革，要处理好解放思想和实事求是的关系。坚持解放思想、实事求是，运用辩证唯物主义和历史唯物主义立场观点方法来观察世界、指导实践，从改革开放的实践中和人民群众的创造中总结经验、汲取营养，推进实践基础上的理论创新，为全面深化改革提供了体现时代性、把握规律性、富于创造性的理论指导和重要思想保证。解放思想和实事求是相统一的，解放思想的目的和实质都是为了做到实事求是。全面深化改革，面临的挑战和困难前所未有，必须进一步解放思想、坚持实事求是。

第二，全面深化改革，要处理好顶层设计和摸着石头过河的关系。摸着石头过河和加强顶层设计是辩证统一的。摸着石头过河就是坚持边实践边总结，从实践中获得真知，这是富有中国特色、符合中国国情的改革方法，也是符合马克思主义认识论和实践论的方法，我国改革开放是先试验、后总结、再推广不断积累的过程。随着全面深化改革的不断推进，其艰巨性、复杂性、系统性愈加凸显，要继续大胆试验，试点改革。同时，不谋全局者，不足谋一域。改革推进到现在，必须在深入调查研究的基础上提出全面深化改革的顶层设计和总体规划，所谓顶层设计，就是要对经济体制、政治体制、文化体制、社会体制、生态体制做出统筹设计，加强对各项改革关联性的研判，努力做到全局和局部相配套、治本和治标相结合、渐进和突破相促进。

第三，全面深化改革，要处理好整体推进和重点突破的关系。全面深化改革是关系党和国家事业发展全局的重大战略部署，是一个涉及经济社会发展各领域的复杂系统工程，每一项改革都会对其他改革产生重要影响，每一项改革又都需要其他改革协同配合。注重系统性、整体性、协同性是全面深化改革的内在要求，也是推进改革的重要方法。坚持整体推进，统筹谋划深化改革各个方面、各个层次、各个要素，注重推动各项改革相互促进、良性互动、协同配合，注重改革措施整体效果，防止畸重畸轻、单兵突进、顾此失彼。整体推进、协同改革不是平均用力、齐头并进，也要注重抓主要矛盾和矛盾的主要方面，注重抓重要领域和关键环节。重要领域"牵一发而动全身"，关系改革大局，是改革的重中之重；关键环节"一子落而满盘活"，关系改革成效，是改革的有力支点。以这些重要领域和关键环节为突破口，可以对全面改革起到牵引和推动作用，面对改革的复杂形势和繁重任务，既抓重要领域、重要任务、重要试点，又抓关键主体、关键环节、关键节点。

第四，全面深化改革，要处理好胆子要大、步子要稳的关系。在中国这样一个拥有十四亿多人口的国家深化改革，绝非易事。全面深化改革已进入深水区，可以说，容易的、皆大欢喜的改革已经完成了，好吃的肉都吃掉了，剩下的都是难啃的硬骨头。这要求改革胆子要大、步子要稳。胆子要大，就是改革再难也要向前推进，敢于担当，敢于啃硬骨头，敢于涉险滩。步子要稳，就是方向要准，行驶要稳，尤其是不能犯颠覆性错误。对一些重大改革，不可能毕其功于一役，要稳扎稳打，通过不断努力逐步达到目标，积小胜为大胜。

第五，全面深化改革，要处理好改革、发展、稳定的关系。改革、发展、稳定是我国社会主义现代化建设的三个重要支点，改革是经济社会发展的强大动力，发展是解决一切经济社会问题的关键，稳定是改革发展的前提。我国既处于发展的重要战略机遇期，也处于社会矛盾凸显期，在社会稳定中推进改革发展尤为重要。要增强改革措施、发展措施、稳定措施的协调性，把握好当前利益和长远利益、局部利益和全局利益、个人利益和集体利益的关系，既着力解决关系群众切身利益的问题，又着力引导群众正确处理各种利益关系、理性合法表达利益诉求，营造安定团结的社会氛围。坚持把改革的力度、发展的速度和社会可承受的程度统一起来，把改善人民生活作为正确处理改革发展稳定关系的结合点，在保持社会稳定中推进改革发展，通过改革发展促进社会稳定。

实现新时代新征程的目标任务，要把全面深化改革作为推进中国式现代化的根本动力，作为稳大局、应变局、开新局的重要抓手，把准方向、守正创新、真抓实干，在新征程上谱写改革开放新篇章。

新征程上继续推进全面深化改革，要坚持和加强党的全面领导，把准改革方向，明确目标任务，以科学的谋划、创新的魄力把各项工作抓好抓实。要抓好重大改革任务攻坚克难，统筹全局、把握重点，聚焦全面建设社会主义现代化国家中的重大问题，谋划推进改革，用好机构改革创造的有利条件，努力在破除各方面体制机制弊端、调整深层次利益格局上再攻下一些难点。要加强改革调查研究，多到矛盾问题集中的地方和部门去，深入基层、走进群众，体察实情、解剖麻雀，既深入研究具体问题，又善于综合各方面情况，在总体思路和全局工作上多动脑筋、多下功夫。要加大改革抓落实力度，完善上下协同、条块结合、精准高效的改革落实机制，下更大气力抓好改革督察工作，推动改革举措落地见效。要调动各方面改革积极性，健全改革创新激励机制，加大改革典型经验交流推广，加强舆论引导，及时回应各方关切。

第八章

群众史观与以人民为中心根本立场

群众史观主张人民群众是社会历史的主体，是历史的创造者，在社会历史发展过程中，人民群众起着决定性的作用。唯物史观关于人民群众是历史创造者的原理，要求我们在认识和实践上坚持马克思主义群众观点，贯彻党的群众路线。以毛泽东为主要代表的中国共产党人坚持把马克思主义关于人民群众是历史创造者的原理，系统地运用在党的全部活动中，形成的党的根本工作路线，确立了全心全意为人民服务的根本宗旨，始终以人民利益为最高准则来开展领导工作。党的十八大以来，习近平总书记坚持以人民为中心的根本政治立场，强调永远把人民对美好生活的向往作为奋斗目标。

第一节　群众史观的基本内涵和方法论意义

马克思主义的群众史观以社会基本矛盾的运动变化为基础，认为历史的创造者不是个别英雄，而是人民群众。主要有以下几方面的内容。

第一，人与社会历史的本质关系是要立足于整体的社会历史进程和把握社会历史发展的必然性。唯物史观立足于现实的人及其本质来把握历史的创造者。历史当然是人创造的，不能脱离人去探索历史的创造者。但唯物史观认为，人不是抽象的而是现实的，现实的人及其活动是社会历史存在和发展的前提。所谓现实的人，不是处在某种虚幻的离群索居和固定不变状态中的人，而是处在现实的、可以通过经验观察到的、在一定条件下进行的发展过程中的人。这种现实的人，是基于自身需要和社会需要而从事一定实践活动、处于一定社会关系中、具有能动性的人。只有把人看作现实的人，才能正确把握人的本质，把握人与社会历史的关系。马克思指出，"人的本质不是单个人所固有的抽象物，在其现实性上，它是一切社会关系的总和"①。这就告诉我们，人的本质属性是社会属性，而不是自然属性；人的本质属性表现在各种社会关系中；人的本质是变化发展的，而不是永恒不变的。这一观点强调了个人与社会的统一，要求人们从一定的社会关系包括阶级关系中去认识和把握一定群体和个人的本质及作用。

唯物史观立足整体的社会历史过程来探究谁是历史的创造者。社会历史发展过程虽然离不开个体的人的活动，但整体的社会历史并非个体的历史的简单堆砌。"无论历史的结局如何，人们总是通过每一个人追求他自己的、自觉预期的目的来创造他们的历史，而这许多按不同方向活动的愿望及其对外部世界的各种各样作用的合力，就是历史。"② 就每一个人而言，他在一定意义上"创造"了自己的"历史"，即通过自己的人生谱写了自身个体的"历史"，但这并不能与创造社会历史画等号。社会历史就其整体而言，是一定群体（集体、阶级、民族乃至全人类）的认识活动和实践活动及其产物的演进过程，是以一定的物质生产方式为基础的社会形成和演进过程。

唯物史观从社会历史发展的必然性入手来考察和说明谁是历史的创造者。顺应历史发展趋势、符合历史发展必然性的历史主体是创造历史的决定力量。历史发展的必然性体现在一定的历史主体的活动之中。社会历史的变化发展是社会领域中各种力量交互作用的结果。在这些纵横交错的力量中，既存在符合经济运动必然性乃至整个社会历史发展必然性、推动和促进社会历史向前发展的力量，也存在违反经济运动必然性乃至整个社会历史发展必然性、阻碍历史前进的力量。只有代表前一种力量的人才属于历史的创造者。

第二，人民群众是社会历史的主体，是历史的创造者。这是马克思主义最基本的观点之一。人民群众是一个历史范畴。从质上看，人民群众是指一切对社会历史发展起推动作用的人；从量上看，人民群众是指社会人口中的绝大多数。在不同的历史时期，人民群众有着不同的内容，包含着不同的阶级、阶层和集团，但其中最稳定的主体部分始终是从事物质资料生产的劳动群众。在当代中国，凡是拥护、参加和推动中国特色社会主义事业的人都属于人民群众的范畴。

在社会历史发展过程中，人民群众起着决定性的作用。人民群众是社会历

---

① 中共中央马克思恩格斯列宁斯大林著作编译局 . 马克思恩格斯选集：第 2 卷 ［M］. 北京：人民出版社，1995：428.

② 中共中央马克思恩格斯列宁斯大林著作编译局 . 马克思恩格斯选集：第 2 卷 ［M］. 北京：人民出版社，1995：302.

史实践的主体，在创造历史中起决定性的作用。人民群众创造历史的作用是同社会基本矛盾运动推动社会前进的过程相一致的。在社会基本矛盾的解决过程中，人民群众是顺应生产力发展要求的社会力量，是具有变革旧的生产关系愿望的社会力量，是主张变革旧的社会制度和旧的思想观念的社会力量。人民群众的总体意愿和行动代表了历史发展的方向，人民群众的社会实践最终决定历史发展的结局。

人民群众是社会物质财富的创造者。人类社会赖以存在和发展的基础是物质资料的生产方式。广大的劳动群众是物质资料生产活动的主体，创造了人们吃穿住行等必需的生活资料以及从事政治、科学、文化艺术等活动所必需的物质前提。包括知识分子在内的劳动群众在生产过程中不断积累和传播生产经验，不断改进和发明生产工具，促进了社会生产力的发展。随着生产过程的现代化和繁重体力劳动的逐渐减少，知识分子的脑力劳动在生产活动中将变得更为重要。在当代，科学技术在生产力发展中的地位愈来愈重要，知识分子在推动社会生产力进步、创造社会物质财富过程中所起的作用将更加突出。

人民群众是社会精神财富的创造者。物质生产活动的主体是人民群众，精神生产活动的主体也是人民群众。人民群众通过物质生产实践为创造精神财富提供了必要的物质条件和设施。人民群众的生活和实践活动是一切精神财富、精神产品形成和发展的源泉。人民群众还直接参与了社会精神财富的创造，尤其是人民群众中的知识分子在精神生产过程和社会精神财富的创造中起到了非常重要的作用，他们中产生了不少伟大的科学家、思想家和艺术家。

人民群众是社会变革的决定力量。人民群众在创造社会财富的同时，也创造并改造着社会关系。生产关系的变革，社会制度的更替，最终取决于生产力的发展，但不会随着生产力的发展自发地实现和完成，而必须借助人民群众的力量。在特定的社会环境中，人民群众通过推动生产力的发展而不断要求改进生产关系。人民群众是社会革命的主力军，他们在社会形态更替的过程中发挥了巨大作用。"人民，只有人民，才是创造世界历史的动力。"①

人民群众创造历史的活动受到一定社会历史条件的制约。经济条件对于人民群众创造历史的活动有着首要的、决定性的影响。一定历史阶段所达到的生产力水平是人民群众创造历史的物质基础和前提。在不同的生产关系或经济制度中，人民群众的经济地位、经济利益及其在生产过程中的作用是不同的。政治条件对人民群众创造历史的活动也具有直接的影响。在不同的政治制度下，

---

① 毛泽东选集：第三卷 [M]. 北京：人民出版社，1991：1031.

人民群众的政治地位和享受的政治权利不同，在政治以及其他领域中创造作用的发挥也不同。精神文化条件也是制约人民群众创造历史活动的重要因素。一定历史时期的人们总是自觉或不自觉地受着一定社会的思想文化传统和意识形态的影响。消极落后的文化意识会削弱人民群众创造历史的作用，而先进的科学文化和思想道德则对人民群众创造历史的活动具有积极的促进作用。

第三，唯物史观从人民群众创造历史这一基本前提出发，既明确了人民群众是历史的创造者，也不否认个人在历史上的作用。

个人在历史上的作用存在差别。有的人作用大些，可称为"历史人物"；有的人作用小些，可称为"普通个人"。历史人物是一定历史事件的主要倡导者、组织领导者或思想理论、科学文化的重要代表人物。历史人物对历史发展有深刻影响，甚至有时能够决定个别历史事件的结局，从而导致历史发生这样或那样的重大变化。从其发挥作用的性质来看，历史人物有些起推动历史前进的进步作用，有些起阻碍历史前进的反动作用。对历史人物起作用的情况应做具体分析。在分析或评价个人在历史上的作用时，要坚持历史的、具体的观点，不应简单化。

杰出人物是历史人物中对推动历史发展做出重要贡献或起重要作用的人。在历史发展进程中，新的历史任务往往是由具有进步意义的历史人物首先发现或提出来的。他们比一般人站得高、看得远，解决历史任务的愿望比一般人强烈。先进阶级的政治代表人物，特别是无产阶级的领袖人物所提出的思想能够成为社会变革的先导，他们为群众指明革命斗争的方向，在革命斗争中起着领导核心的作用。有些占统治地位的剥削阶级的政治代表，在特定的条件下运用其权力满足了社会某些方面的需要，对历史发展也会起到某种甚至是重大的促进作用。杰出的科学家、思想家、艺术家、教育家等的创造性活动，对人类科学文化的发展和社会进步有着巨大的推动作用。必须明确，不管什么样的历史人物，在历史上发挥什么样的作用，都要受到社会发展客观规律的制约，而不能决定和改变历史发展的总进程和总方向。

任何历史人物的出现都体现了必然性与偶然性的统一。时势造英雄，杰出人物的出现具有必然性。杰出人物会因其智慧、性格因素对社会进程产生影响，但这些作用仅仅是历史进程中的偶然现象，只能成为社会发展的个别原因。他们凭借自己的才能，虽然也能使具体历史事件的外貌或某些后果发生变化，但终究不能改变历史发展的基本方向。如果看不到历史人物活动的社会制约性，割裂必然与偶然的关系，势必会夸大个人的作用，进而否定或歪曲历史发展的规律。历史人物的作用性质取决于他们的思想、行为是否符合社会发展规律，是否符合人民群众的意愿。只有顺应历史发展的要求和人民群众的意愿,历史人物才能起到推动社会前进的积极作用。越是能够这样做的历史人物,其推动社会进步的积极作用必然越大,影响也越长久。

第四,一切为了群众,一切依靠群众。唯物史观关于人民群众是历史创造者的原理,要求我们坚持马克思主义群众观点,贯彻党的群众路线。马克思主义群众观点的主要内容包括:坚信人民群众自己解放自己的观点,全心全意为人民服务的观点,一切对人民群众负责的观点,虚心向群众学习的观点。群众路线是我们党的生命线和根本工作路线,也是我们党的优良传统。群众路线是群众观点的具体应用,即一切为了群众,一切依靠群众,从群众中来,到群众中去。群众路线的实质,就在于充分相信群众,坚决依靠群众,密切联系群众,全心全意为人民群众服务。

群众路线本质上体现的是马克思主义关于人民群众是历史的创造者这一基本原理。只有坚持这一基本原理,我们才能把握历史前进的基本规律。只有按历史规律办事,我们才能无往而不胜。历史反复证明,人民群众是历史发展和社会进步的主体力量。正如毛泽东所说:"中国的命运一经操在人民自己的手里,中国就将如太阳升起在东方那样,以自己的辉煌的光焰普照大地"[1]。

一切为了群众,一切依靠群众。无产阶级政党是最广大人民群众利益的最忠实代表,其宗旨就是全心全意为人民服务,为人民谋取最大利益,实现人的全面发展。无产阶级政党除了无产阶级和人民群众的利益,没有自己特殊的利益。为此,必须坚持立党为公、执政为民,权为民所用、情为民所系、利为民所谋。人民群众是历史的创造者,蕴藏着巨大的智慧和创造力。因此,无产阶级政党在自己的一切工作中,必须依靠人民群众的力量,集中人民群众的智慧,获取人民群众的信任和支持。实践证明,离开了人民群众的积极性、创造性和主人翁责任感,一切无从谈起。

从群众中来,到群众中去。毛泽东指出:"在我党的一切实际工作中,凡属正确的领导,必须是从群众中来,到群众中去。这就是说,将群众的意见(分散的无系统的意见)集中起来(经过研究,化为集中的系统的意见),又到群众中去做宣传解释,化为群众的意见,使群众坚持下去,见之于行动,并在群众行动中考验这些意见是否正确。然后再从群众中集中起来,再到群众中坚持下去。如此无限循环,一次比一次地更正确、更生动、更丰富。"[2] 作为领导方法

---

① 毛泽东选集:第四卷 [M]. 北京:人民出版社,1991:1467.

② 毛泽东选集:第三卷 [M]. 北京:人民出版社,1991:1028.

和工作方法，群众路线也包括两个重要方面：一是领导和群众相结合，二是一般号召和个别指导相结合。"从群众中来，到群众中去"的过程，也就是领导和群众相结合的过程。正确的领导方法，就是使群众的意见能够真正及时反映上来，化为领导的意见，又使领导的意见能够为群众所接受，在群众中坚持下去并接受群众的检验。通过这样的"来"与"去"的循环反复，不断提高领导水平，不断提高工作效果。

群众路线是我们党在革命、建设、改革时期不断取得胜利的不可须臾离开的重要法宝。在中国特色社会主义新时代，习近平强调了在新形势下坚持群众路线教育实践活动的重要性。"群众路线是我们党的生命线和根本工作路线。开展党的群众路线教育实践活动，是我们党在新形势下坚持党要管党、全面从严治党的重大决策，是顺应群众期盼、加强学习型服务型创新型马克思主义执政党建设的重大部署，是推进中国特色社会主义的重大举措，对保持党的先进性和纯洁性、巩固党的执政基础和执政地位，对全面建成小康社会，具有重大而深远的意义。"①

第二节　中国共产党群众史观的演变发展

群众观点和群众路线是毛泽东思想的重要组成部分，是以毛泽东为主要代表的中国共产党人坚持把马克思主义关于人民群众是历史创造者的原理，系统地运用在党的全部活动中，形成的党的根本思想路线和工作路线。毛泽东的群众观点和群众路线主要包括以下两方面内容。

一是坚信人民群众是推动历史发展的根本力量。毛泽东指出："人民，只有人民，才是创造世界历史的动力。"② 必须尊重人民首创精神，调动最广大人民的积极性、主动性、创造性，充分发挥人民群众的历史推动作用。必须充分尊重人民所表达的意愿、所创造的经验、所拥有的权利、所发挥的作用。要正确行使人民给予的权力，服务人民、为了人民、依靠人民，自觉接受人民监督，紧紧依靠人民创造历史伟业，使我们党的根基永远坚如磐石。在革命战争年代，毛泽东深刻分析了群众在革命战争中的重要作用，明确指出革命战争是群众的

① 习近平在党的群众路线教育实践活动工作会议上的讲话 [EB/OL]. 共产党员网，2013-06-18.

② 毛泽东选集：第三卷 [M]. 北京：人民出版社，1991：1031.

战争，只有动员和依靠群众才能进行战争。淮海战役是一场真正的人民战争，淮海战役的胜利也真正是人民的胜利。

淮海战役是解放战争时期中国人民解放军华东野战军、中原野战军在以徐州为中心，东起海州（连云港），西至商丘，北起临城（今枣庄市薛城），南达淮河的广大地区，对国民党军进行的战略性进攻战役。战役于1948年11月6日开始，1949年1月10日结束，徐州"剿匪"总司令部刘峙指挥的国民党军五个兵团部、22个军部、56个师及一个"绥靖"区共55.5万人被消灭及改编，解放军总计伤亡13.4万人。淮海战役是解放战争三大战役中解放军牺牲最重，歼敌数量最多，政治影响最大、战争样式最复杂的战役。

淮海战役取得重大胜利的一个关键要素是后勤保障。在解放战争中，共产党方面并没有现代化手段保障战役后勤，但把人力保障发挥到了极致。在战役期间，江苏、山东、安徽、河南等地的人民用极大的物力、人力支援了战争。这四省共出动民工543万人，其中随军常备民工22万人，二线民工130万人，后方临时民工391万人；担架20.6万副，大小车辆88万辆，挑子30.5万副，牲畜76.7万头，船只8539艘；筹集粮食9.6亿斤，运送到前线的粮食4.34亿斤。

民工支前是淮海战役中最动人心弦的一幕。到了战役的第三阶段，参战兵力与支前民工的比例高达1：9。这种空前浩大的人力动员，解放区表现出异乎寻常的承受能力。在民工支前负担最重的鲁中南区，共出动49万民工（常备民工17万，临时民工32万，许多临时勤务尚未计算在内），占其总人口300万的16%以上。按惯例，人民负担战争的人力一般不能超过总人口的12%，即八个人中抽一个民工，除去老弱妇孺几乎动员了全部的青壮年男性，而此次动员的民工高达总人口的16%，可以说超出了最高的负担界限。而永城、夏邑、宿县几乎是全民动员。人民提出的口号是"倾家荡产，支援前线，忍受一切艰难，克服一切困苦，争取战役的胜利"。

淮海战役是解放军在兵力、装备都不占优势的情况下同国民党重兵集团展开的决定性的战略决战，最后以解放军的全面胜利而告终。解放军在兵力、装备都不占优势，战场情况复杂多变的条件下，能取得如此辉煌的胜利，是中央军委、总前委的正确决策，华野、中野的密切配合，指战员的英勇作战，人民群众的全力支援的结果。陈毅在1951年2月11日会见苏联驻华大使尤金介绍淮海战役决战胜利的原因时说，人民的支援才是胜利的根本保证。陈毅对尤金特别强调，五百万支前民工，遍地都是运粮食、运弹药、抬伤员的群众，这才是我们真正的优势，淮海战役的胜利是人民群众用小车推出来的，淮海战役是一场真正的人民战争，淮海战役的胜利也真正是人民的胜利。

二是坚持全心全意为人民服务的根本宗旨。全心全意为人民服务，是我们党一切行动的根本出发点和落脚点，是我们党区别于其他一切政党的根本标志。党在任何时候都把群众利益放在第一位，不允许任何党员脱离群众，凌驾于群众之上。检验党的一切工作的成效，最终要以最广大人民根本利益为最高标准。1944 年毛泽东在张思德同志追悼会上发表了题为《为人民服务》的著名讲演，毛泽东说，我们的共产党和共产党所领导的八路军、新四军，是革命的队伍。我们这个队伍完全是为着解放人民的，是彻底地为人民的利益工作的。张思德同志就是我们这个队伍中的一个同志。毛泽东说，人总是要死的，但死的意义有不同。中国古时候有个文学家叫作司马迁的说过：人固有一死，或重于泰山，或轻于鸿毛。为人民利益而死的，就比泰山还重；替法西斯卖力，替剥削人民和压迫人民的人去死，就比鸿毛还轻。张思德同志是为人民利益而死的，他的死是比泰山还要重的。①

毛泽东指出，我们都来自五湖四海，为了一个共同的革命目标，走到一起来了。我们还要和全国大多数人民走这一条路。我们今天已经领导着有九千一百万人口的根据地，但是还不够，还要更大些，才能取得全民族的解放。我们的同志在困难的时候，要看到成绩，要看到光明，要提高我们的勇气。中国人民正在受难，我们有责任解救他们，我们要努力奋斗。要奋斗就会有牺牲，死人的事是经常发生的。但是我们想到人民的利益，想到大多数人民的痛苦，我们为人民而死，就是死得其所。②

在长期的革命和建设中，尤其在改革开放以后，邓小平形成了他的系列的群众史观的思想，其群众观点主要有以下四方面的内容。

一是热爱人民，这是邓小平一生最深厚的情感寄托，也永远是中国共产党人应该坚守的力量源泉。早在战争年代，邓小平就曾经做过形象而生动的比喻，说是"人民是一切的母亲"。到 1982 年，他在为英国培格曼出版社出版的《邓小平文集》所写的序言中又说："我是中国人民的儿子，我深情地爱着我的祖国和人民。"怎样看待人民，怎样处理领袖和人民之间的关系，这是任何领导者必须正视和回答的问题，小平同志多次深情地将人民比作母亲，这既反映了他对人民的地位和作用的深刻认识，也体现了他对人民无比热爱的深厚感情。我们的党是个执政党，我们不少干部是身居要职、手握重权的。那么，我们应该怎

---

① 毛泽东选集：第三卷 [M]. 北京：人民出版社，1991：1004.
② 毛泽东选集：第三卷 [M]. 北京：人民出版社，1991：1004.

么看待和使用手中的权力呢？邓小平在1962年扩大的中央工作会议上，针对当时存在的问题就再次提醒全党同志："不要以为自己有了权就好办事，有了权就可以为所欲为，那样就非弄坏事不可。"他说："我们进了城，执了政，是做官呢？还是当人民的勤务员呢？这个问题是毛泽东过去多次讲过的。可以有两种态度：一种是做官，一种是当人民的勤务员。如果不是做官，而是当人民的勤务员，那就要以普通劳动者的面貌出现，要平等待人，要全心全意地为人民服务。"①

二是高度重视人民群众的地位和作用，从人民创造历史的活动中吸取思想营养和前进力量。邓小平把群众作为"我们力量的源泉"，视群众路线和群众观点为"我们的传家宝"。党的组织、党员和党的干部，必须同群众打成一片，绝对不能同群众相对立。如果哪个党组织严重脱离群众而不能坚决改正，那就丧失了力量的源泉，就一定要失败，就会被人民抛弃。在邓小平的一生中，无论身居要职还是身陷困苦，都始终与人民群众同甘共苦，努力为党和国家分忧解难。邓小平坚持从人民创造历史的活动中吸取思想营养和前进力量。他说："改革开放中许许多多的东西，都是群众在实践中提出来的"，"绝不是一个人脑筋就可以钻出什么新东西来"，"这是群众的智慧，集体的智慧"。②邓小平相信人民群众的力量和创造精神，因而善于从群众的创造中总结出经验和典型加以推广。强调指出：要从各地农村的具体条件和群众意愿出发，"群众愿意采取哪种形式，就应该采取哪种形式，不合法的使它合法起来"，从而推广农村的联产承包责任制；当乡镇企业这一农民群众的新创举刚刚萌芽之时，他又以睿智的目光看到了它的旺盛的生命力，立即对这一新生事物给予了热情支持和高度评价："农村改革中，我们完全没有预料到的最大收获，就是乡镇企业发展起来了。"从而使这种"草根工业"逐渐长成"参天大树"。

三是体现在关心群众的利益，始终以人民利益为最高准则来开展领导工作。新中国成立后，邓小平在一次会见国际青年代表团时明确指出："中国共产党的含义或任务，如果用概括的语言来说，只有两句话：全心全意为人民服务，一切以人民的利益作为每一个党员的最高准绳。"③一切从群众利益出发，全心全意为人民服务，这正是邓小平群众观的精髓和核心。新中国成立之初，他在西南局工作时要求"用高度的热忱去关怀工人阶级的各方面"，特别指出："不要

---

① 邓小平文选：第1卷［M］. 北京：人民出版社，1994：304.

② 中共中央文献研究室编. 邓小平年谱（一九七五——一九九七）：下卷［M］. 北京：中央文献出版社，2004：1350.

③ 邓小平文选：第一卷［M］. 北京：人民出版社，1993：101.

忽视有利于工人阶级的'小事'。"党的十一届三中全会以后，邓小平更是从关心群众的整体利益出发，提出以经济建设为中心，把国民经济搞上去，使人民生活得到改善和提高；提出允许一部分人先富起来，以先富带后富，实现共同富裕，他甚至把提高人民生活水平看成我们党和国家的"最大的事情"，看成党和人民的"最大的政治"，这又是邓小平的群众观生动而具体的体现。邓小平强调把人民拥护不拥护、赞成不赞成、高兴不高兴、答应不答应作为制定方针政策和做出决断的出发点和归宿。邓小平说："贫穷不是社会主义，社会主义要消灭贫穷。不发展生产力，不提高人民的生活水平，不能说是符合社会主义要求的。"① 他领导改革开放和社会主义现代化建设，心中想着的就是最广大的人民。

四是强调尊重知识，尊重人才。在党的十一届三中全会树立正确的思想路线和政治路线之后，邓小平及时把人才问题作为我们国家面临的一个关键问题提了出来，他主张创造使优秀人才脱颖而出的环境和机制，他提出了一系列重要的主张和措施。要树立正确的人才评价标准，专并不等于红，但是红一定要专；改革人事管理制度，使拔尖人才能够脱颖而出；要重视青年人才的培养，要开一条路出来，让有才能的人很快成长；提高广大人民群众的素质，形成尊重知识、尊重人才的氛围。

江泽民于 2000 年 2 月在广东省考察工作时，对"三个代表"重要思想进行了比较全面的阐述，提出中国共产党要始终代表中国最广大人民的根本利益。江泽民指出，纵观历史，不少政治组织和政治集团，在夺取政权的阶段，其政策主张或多或少地代表了人民群众的利益，但是在取得政权之后，就忘乎所以，骄傲起来，久而久之，就脱离了人民群众，不再代表群众的利益，最后被群众所抛弃。它们垮台的原因尽管很复杂，但人心向背的变化是一个根本原因。"人心向背，是决定一个政党、一个政权兴亡的根本性因素。""一个政权也好，一个政党也好，其前途与命运最终取决于人心向背，不能赢得最广大群众的支持，就必然垮台。"② 我们党作为执政党，必须高度关注人心向背问题。从根本上说，政治问题主要是对人民群众的态度问题、同人民群众的关系问题。一切为了群众，一切相信群众，一切依靠群众，我们党就能获得取之不尽的力量源泉。我们党始终坚持人民的利益高于一切。党除了最广大人民的利益，没有自己特殊的利益。我们党进行的一切奋斗，归根结底都是为了最广大人民的根本利益。

---

① 邓小平文选：第三卷 [M]. 北京：人民出版社，1993：373.
② 江泽民. 论"三个代表"[M]. 北京：中央文献出版社，2001：72.

党的一切工作，必须以最广大人民的根本利益为最高标准。任何时候都必须坚持尊重社会发展规律与尊重人民历史主体地位的一致性，坚持为崇高理想奋斗与为最广大人民谋利益的一致性，坚持完成党的各项工作与实现人民利益的一致性。

要努力使工人、农民、知识分子和其他群众共同享受到经济社会发展的成果。我们党领导人民进行改革开放和现代化建设的根本目的，就是要通过发展社会生产力，努力满足人民群众日益增长的物质文化需要。在整个现代化建设的过程中，一定要使群众得到应该得到的、看得见的物质利益，这样才能使群众愈来愈深刻地认识到实行改革开放和实现社会主义现代化是祖国的富强之道，也是自己的富裕之道，更加自觉地为之共同奋斗。这是我们事业不断发展并取得最终成功的根本保证。江泽民指出："在整个社会生产和建设发展的基础上，不断使全体人民得到并日益增加看得见的利益，始终是我们中国共产党人的神圣职责。"① 在我国社会深刻变革、党和国家事业快速发展的进程中，妥善处理各方面的利益关系，把一切积极因素充分调动和凝聚起来，至关重要。在建设中国特色社会主义的进程中，全国人民的根本利益是一致的。随着改革开放的深入和社会主义市场经济的发展，物质利益的多样化是不可避免的，群众产生不同的利益要求也是不可避免的。我们所有的政策措施和工作，都应该正确反映并有利于妥善处理各种利益关系，都应该认真考虑和兼顾不同阶层、不同方面群众的利益。最大多数人的利益是最紧要和最具有决定性的因素，这始终关系党的执政的全局，关系国家经济政治文化发展的全局，关系全国各族人民的团结和社会安定的全局。改革越深入，越要正确认识和处理各种利益关系，把个人利益与集体利益、局部利益与整体利益、当前利益与长远利益正确地统一和结合起来。只有这样，我们的改革和建设才能始终获得最广泛最可靠的群众基础和力量源泉。

胡锦涛在 2003 年 7 月提出了以人为本的科学发展观，他说："我们要更好坚持全面发展、协调发展、可持续发展的发展观，更加自觉地坚持推动社会主义物质文明、政治文明、精神文明协调发展，坚持在经济社会发展的基础上促进人的全面发展，坚持促进人与自然的和谐。"② 以人为本是科学发展观的核心立场，集中体现了马克思主义历史唯物论的基本原理，体现了我们党全心全意为人民服务的根本宗旨和推动经济社会发展的根本目的。

---

① 江泽民文选：第三卷 [M]. 北京：人民出版社，2006：122.
② 胡锦涛文选：第二卷 [M]. 北京：人民出版社，2016：67.

以人为本就是以最广大人民的根本利益为本。以人为本的"人",是指人民群众,就是以工人、农民、知识分子等劳动者为主体,包括社会各阶层人民在内的中国最广大人民;"本",就是根本,就是出发点和落脚点。胡锦涛指出:"我们提出以人为本的根本含义,就是坚持全心全意为人民服务,立党为公、执政为民,始终把最广大人民的根本利益作为党和国家工作的根本出发点和落脚点,坚持尊重社会发展规律与尊重人民历史主体地位的一致性,坚持为崇高理想奋斗与为最广大人民谋利益的一致性,坚持完成党的各项工作与实现人民利益的一致性,坚持发展为了人民、发展依靠人民、发展成果由人民共享。"①

坚持以人为本,就要坚持发展为了人民,始终把最广大人民的根本利益放在第一位。胡锦涛指出,我们推进发展的根本目的就是造福人民。要顺应各族人民过上更好生活的新期待,把发展的目的真正落实到满足人民需要、坚持人民利益至上,在经济社会发展的各个环节、各项工作中都体现和保障人民群众的利益。

坚持以人为本,就要坚持发展依靠人民,从人民群众的伟大创造中汲取智慧和力量。胡锦涛指出:"每一个共产党员都要把人民放在心中最高位置,尊重人民主体地位,尊重人民首创精神,拜人民为师,把政治智慧的增长、执政本领的增强深深扎根于人民的创造性实践之中。"② 要保证人民当家作主,发挥人民的主人翁精神,最广泛地动员和组织人民依法管理国家事务和社会事务,管理经济和文化事业,积极投身社会主义现代化建设。要自觉坚持党的群众路线,牢固树立人民群众是历史创造者的观点、虚心向人民群众学习的观点、竭诚为最广大人民谋利益的观点、干部的权力是人民赋予的观点、对党负责和对人民负责相一致的观点。切实转变思想作风和工作作风,切实改进领导方式和工作方法,深入了解民情、充分反映民意、广泛集中民智,做到问政于民、问需于民、问计于民,做到谋划发展思路向人民群众问计,查找发展中的问题听人民群众意见,改进发展措施向人民群众请教,落实发展任务靠人民群众努力,衡量发展成效由人民群众评判,最大限度地集中全社会全民族的智慧和力量,使我们的事业获得最深厚的力量源泉。

坚持以人为本,就要坚持发展成果由人民共享,着力提高人民物质文化生活水平。人民群众是发展的主体,也应是发展的最大受益者。要把改革发展取

---

① 中共中央文献研究室编. 十七大以来重要文献选编:上 [M]. 北京:中央文献出版社,2009:107.
② 胡锦涛. 在庆祝中国共产党成立 90 周年大会上的讲话 [M]. 北京:人民出版社,2011:15.

得的各方面成果，体现在不断提高人民的生活质量和健康水平上，体现在不断提高人民的思想道德素质和科学文化素质上，体现在充分保障人民享有的经济、政治、文化、社会、生态权益上。要坚持把最广大人民的根本利益作为制定和贯彻党的方针政策的基本着眼点，在促进发展的同时，把维护社会公平放到更加突出的位置，促进创造财富和公平分配的协调，下大气力解决好各种民生问题，使发展成果更多更公平地惠及全体人民，朝着共同富裕方向稳步前进。

坚持以人为本，最终是为了实现人的全面发展。胡锦涛强调，要坚持在经济社会发展的基础上促进人的全面发展。要把促进经济社会发展与促进人的全面发展统一起来，把促进人的全面发展作为经济社会发展的最终目的，既着眼于人民现实的物质文化生活需要，又着眼于促进人民素质的提高。

第三节　以人民为中心根本立场的基本内容和实现途径

人民群众是中国共产党的力量源泉，人民立场是中国共产党的根本政治立场。习近平总书记指出，"必须牢记我们的共和国是中华人民共和国，始终要把人民放在心中最高的位置，始终全心全意为人民服务，始终为人民利益和幸福而努力工作"①。以人民为中心根本立场的基本内容和实现途径主要包括以下几方面。

一是共产党人的奋斗目标，是带领人民创造美好生活。习近平强调："为人民谋幸福，是中国共产党人的初心。我们要时刻不忘这个初心，永远把人民对美好生活的向往作为奋斗目标。"② 坚持一切为了人民，带领全国人民不断创造美好生活，诠释了中国共产党人的根本立场，诠释了全心全意为人民服务的根本宗旨，诠释了习近平新时代中国特色社会主义的根本追求。

把人民对美好生活的向往作为奋斗目标，从根本上回答了"为了谁"的问题，是立党为公、执政为民的生动体现，是共产党人始终坚守的政治灵魂和精神支柱。我们党来自人民、植根人民、服务人民，除了工人阶级和最广大人民群众的利益，党没有自己特殊的利益，任何时候都把群众利益放在第一位，不允许任何党员脱离群众，凌驾于群众之上。在纪念红军长征胜利80周年大会

---

① 习近平. 在第十三届全国人民代表大会第一次会议上的讲话［N］. 人民日报，2018-03-21（02）.

② 习近平在党的十九届一中全会上的讲话［J］. 求是，2017.

上，习近平总书记向广大党员干部深情讲述了长征路上半条棉被的故事：在湖南汝城县沙洲村，3名女红军借宿徐解秀老人家中，临走时把她们仅有的一床被子剪下一半给老人留下了。老人说，什么是共产党？共产党就是自己有一条被子，也要剪下半条给老百姓的人。一滴水可以折射太阳的光辉，半条被子可以彰显共产党人的本色。在革命、建设和改革的不同历史时期，我们党始终把人民放在心中最高位置，始终全心全意为人民服务，始终为人民的利益和幸福而努力工作；我们党制定的路线、方针、政策都充分体现了最广大人民的根本利益。中国共产党的奋斗史，就是一部全心全意为人民服务的历史。

把人民对美好生活的向往作为奋斗目标，关键是站稳人民立场。人民立场体现了马克思主义唯物史观，体现了对人民创造历史的地位和作用的深刻认识，体现了对人类社会发展规律的科学把握，体现了对保持党的先进性纯洁性的坚定追求，是马克思主义政党区别于其他政党的显著标志。只有真正领悟了人民立场的真谛，才会自觉站在人民立场上想问题、做决策，做事情、干事业，做有利于人民、符合人民眼前利益要求和人民长远利益要求的事。习近平总书记经常提到20世纪五六十年代福建省东山县委书记谷文昌同志的事迹。谷文昌同志在东山县工作了15年，带领全县人民拼搏奋战，植树造林、治理风沙、修建水库，把荒芜的东山岛变成富饶的粮仓，使群众摆脱了世代逃荒要饭的苦日子。当地老百姓逢年过节都是"先祭谷公，后祭祖宗"，并相沿成习，以此表达他们对老书记的敬重和怀念。

把人民对美好生活的向往作为奋斗目标，最终要落实到实现好、维护好、发展好最广大人民的根本利益上。"治国有常，而利民为本。"习近平总书记指出："党的一切工作，必须以最广大人民根本利益为最高标准。""我们要不断解决好人民最关心最直接最现实的利益问题，努力让人民过上更好生活。"①以习近平同志为核心的党中央始终秉持以人民为中心的发展思想，以造福人民为最大政绩，从群众最关心的问题入手，把民生疾苦放在心头，把改革发展责任扛在肩上，一大批惠民举措落地实施，推动发展成果更多更公平地惠及全体人民；始终把人民利益摆在至高无上的地位，顺应我国社会主要矛盾已经发生历史性变化的实践要求，着力解决我国发展不平衡不充分的问题，在更高水平上不断满足人民群众日益增长的美好生活需要。

共同富裕，是中国共产党带领人民追求的一个基本目标，也是自古以来我国人民的一个基本理想。按照马克思、恩格斯的构想，共产主义社会将彻底消

---

① 习近平. 习近平著作选读：第二卷［M］. 北京：人民出版社，2023：65.

除阶级之间、城乡之间、脑力劳动和体力劳动之间的对立和差别，实行各尽所能、按需分配，真正实现社会共享、实现每个人自由而全面的发展。实现共同富裕，反映了社会主义的本质特征，体现了坚持以人民为中心的根本立场。

新中国成立初期，毛泽东同志就指出，"现在我们实行这么一种制度，这么一种计划，是可以一年一年走向更富更强的，一年一年可以看到更富更强些。而这个富，是共同的富，这个强，是共同的强，大家都有份"。改革开放历史新时期，邓小平同志多次强调共同富裕。1990 年 12 月，他在同几位中央负责同志谈话时指出："共同致富，我们从改革一开始就讲，将来总有一天要成为中心课题。社会主义不是少数人富起来、大多数人穷，不是那个样子。社会主义最大的优越性就是共同富裕，这是体现社会主义本质的一个东西。"江泽民同志强调："实现共同富裕是社会主义的根本原则和本质特征，绝不能动摇。"胡锦涛同志也要求"使全体人民共享改革发展成果，使全体人民朝着共同富裕的方向稳步前进"。经过长期艰苦奋斗，我国人民生活质量和社会共享水平显著提高，这是了不起的成就。①

作为马克思主义政党，带领人民创造美好生活、实现共同富裕，是我们党矢志不渝的奋斗目标。习近平总书记强调："我们追求的发展是造福人民的发展，我们追求的富裕是全体人民共同富裕。"② 在革命、建设和改革的各个历史时期，我们党为实现人民幸福、迈向共同富裕而不懈奋斗。党的十八大以来，以习近平同志为核心的党中央始终坚持、着力践行以人民为中心的发展思想，把实现人民幸福作为发展的根本目的和归宿，努力使发展成果更多更公平地惠及全体人民，不断朝着全体人民共同富裕的目标前进。

新时代中国特色社会主义的一个鲜明特征，是全国各族人民团结奋斗、不断创造美好生活、逐步实现全体人民共同富裕。从 2017 年到 2020 年，是全面建成小康社会决胜期，我们要着力实施精准扶贫、精准脱贫，推动经济社会持续健康发展，使人民生活更加殷实，使全面建成小康社会得到人民认可、经得起历史检验。在此基础上，党的十九大进一步明确了全面建设社会主义现代化强国的两步走战略安排，到 2035 年基本实现社会主义现代化时，全体人民共同富裕必将迈出坚实步伐，人民生活更为宽裕，城乡区域发展差距和居民生活水平差距显著缩小，基本公共服务均等化基本实现；到 21 世纪中叶我国建成富强民

---

① 习近平在省部级主要领导干部学习贯彻党的十八届五中全会精神专题研讨班上的讲话 [N] . 人民日报，2016-05-10（1）.

② 习近平 . 习近平著作选读：第二卷 [M]. 北京：人民出版社，2023：66.

主文明和谐美丽的社会主义现代化强国时，社会主义优越性必将充分显现，我国人民将享有更加富裕、更加公平、更加幸福安康的生活。把全体人民共同富裕作为建设社会主义现代化强国的重要内容，对新时代坚持和发展中国特色社会主义必将产生重大和深远的影响。

要完成全体人民共同富裕的宏伟目标，必须坚持以人民为中心，在全民共享、全面共享、共建共享、渐进共享中，不断实现好、维护好、发展好最广大人民的根本利益。要紧扣新时代我国社会主要矛盾的新变化，自觉用新发展理念统领发展全局，着力破解发展不平衡不充分问题，不断满足人民日益增长的美好生活需要。要以保障和改善民生为重点，多谋民生之利、多解民生之忧，发展各项社会事业，加大收入分配调节力度，打赢脱贫攻坚战，努力补齐民生短板、保证社会公平正义。要大力弘扬"幸福都是奋斗出来的"理念，鼓励人民群众艰苦奋斗、勤劳致富、守法经营，通过自身努力创造美好幸福生活。

二是创造历史伟业，需要依靠人民群众。人民是真正的英雄，人民是决定党和国家前途命运的根本力量，要依靠人民创造历史伟业。波澜壮阔的中华民族发展史是中国人民书写的，博大精深的中华文明是中国人民创造的，历久弥新的中华民族精神是中国人民培育的，中华民族迎来从站起来、富起来到强起来的伟大飞跃，是中国人民奋斗出来的。我们党制定任何一项政策，推进任何一项改革，都要倾听人民呼声，汲取人民智慧。中国要飞得高、跑得快，就得依靠 14 亿多人民的力量。

依靠人民群众创造伟业，关键是在思想上牢固树立人民群众的主体地位。习近平曾讲过，"老百姓是天，老百姓是地。忘记了人民，脱离了人民，我们就会成为无源之水、无本之木，就会一事无成"①。党的根基在人民、血脉在人民、力量在人民。尊重不尊重人民群众的主体地位，承认不承认人民群众是历史的创造者和社会发展的决定力量，是区别唯物史观和唯心史观的分界线。谋划发展，最了解实际情况的，是人民群众；推动改革，最大的依靠力量，也是人民群众。治国理政，只有亲身征询于田野，虚心问计于百姓，才能把握群众所思所想所盼，凝聚民心民智民力，开创改革发展新局。基层是最大的课堂，群众是最好的老师。生活最深刻，群众最智慧。习近平总书记强调："在人民面前，我们永远是小学生，必须自觉拜人民为师，向能者求教，向智者问策。"②

---

① 习近平. 在纪念红军长征胜利 80 周年大会上的讲话［EB/OL］. 新华社，2016-10-21.
② 习近平. 在纪念毛泽东诞辰 120 周年座谈会上的讲话［EB/OL］. 新华社，2013-12-26.

坚持"以百姓心为心"，把尊重社会发展规律与尊重人民历史主体地位统一起来，就没有克服不了的困难，没有越不过的坎。

尊重人民群众的首创精神，最大限度地激发人们的创造热情，我们的工作就能获得最广泛的支持，就有强大的生命力。建设中国特色社会主义的伟大实践，从根本上说是广大人民群众自己的实践，群众在实践中创造的经验，反映了事物发展的客观规律，代表了社会进步的方向。正如习近平总书记所指出的，改革开放在认识和实践上的每一次突破和发展，改革开放中每一个新生事物的产生和发展，改革开放每一个方面经验的创造和积累，无不来自亿万人民的实践和智慧。总结我们党发展壮大的经验，很重要的一条，就是始终把群众作为智慧和力量的源泉，始终把政治智慧的增长、执政本领的增强深深扎根于人民的创造性实践之中。面对新时代的新形势新任务，必须把人民群众的实践创造作为源头活水，及时发现、总结、概括人民群众创造出来的新鲜经验，使之上升为理论和政策，同时动员指导人民开展新的实践，推动党和国家事业不断向前发展。

坚持由人民群众评判，把人民群众的满意作为检验工作的第一标准。以什么为标准、用什么来衡量，实质上是一个对谁负责、让谁满意的问题。我们党是代表最广大人民利益的政党，一切工作的成败得失必然要由人民群众来检验，以人民拥护不拥护、赞成不赞成、高兴不高兴、答应不答应作为根本标准。群众意见是一把最好的尺子，最能衡量我们工作的长短优劣。习近平总书记深刻指出，时代是出卷人，我们是答卷人，人民是阅卷人。① 坚持群众标准、由群众来评判，不能走过场，必须具有约束力，群众拥护什么就鼓励什么，群众期盼什么就做好什么，群众反对什么就纠正什么。无论是制定政策、出台规范，还是评选评比、考核表彰，都要注重群众评价，增加群众的话语权、评判权，不能关起门来搞自我评价、自我认可。要经常看一看工作是不是按照群众的要求在展开，看一看有哪些措施和办法还需要改进，让群众真满意而不是"被满意"，使党和人民事业始终体现群众意愿，经得起实践、人民和历史的检验。

三是把党的群众路线，贯彻到治国理政全部活动中。习近平强调，群众路线始终是党的生命线和根本工作路线，是我们党永葆青春活力和战斗力的重要传家宝。不论过去、现在和将来，我们都要坚持一切为了群众，一切依靠群众，从群众中来，到群众中去，把党的正确主张变为群众的自觉行动。坚持以人民为中心的根本立场，必须把群众路线贯彻到治国理政全部活动之中。

---

① 习近平. 习近平谈治国理政：第三卷［M］. 北京：外文出版社，2020：70.

把群众路线融入经济社会发展全过程。要在经济发展的各个环节贯彻新发展理念，做到老百姓关心什么、期盼什么，就抓住什么、推进什么，通过改革发展给人民群众带来更多实惠。坚持中国特色社会主义政治发展道路，保证人民当家作主落实到国家政治生活和社会生活之中，巩固和发展生动活泼、安定团结的政治局面。坚持为人民服务、为社会主义服务，坚持百花齐放、百家争鸣，坚持创造性转化、创新性发展，为人民群众提供丰富的精神食粮，努力满足人民群众不断增长的精神文化需求。紧紧抓住人民最关心最直接最现实的利益问题，从人民群众关心的事情做起，从让人民群众满意的事情做起，使人民获得感、幸福感、安全感更加充实、更有保障、更可持续。坚定走生产发展、生活富裕、生态良好的文明发展道路，建设人与自然和谐共生的现代化，为人民群众提供更多优质生态产品。

把群众路线贯穿于党的全部工作之中。做好群众工作是领导干部的重要职责。是否重视做群众工作，是否善于做群众工作，是衡量领导干部政治上是否合格、工作上是否称职、领导能力强不强的一个基本标准。习近平总书记强调，每一个党员干部特别是担负一定领导责任的同志，都应当同焦裕禄同志做个比较，经常想一想，自己为人民服务是不是做到"完全""彻底"了。① 从总体上看，当前各级党组织和党员干部贯彻执行党的群众路线情况是好的，广大党员干部在改革发展稳定各项工作中冲锋陷阵、忘我奉献，发挥了先锋模范作用，赢得了广大人民群众的肯定和拥护，这是主流，必须充分肯定。同时必须看到，一些脱离群众的现象在党内不同程度存在，有的问题还相当严重。这里面，既有立场问题、感情问题，也有方法问题、能力问题。要从政治的高度深刻认识密切联系群众的重要性，在全心全意为人民服务中提升政治站位、提高工作能力，在真心实意向人民学习中拓展工作视野、丰富工作经验、提高理论联系实际的水平，在倾听人民呼声、虚心接受人民监督中自觉进行自我反省、自我批评、自我教育，在服务人民中不断完善自己，持之以恒克服形式主义、官僚主义，久久为功，祛除享乐主义和奢靡之风。实践证明，只有始终保持党同人民群众的血肉联系，才能真正把以人民为中心落到实处。

全面建成社会主义现代化强国，人民是决定性力量，在强国建设、民族复兴的新征程中"我们要始终坚持人民至上"。

新时代十年，从打赢人类历史上规模最大的脱贫攻坚战，历史性地解决了绝对贫困问题，实现了小康这个中华民族的千年梦想，到深入贯彻以人民为中

---

① 习近平. 摆脱贫困［M］. 福建：福建人民出版社，1992：46.

心的发展思想，坚持在发展中保障和改善民生，扎实推进全体人民共同富裕，再到高效统筹疫情防控和经济社会发展，有效保护人民群众生命安全和身体健康。我们党始终锚定"人民对美好生活的向往就是我们的奋斗目标"，牢记"江山就是人民，人民就是江山"，秉持"让人民生活幸福是'国之大者'"，坚持"把为民办事、为民造福作为最重要的政绩"，书写下国家富强、民族振兴、人民幸福的壮美华章，赢得了人民群众的真心拥护、高度信赖和大力支持。

新征程是充满光荣和梦想的远征。党的二十大擘画了全面建设社会主义现代化国家、以中国式现代化全面推进中华民族伟大复兴的宏伟蓝图，明确了"中国式现代化是全体人民共同富裕的现代化"，将"坚持以人民为中心的发展思想"列为前进道路上必须牢牢把握的重大原则之一。党的理论是来自人民、为了人民、造福人民的理论，党的二十大报告系统阐述了习近平新时代中国特色社会主义思想的世界观、方法论和贯穿其中的立场观点方法，把"必须坚持人民至上"放在"六个必须坚持"的首位。要深刻认识到，为了人民而发展，发展才有意义；依靠人民而发展，发展才有动力。只有坚持以人民为中心的发展思想，坚持发展为了人民、发展依靠人民、发展成果由人民共享，才会有正确的发展观、现代化观。前进道路上，无论是风高浪急还是惊涛骇浪，人民永远是我们党最坚实的依托、最强大的底气。我们要始终坚持一切为了人民、一切依靠人民，始终与人民风雨同舟、与人民心心相印，想人民之所想，行人民之所嘱，不断把人民对美好生活的向往变为现实。

人民是历史的创造者，是决定党和国家前途命运的根本力量。赢得人民信任，得到人民支持，党就能够克服任何困难，就能够一往无前、无往不胜。强国建设、民族复兴的新征程上，要积极发展全过程人民民主，坚持党的领导、人民当家作主、依法治国有机统一，健全人民当家作主制度体系，把人民当家作主具体地、现实地体现到党治国理政的政策措施上来，具体地、现实地体现到党和国家机关各个方面各个层级工作上来，具体地、现实地体现到实现人民对美好生活向往的工作上来，实现人民意志，保障人民权益，充分激发全体人民的积极性、主动性、创造性。要始终把人民放在心中最高位置，完善分配制度，健全社会保障体系，强化基本公共服务，兜牢民生底线，解决好人民群众急难愁盼问题，实现好、维护好、发展好最广大人民根本利益，让现代化建设成果更多更公平地惠及全体人民，在推进全体人民共同富裕上不断取得更为明显的实质性进展。

第九章

经济全球化与人类命运共同体

　　经济全球化为每个国家参与国际分工和国际竞争提供了机会和条件，使各国成为全球生产体系的一部分，成为商品价值链中的一个环节，面对不同国家在生产方式、发展水平、文化背景等方面的差异，要以共同构建人类命运共同体的理念引领经济全球化。"一带一路"倡议是构建人类命运共同体的重要平台，共建"一带一路"倡议着眼于构建人类命运共同体，坚持共商共建共享原则，为推动全球治理体系变革和经济全球化做出了中国贡献。

第一节　经济全球化的发展及面对的挑战

　　经济全球化是指在生产不断发展、科技加速进步、社会分工和国际分工不断深化、生产的社会化和国际化程度不断提高的情况下，世界各国、各地区的经济活动越来越超出某一国家和地区的范围而相互联系、相互依赖的过程。"经济全球化"这一概念虽然是冷战结束以后才流行起来的，但它所表达的经济发展趋势早已开始出现。早在 19 世纪，马克思、恩格斯在《德意志意识形态》《共产党宣言》《1857—1858 年经济学手稿》《资本论》等著作中就详细论述了世界贸易、世界市场、世界历史等问题。马克思、恩格斯在《共产党宣言》中指出："资产阶级，由于开拓了世界市场，使一切国家的生产和消费都成为世界性的了。"① 这意味着经济全球化的趋势已经萌芽。到 20 世纪 80 年代末 90 年代初，随着冷战的结束和以信息技术为代表的新科技革命的推动，长期以来美苏对抗带来的世界经济体系的分割被打破，技术、资本、商品等真正实现了全球范围的流动，各国之间的经济联系日益密切，相互合作、相互依存大大加强，世界进入经济全球化时代。随着冷战结束，两大阵营对立局面不复存在，两个

---

① 马克思恩格斯. 共产党宣言 ［M］. 北京：人民出版社，2018：47.

平行的市场随之不复存在，各国相互依存大大加强，经济全球化快速发展演化。

从本质上讲，经济全球化是生产力发展和社会化大生产的必然要求。导致经济全球化迅猛发展的因素主要有三点：一是科学技术的进步和生产力的发展为经济全球化提供了坚实的物质基础和根本的推动力。特别是 20 世纪 70 年代以来的信息技术革命，加快了信息传送的速度，极大降低了信息传送的成本，打破了地域乃至国家的种种限制，把整个世界空前地联系在一起，推动了经济全球化的迅速发展。二是跨国公司的发展为经济全球化提供了适宜的企业组织形式。跨国公司在全球范围内利用各地的优势组织生产，大大地促进了各种生产要素在全球的流动和国际分工，并由此极大地推动了经济全球化进程。三是各国经济体制的变革是经济全球化的体制保障。20 世纪 90 年代以来，传统的计划经济国家纷纷放弃计划经济体制，转而向市场经济体制过渡。发达资本主义国家为了摆脱经济滞胀而减弱了国家对经济的控制，更加强调市场机制的自发调节作用。在国际范围内，随着世界贸易组织的成立，其成员对本国或本地区市场的控制大大放松，贸易自由化和投资自由化的进程不断加快。所有这些都为国际资本的流动、国际贸易的扩大、国际生产的大规模进行提供了适宜的体制环境和政策条件，促进了经济全球化的发展。

经济全球化大致经历了三个阶段。一是殖民扩张和世界市场形成阶段，西方国家靠巧取豪夺、强权占领、殖民扩张，到第一次世界大战前基本完成了对世界的瓜分，世界各地区各民族都被卷入资本主义世界体系之中。二是两个平行世界市场阶段，第二次世界大战结束后，一批社会主义国家诞生，殖民地半殖民地国家纷纷独立，世界形成社会主义和资本主义两大阵营，在经济上则形成了两个平行的市场。三是经济全球化阶段，随着冷战结束，两大阵营对立局面不复存在，两个平行的市场随之不复存在，各国相互依存大幅加强，经济全球化快速发展演化。

经济全球化主要有以下四方面的表现：

第一，生产分工进一步国际化。人类的生产活动是以分工和协作的方式进行的，市场则起着分工媒介的作用。在经济全球化过程中，国际水平分工逐渐取代国际垂直分工，成为居主导地位的分工形式，这种分工以资本、技术、管理技能等生产要素的跨国流动为前提，以跨国界组织生产为核心，以全球化生产体系的形成和建立为标志，它使世界各国的生产活动不再孤立进行，而是成为全球生产体系的有机组成部分。国际水平分工的形成为生产全球化奠定了基础，为每个国家参与国际分工和国际竞争提供了机会和条件；也使各国成为全球生产体系的一部分，成为商品价值链中的一个环节，整个地球俨然成为一个大工厂。

第二，贸易全球化。贸易全球化是指商品和劳务在全球范围内的自由流动。20 世纪 80 年代以来，由于更为便捷的通信和运输条件的出现、日益先进的贸易手段的使用以及各国政府采取更为开放的贸易政策，全球贸易实现了前所未有的高速发展，商品贸易增长速度加快，规模越来越大，服务贸易、技术贸易以及产业内贸易、跨国公司内部贸易在全球贸易中的比重不断上升，参与贸易的国家急剧增加，对外贸易在各国国民经济中的地位和作用进一步提高，成为许多国家经济增长的"引擎"和最重要的增长源。国际贸易体制和规则更为规范，对全球贸易活动进行规制和调节的范围和作用趋于扩大，有力地推动了贸易的全球化进程。

第三，金融全球化。金融全球化是指世界各国、各地区在金融业务、金融政策等方面相互协调、相互渗透、相互竞争不断加强，使全球金融市场更加开放、金融体系更加融合、金融交易更加自由的过程。20 世纪 80 年代以来，由于金融自由化浪潮的兴起和信息技术在金融领域的广泛应用，全球金融市场和金融机构加强联系和融合，金融创新日新月异，金融衍生工具层出不穷，极大地推动了金融交易的发展，大规模的资金流动可以在瞬间完成，这使得国际金融资本在全球范围大规模快速流动，推动了金融的全球化进程。

第四，企业生产经营全球化。企业生产经营全球化是指跨国公司在全球范围内建立分支机构，借助母公司与分支机构之间各种形式的联系，实行跨国投资和生产的过程。自 20 世纪 90 年代以来，跨国公司主导的国际直接投资的规模迅速扩大，投资和生产的国际化程度不断提高，跨国公司成为国际分工、全球生产和要素流动的主体力量。跨国公司通过市场内部化进行全球性生产经营活动，将全球的生产连为一体，并且形成生产—研发—销售全球一体化，越来越多的跨国公司通过兼并、收购、合并的方式组成"战略联盟"，形成了庞大的全球生产和销售网络。跨国公司推动生产在全球范围内进行，使得跨国公司内部的人员交流、经营管理、产品生产呈现"无国界"的趋势。跨国公司的迅速发展，使生产、资本和商品的国际化进一步深化，极大地推动了经济全球化进程。

经济全球化的过程是生产社会化程度不断提高的过程。在经济全球化进程中，社会分工得以在更大的范围内进行，资金、技术等生产要素可以在国际社会流动和优化配置，由此带来巨大的分工利益，推动世界生产力的发展。经济全球化体现了社会化生产的要求，不仅发达国家从中受益，一些发展中国家在参与经济全球化进程中也得到了快速发展。经济全球化对发展中国家的积极作用主要表现在经济全球化为发展中国家提供先进技术和管理经验。经济全球化使技术、管理等生产要素在全球范围内自由流动和优化配置，发展中国家可以利用这一机会引进先进技术和管理经验，提升企业的竞争力，推动产业结构合理优化，缩短与发达国家的差距。经济全球化为发展中国家提供更多的就业机会。发展中国家在经济全球化的过程中通过吸引外资在本国投资，为本国创造更多就业条件，扩大劳动者就业，发挥发展中国家丰富的劳动力资源优势。经济全球化推动发展中国家国际贸易发展。经济全球化推动了世界市场的深化扩张，发展中国家可以利用不断扩大的国际市场解决国内产品销售问题，以对外贸易拉动本国经济的发展。经济全球化促进发展中国家跨国公司的发展。发展中国家借助投资自由化和比较优势组建大型跨国公司，积极参与经济全球化进程，增强经济竞争力，以从中获取更大利益。

经济全球化也是一把"双刃剑"，它在促进经济发展的同时也带来了一些负面影响。发达国家与发展中国家在经济全球化过程中的地位和收益不平等、不平衡。长期以来，发达资本主义国家主导经济全球化进程，主导制定贸易和竞争规则，进而控制一些国际组织，从而成为经济全球化的主要受益者。而一些发展中国家由于发展资金匮乏、债务负担沉重、贸易条件恶化、金融风险增加以及技术水平落后等，总体上处于更为不利的地位。建立更加公正合理的国际政治经济秩序任重道远。在经济全球化进程中，发达国家由于产业链优化升级，不断把高污染高能耗产业向发展中国家转移，从而加剧了发展中国家在经济增长的同时出现的资源短缺和环境恶化现象，一定程度上增加了经济风险。经济全球化加深了世界的经济联系和相互依赖，在有效的全球性经济协调机制没有建立起来的情况下，世界上的某一国家或地区爆发的危机将会迅速传导至全球，增加全球经济发展的不稳定性和经济风险。

面对经济全球化发展的历史必然性，面对国际范围内保护主义倾向抬头，国际经贸规则制定出现政治化、碎片化的风险挑战，必须认识到，经济全球化不是一部分国家的独角戏，而是世界各国、各民族共同实现发展的大舞台。在世界经济的大海中，想人为切断各国经济的资金流、技术流、产品流、产业流、人员流，不仅是不可能的，也是不符合历史潮流的。面对不同国家在生产方式、发展水平、文化背景等方面的差异，要以共同构建人类命运共同体的理念引领经济全球化，"以文明交流超越文明隔阂、文明互鉴超越文明冲突、文明共存超越文明优越"①，"推动经济全球化朝着更加开放、包容、普惠、平衡、共赢的方向发展"②。

第二节　"一带一路"倡议是构建人类命运共同体的重要实践平台

2013 年 9 月和 10 月，习近平在出访哈萨克斯坦和印度尼西亚时先后提出共建"丝绸之路经济带"和"21 世纪海上丝绸之路"的重大倡议。习近平指出："以'一带一路'建设为契机，开展跨国互联互通，提高贸易和投资合作水平，推动国际产能和装备制造合作，本质上是通过提高有效供给来催生新的需求，实现世界经济再平衡。"③共建"一带一路"符合国际社会的根本利益，彰显人类社会共同理想和美好追求，是国际合作以及全球治理新模式的积极探索，将为世界和平发展增添新的正能量。推进"一带一路"建设既是中国扩大和深化对外开放的需要，也是加强和亚欧非及世界各国互利合作的需要。

习近平提出"一带一路"倡议后，我国成立了推进"一带一路"建设工作领导小组，并在国家发展改革委设立领导小组办公室。2015 年 3 月，我国发布《推动共建丝绸之路经济带和 21 世纪海上丝绸之路的愿景与行动》；2017 年 5 月，首届"一带一路"国际合作高峰论坛在北京成功召开。中国政府倡议，共建"一带一路"恪守联合国宪章的宗旨和原则，坚持开放合作、和谐包容、市场运作、互利共赢。秉持和平合作、开放包容、互学互鉴、互利共赢的理念，全方位推进务实合作，打造政治互信、经济融合、文化包容的利益共同体、命运共同体和责任共同体，以政策沟通、设施联通、贸易畅通、资金融通、民心相通为主要内容加强合作。中国还先后举办了博鳌亚洲论坛年会、上海合作组织青岛峰会、中非合作论坛北京峰会、中国国际进口博览会等。几年来，共建"一带一路"倡议得到了越来越多国家和国际组织的积极响应，受到国际社会广泛关注，影响力日益扩大。

"一带一路"倡议以深化"五通"合作为关键支撑。政策沟通、设施联通、

---

① 习近平在上海合作组织成员国元首理事会第十八次会议上的讲话 ［EB/OL］. 新华社，2018-06-10.

② 习近平. 坚定信心 勇毅前行 共创后疫情时代美好世界——在 2022 年世界经济论坛视频会议的演讲 ［EB/OL］. 新华社，2022-01-17.

③ 习近平. 习近平谈治国理政：第二卷 ［M］. 北京：外文出版社，2017：504.

贸易畅通、资金融通和民心相通，是"一带一路"建设的核心内容。习近平总书记多次深入阐释"五通"的内涵，提出深化"五通"合作的务实举措。促进"一带一路"国际合作，以"五通"为抓手，广泛凝聚合作共识、全面提升合作水平。加强政策沟通，形成政策协调、规划对接的合力，促进相关国家协同联动发展，不断夯实"一带一路"建设的政治基础；加强设施联通，以重大项目和重点工程为引领，不断完善"一带一路"建设的基础设施网络；加强贸易畅通，促进贸易和投资自由化便利化，不断释放互利合作的活力；加强资金融通，深化金融领域合作，不断健全"一带一路"建设的多元化投融资体系；加强民心相通，不断搭建沿线和世界各国的友好桥梁，让"一带一路"建设更好造福沿线和世界各国人民。

2018 年 8 月，习近平在北京主持召开推进"一带一路"建设工作 5 周年座谈会，提出"一带一路"建设要从谋篇布局的"大写意"转入精耕细作的"工笔画"，向高质量发展转变，造福共建国家和人民，推动构建人类命运共同体。

共建"一带一路"倡议着眼于构建人类命运共同体，坚持共商共建共享原则，为推动全球治理体系变革和经济全球化做出了中国贡献。

共商原则即"大家的事大家商量着办"，强调平等参与、充分协商，以平等自愿为基础，通过充分对话沟通找到认识的相通点、参与合作的交汇点、共同发展的着力点。一是打造共商国际化平台与载体。2017 年 5 月，首届"一带一路"国际合作高峰论坛在北京成功召开，29 个国家的元首和政府首脑出席论坛，140 多个国家和 80 多个国际组织的 1600 多名代表参会，论坛形成了 5 大类、76 大项、270 多项具体成果，这些成果已全部得到落实。2019 年 4 月，第二届"一带一路"国际合作高峰论坛继续在北京举办。"一带一路"国际合作高峰论坛已经成为各参与国家和国际组织深化交往、增进互信、密切往来的重要平台。2018 年 11 月，首届中国国际进口博览会成功举办，172 个国家、地区和国际组织参加，3600 余家境外企业参展，4500 多名政商学研各界嘉宾在虹桥国际经济论坛上对话交流，发出了"虹桥声音"。中国还举办了丝绸之路博览会暨中国东西部合作与投资贸易洽谈会、中国—东盟博览会、中国—亚欧博览会、中国—阿拉伯国家博览会、中国—南亚博览会、中国—东北亚博览会、中国西部国际博览会等大型展会，它们都成为中国与共建各国共商合作的重要平台。二是强化多边机制在共商中的作用。共建"一带一路"顺应和平与发展的时代潮流，坚持平等协商、开放包容，促进共建国家在既有国际机制基础上开展互利合作。中国充分利用二十国集团、亚太经合组织、上海合作组织、亚欧会议、亚洲合作对话、亚信会议、中国—东盟（10+1）、澜湄合作机制、大湄公河次区域经济合作、大图们倡议、中亚区域经济合作、中非合作论坛、中阿合作论坛、中拉论坛、中国—中东欧 16+1 合作机制、中国—太平洋岛国经济发展合作论坛、世界经济论坛、博鳌亚洲论坛等现有多边合作机制，在相互尊重、相互信任的基础上，积极同各国开展共建"一带一路"实质性对接与合作。

共建原则即共同打造和谐家园，各方都是平等的参与者、建设者和贡献者，也是责任和风险的共同担当者。一是打造共建合作的融资平台。由中国发起的亚洲基础设施投资银行于 2016 年开业以来，在国际多边开发体系中发挥越来越重要的作用，得到国际社会广泛信任和认可。截至 2018 年年底，亚洲基础设施投资银行已从最初 57 个创始成员，发展到遍布各大洲的 93 个成员；累计批准贷款 75 亿美元，撬动其他投资近 400 亿美元，已批准的 35 个项目覆盖印度尼西亚、巴基斯坦、塔吉克斯坦、阿塞拜疆、阿曼、土耳其、埃及等 13 个国家。亚洲基础设施投资银行在履行自身宗旨使命的同时，也与其他多边开发银行一起，成为助力共建"一带一路"的重要多边平台之一。2014 年 11 月，我国宣布出资 400 亿美元成立丝路基金，2017 年 5 月，我国宣布向丝路基金增资 1000 亿元人民币。截至 2018 年年底，丝路基金协议投资金额约 110 亿美元，实际出资金额约 77 亿美元，并出资 20 亿美元设立中哈产能合作基金。2017 年，中国建立"一带一路"PPP 工作机制，与联合国欧洲经济委员会签署合作谅解备忘录，共同推动 PPP 模式更好地运用于"一带一路"建设合作项目。二是积极开展第三方市场合作。共建"一带一路"致力于推动开放包容、务实有效的第三方市场合作，促进中国企业和各国企业优势互补，实现"1+1+1>3"的共赢。2018 年，第一届中日第三方市场合作论坛和中法第三方市场合作指导委员会第二次会议成功举办。英国欣克利角核电站等一批合作项目顺利落地，中国中车与德国西门子已经在一些重点项目上达成了三方合作共识。

共享原则即让所有参与方获得实实在在的好处，兼顾合作方利益和关切，寻求利益契合点和合作最大公约数，使合作成果福及双方、惠泽各方。共建"一带一路"不是"你输我赢"或"你赢我输"的零和博弈，而是双赢、多赢、共赢。一是将发展成果惠及共建国家。我国经济对世界经济增长的贡献率多年保持在 30% 左右。近年来，我国进口需求迅速扩大，在对国际贸易繁荣做出越来越大贡献的同时，拉动了对华出口的共建国家经济增长。中国货物和服务贸易年进口值均占全球一成左右，2018 年，我国货物贸易进口 14.1 万亿人民币，同比增长 12.9%。2018 年，我国对外直接投资 1298.3 亿美元，同比增长 4.2%，对共建国家的直接投资占比逐年增长。在共建"一带一路"合作框架下，中国支持亚洲、非洲、拉丁美洲等地区的广大发展中国家加大基础设施建设力度，世界经济发展的红利不断输送到这些发展中国家。世界银行研究组的量化贸易模型结果显示，共建"一带一路"将使"发展中的东亚及太平洋国家"的国内生产总值平均增加2.6%至3.9%。二是改善共建国家民生。我国把向共建国家提供减贫脱困、农业、教育、卫生、环保等领域的民生援助纳入共建"一带一路"范畴。我国开展了中非减贫惠民合作计划、东亚减贫合作示范等活动。积极实施湄公河应急补水，帮助沿河国家应对干旱灾害，向泰国、缅甸等国提供防洪技术援助。我国与世界卫生组织签署关于"一带一路"卫生领域合作的谅解备忘录，实施中非公共卫生合作计划、中国—东盟公共卫生人才培养百人计划等项目。我国累计与共建国家合作培养数千名公共卫生管理和疾病防控人员，累计为相关国家5200余名白内障患者实施免费复明手术。我国每年为周边国家近3万名患者提供优质医疗服务。我国中医药团队先后在柬埔寨、科摩罗、多哥、圣多美和普林西比、巴布亚新几内亚等国家实施快速清除疟疾方案。三是促进科技创新成果向共建国家转移。我国与共建国家签署了46个科技合作协定，先后启动了中国—东盟、中国—南亚等科技伙伴计划，与东盟、南亚、阿拉伯国家、中亚、中东欧共建了5个区域技术转移平台，发起成立了"一带一路"国际科学组织联盟。通过共建国家青年科学家来华从事短期科研工作以及培训共建国家科技和管理人员等方式，形成了多层次、多元化的科技人文交流机制。2018年，我国接收500名共建国家青年科学家来华科研，培训科技管理人员逾1200人次。我国积极开展航天国际合作，推动中国北斗导航系统、卫星通信系统和卫星气象遥感技术服务共建国家建设。四是推动绿色发展。我国坚持《巴黎协定》，积极倡导并推动将绿色生态理念贯穿于共建"一带一路"倡议。我国与联合国环境规划署签署了关于建设绿色"一带一路"的谅解备忘录，与30多个沿线国家签署了生态环境保护的合作协议。建设绿色丝绸之路已成为落实联合国2030年可持续发展议程的重要路径，100多个来自相关国家和地区的合作伙伴共同成立"一带一路"绿色发展国际联盟。我国在2016年担任二十国集团主席国期间，首次把绿色金融议题引入二十国集团议程，成立绿色金融研究小组，发布《二十国集团绿色金融综合报告》。我国积极实施"绿色丝路使者计划"，已培训共建国家2000人次。我国发布《关于推进绿色"一带一路"建设的指导意见》《"一带一路"生态环境保护合作规划》等文件，推动落实共建"一带一路"的绿色责任和绿色标准。

"一带一路"是构建人类命运共同体的重要实践平台，共建"一带一路"顺应了人类追求美好未来的共同愿望。国际社会越来越认同共建"一带一路"倡议所主张的构建人类命运共同体的理念，构建人类命运共同体符合当代世界经济发展需要和人类文明进步的大方向。共建"一带一路"倡议正成为构建人类命运共同体的重要实践平台。

2008年国际金融危机后，世界经济深度调整、贫富分化加剧，反全球化、民粹主义等思潮抬头，其深层次根源，仍然是发展不平衡问题。如何实现发展？是在弱肉强食、以邻为壑中掠夺，还是在求同存异、共生共荣中实现？历史告诉我们，人类可以做出完全不同的选择。正是基于这样的历史纵深视野和大国责任担当，习近平总书记提出"一带一路"重大合作倡议，紧紧抓住发展这个最大公约数，着眼于世界各国人民追求和平与发展的共同梦想，致力于推动经济全球化朝着更加开放、包容、普惠、平衡、共赢的方向发展。这一重大合作倡议，旨在同沿线和世界各国分享中国发展机遇，欢迎各方搭乘中国发展的"快车""便车"，不仅造福中国人民，更造福世界各国人民。这一重大合作倡议，为全球发展合作提供了创新思路，为破解全球发展难题贡献了中国智慧、中国方案，体现了中国将自身发展同世界发展相统一的全球视野、世界胸怀和大国担当。

"一带一路"高度契合各国发展需求和共同利益。国际金融危机后，世界经济增长动能不足，贫富分化日益加剧，地区热点问题此起彼伏，恐怖主义、网络安全、重大传染性疾病、气候变化等非传统安全威胁持续蔓延，人类面临许多共同的挑战。同时，和平与发展仍然是时代主题，各国相互联系和依存日益加深，求和平、谋发展、促合作的愿望更加强烈。"一带一路"建设聚焦发展这个根本性问题，扩大贸易投资往来，深化互联互通和产业合作，扎实推进国际经济走廊建设，完善金融保障体系，致力于实现经济大融合、发展大联动、成果大共享。"一带一路"建设的深入推进，有助于相关国家特别是发展中国家释放发展潜力、拓展市场空间，形成新的经济增长点，增强内生增长动力和抗风险能力，增进普通民众福祉。这合乎时代潮流，符合发展规律，顺应了各国人民的共同期盼。

推动建立公正合理的国际秩序，实现持久和平与繁荣稳定，一直是人类社会努力的方向。为此，国际社会不断探索，既有成功经验，也不乏失败教训。当今世界，国际格局深度调整，全球治理体系变革处在历史转折点上。在这一时代背景下，习近平总书记多次强调，"一带一路"建设不是封闭的，而是开放包容的；不是中国一家的独奏，而是沿线和世界各国的合唱。这一重大合作倡议，坚持继承创新、主动作为，强调求同存异、兼容并蓄，致力于打造不同文明和谐共融的利益共同体、责任共同体、命运共同体，推动现有国际秩序、国际规则增量改革，为完善全球治理体系提供了新思路新方案，成为有关各国实现共同发展的巨大合作平台。

共建"一带一路"跨越不同地域、不同发展阶段、不同文明，是一个开放包容的平台，是各方共同打造的全球公共产品。共建"一带一路"目标指向人类共同的未来，坚持最大程度地非竞争性与非排他性，顺应了国际社会对全球治理体系公正性、平等性、开放性、包容性的追求，是中国为当今世界提供的重要公共产品。联合国秘书长古特雷斯指出，共建"一带一路"倡议与联合国新千年计划宏观目标相同，都是向世界提供的公共产品。共建"一带一路"不仅促进贸易往来和人员交流，而且增进各国之间的了解，减少文化障碍，最终实现和平、和谐与繁荣。

当今世界面临增长动能不足、治理体系滞后和发展失衡等挑战。共建"一带一路"体现开放包容、共同发展的鲜明导向，超越社会制度和文化差异，尊重文明多样性，坚持多元文化共存，强调不同经济发展水平国家的优势互补和互利共赢，着力改善发展条件、创造发展机会、增强发展动力、共享发展成果，推动实现全球治理、全球安全、全球发展联动，致力于解决长期以来单一治理成效不彰的困扰。

人类只有一个地球，各国共处一个世界。为了应对人类共同面临的各种挑战，追求世界和平繁荣发展的美好未来，世界各国应风雨同舟，荣辱与共，构建持久和平、普遍安全、共同繁荣、开放包容、清洁美丽的世界。人类命运共同体理念融入了利益共生、情感共鸣、价值共识、责任共担、发展共赢等内涵。共建"一带一路"主张守望相助、讲平等、重感情，坚持求同存异、包容互谅、沟通对话、平等交往，把别人发展看成自己机遇，推进我国同共建各国乃至世界发展机遇相结合，实现发展成果惠及合作双方、各方。"一带一路"建设是构建人类命运共同体的伟大探索，"一带一路"坚持共商共建共享原则，不是封闭的，而是开放包容的；不是中国一家的独奏，而是相关国家的合唱；不是要替代现有地区合作机制和倡议，而是要在已有基础上，实现发展战略对接、优势互补。在共建"一带一路"过程中，我国通过与相关各国加强经贸合作，在自身发展的同时，让相关国家搭乘中国发展的快车和便车，促进世界各国互利发展、共同繁荣，将为构建人类命运共同体奠定坚实基础。"一带一路"倡议契合各国发展需求、符合各国人民共同利益，为促进共同发展、实现共同繁荣提供了中国方案。"一带一路"建设秉持共商共建共享原则，把中国人民的梦想同世界各国人民的梦想联通起来，为构建人类命运共同体注入了新动力。

"一带一路"有效联通了中国梦与世界梦。中国人民的梦想和各国人民的梦想息息相通，中国发展得益于国际社会，也愿意以自己的发展为国际发展做出贡献。"一带一路"倡议秉持和平合作、开放包容、互学互鉴、互利共赢的丝路精神，为中国与世界各国分享发展经验、共享发展机遇搭建了桥梁，把中国的发展同各国的发展结合起来。我国改革开放和社会主义现代化建设取得了历史性成就，拓展了发展中国家走向现代化的途径，通过加强与相关各国的沟通交流，可以为这些国家探索适合本国国情的发展道路提供有益借鉴。我国作为世界第二消费大国，拥有巨大的市场潜力，预计未来 5 年，我国将进口超过 10 万亿美元的商品和服务，将为世界各国提供巨大的商机。在共建"一带一路"过程中，我国通过与相关各国加强经贸合作，在自身发展的同时，让相关国家搭乘中国发展的"快车"和"便车"，促进世界各国互利发展、共同繁荣，将为构建人类命运共同体奠定坚实基础。

第三节　构建人类命运共同体的思想内涵和框架路径

2012 年，党的十八大明确提出："要倡导人类命运共同体意识，在追求本国利益时兼顾他国合理关切，在谋求本国发展中促进各国共同发展，建立更加平等均衡的新型全球发展伙伴关系，同舟共济，权责共担，增进人类共同利益。"[①] 2013 年 3 月 23 日，习近平在俄罗斯莫斯科国际关系学院首次向世界提出"人类命运共同体"重大倡议，呼吁国际社会树立"你中有我、我中有你"的命运共同体意识。习近平指出："这个世界，各国相互联系、相互依存的程度空前加深，人类生活在同一个地球村里，生活在历史和现实交汇的同一个时空里，越来越成为你中有我、我中有你的命运共同体。"[②] 2015 年 3 月，习近平出席博鳌亚洲论坛 2015 年年会时提出了"通过迈向亚洲命运共同体，推动建设人类命运共同体"的倡议。2015 年 9 月，习近平在纽约联合国总部发表重要讲话指出："当今世界，各国相互依存、休戚与共。我们要继承和弘扬联合国宪章的宗旨和原则，构建以合作共赢为核心的新型国际关系，打造人类命运共同体。"[③] 可以说，各国之间的联系从来没有像今天这样紧密，世界人民对美好生活的向往从来没有像今天这样强烈，人类战胜困难的手段从来没有像今天这样丰富。我们要抓住历史机遇，做出正确选择，推动构建人类命运共同体，开创

①　中共中央文献研究室编. 十八大以来重要文献选编：上［M］. 北京：中央文献出版社，2014：37.
②　习近平. 习近平著作选读：第一卷［M］. 北京：人民出版社，2023：104.
③　习近平. 习近平谈治国理政：第二卷［M］北京：外文出版社，2017：522.

人类更加光明的未来。

提出构建人类命运共同体思想具有鲜明的时代背景。从国际上看，一方面，世界格局正处在加快演变进程之中，和平、发展、进步的阳光足以穿透战争、贫穷、落后的阴霾，经济全球化、社会信息化极大地解放和发展了社会生产力，创造了前所未有的发展机遇。人类生活在同一个地球村，各国相互联系、相互依存、相互合作、相互促进的程度空前加深，国际社会日益成为一个你中有我、我中有你的命运共同体。另一方面，世界发展面临着各种问题和挑战，经济全球化遭遇逆风，世界经济长期低迷，发展鸿沟日益突出，地区冲突频繁发生，恐怖主义、难民潮等全球性挑战此起彼伏，各种社会政治思潮交锋激荡。世界怎么了，我们怎么办？面对全球性挑战，没有哪个国家可以置身事外、独善其身，世界各国需要以负责任的精神同舟共济、协调行动，共同维护和促进世界和平与发展。国际社会迫切呼唤新的全球治理理念，构建新的更加公正合理的国际体系和秩序，开辟人类更加美好的发展前景。从国内来看，党的十八大以来，在新中国成立特别是改革开放以来我国发展取得重大成就的基础上，党和国家事业发生历史性变革，我国发展站到了新的历史起点上，中国特色社会主义进入了新时代，中国的治理理念和实践受到高度赞赏和广泛认同，国际影响力、感召力、塑造力进一步提高。中国有信心、有能力为世界做出更大贡献。

构建人类命运共同体思想，是一个科学完整、内涵丰富、意义深远的思想体系，其核心就是习近平提出的"建设持久和平、普遍安全、共同繁荣、开放包容、清洁美丽的世界"。这反映了人类社会共同的价值追求，汇聚了世界各国人民对和平、发展、繁荣向往的最大公约数，为人类社会实现共同发展、持续繁荣、长治久安绘制了蓝图，指明了前进方向。

构建人类命运共同体，要建设一个持久和平的世界。要相互尊重、平等协商，坚决摒弃冷战思维和强权政治，走对话而不对抗、结伴而不结盟的国与国交往的新路。人类历史上战乱频仍，生灵涂炭，教训惨痛而深刻。要和平、不要战争是各国人民朴素而真实的愿望。建设一个持久和平的世界，根本要义在于国家之间要构建平等相待、互商互谅、互学互鉴的伙伴关系。大国要尊重彼此核心利益和重大关切，管控矛盾分歧，努力构建不冲突不对抗、相互尊重、合作共赢的新型关系。大国对小国要平等相待，不搞唯我独尊、恃强凌弱的霸道行径。国家间出现矛盾、分歧和争端，要通过平等协商以和平方式处理，以最大诚意和耐心，坚持对话解纷争、对话促安全。只有各国都走和平发展的道路，各国才能共同发展，国与国才能和平相处。国家和，则世界安；国家斗，则世界乱。

构建人类命运共同体，要建设一个普遍安全的世界。要坚持以对话解决争端、以协商化解分歧，统筹应对传统和非传统安全威胁，反对一切形式的恐怖主义。当前，国际安全形势动荡复杂，传统安全威胁和非传统安全威胁相互交织，安全问题的内涵和外延都在进一步拓展，同时人类越来越利益交融、安危与共。在这种新形势下，各国应树立共同、综合、合作、可持续的新安全观。国家不论大小、强弱、贫富以及历史文化传统、社会制度存在多大差异，都要尊重和照顾其合理安全关切。要恪守尊重主权、独立和领土完整、互不干涉内政等国际关系基本准则，统筹维护传统和非传统安全。各国都有平等参与地区安全事务的权利，也都有维护地区安全的责任，要以对话协商、互利合作的方式解决安全难题。世上没有绝对安全的世外桃源，一国的安全不能建立在别国的动荡之上，他国的威胁也可能成为本国的挑战。要坚持以对话解决争端、以协商化解分歧，统筹应对传统和非传统安全威胁，反对一切形式的恐怖主义。"单则易折，众则难摧。"习近平总书记指出，邻居出了问题，不能光想着扎好自家篱笆，而应该去帮一把。① 国家不论大小、强弱、贫富以及历史文化传统、社会制度存在多大差异，都要尊重和照顾其合理安全关切。各方应树立共同、综合、合作、可持续的新安全观。要恪守尊重主权、独立和领土完整、互不干涉内政等国际关系基本准则，统筹应对传统和非传统安全挑战，深化双边和多边协作，促进不同安全机制间协调包容、互补合作，不这边搭台、那边拆台，实现普遍安全和共同安全。各国都有平等参与地区安全事务的权利，也都有维护地区安全的责任，要以对话协商、互利合作的方式解决安全难题。要加强协调，建立全球反恐统一战线，为各国人民撑起安全伞。

构建人类命运共同体，要建设一个共同繁荣的世界。要同舟共济，促进贸易和投资自由化便利化，推动经济全球化朝着更加开放、包容、普惠、平衡、共赢的方向发展。发展是第一要务，适用于各国，而人类命运共同体追求的是共同发展。要增强各国发展能力，发展归根结底要靠本国自身努力，各国要根据自身禀赋特点，制定适合本国国情的发展战略。要改善国际发展环境，各国要共同维护国际和平，以和平促进发展，以发展巩固和平。要创造良好外部制度环境，加强全球经济治理，健全发展协调机制，各国特别是主要经济体要加强宏观经济政策协调。要维护世界贸易组织规则，支持开放、透明、包容、非歧视性的多边贸易体制，推动建设开放型世界经济。要优化发展伙伴关系，最

---

① 共同构建人类命运共同体——习近平主席在联合国日内瓦总部的演讲［EB/OL］. 新华社，2017-01-19.

大限度解决南北之间和地区内部发展失衡问题，让发展成果更多地惠及全体人民，为世界经济全面可持续增长提供新动力。各国特别是主要经济体要加强宏观政策协调，兼顾当前和长远，着力解决深层次问题。抓住新一轮科技革命和产业变革的历史性机遇，转变经济发展方式，坚持创新驱动，进一步发展社会生产力、释放社会创造力。维护世界贸易组织规则，支持开放、透明、包容、非歧视性的多边贸易体制，构建开放型世界经济。经济全球化是历史大势，要加强协调、完善治理，引导经济全球化健康发展，既做大蛋糕，又分好蛋糕，着力解决公平公正问题。

构建人类命运共同体，要建设一个开放包容的世界。要尊重世界文明多样性，以文明交流超越文明隔阂、文明互鉴超越文明冲突、文明共存超越文明优越。人类文明多样性是世界的基本特征，也是人类进步的源泉，多样带来交流，交流孕育融合，融合产生进步。不同文明凝聚着不同民族的智慧和贡献，没有高低之别，更无优劣之分。文明差异不应该成为世界冲突的根源，而应该成为人类文明进步的动力。要促进和而不同、兼收并蓄的文明交流对话，在竞争比较中取长补短，在交流互鉴中共同发展，使文明交流互鉴成为增进各国人民友谊的桥梁、推动人类社会进步的动力、维护世界和平的纽带。人类文明多样性是世界的基本特征，也是人类进步的源泉。多样带来交流，交流孕育融合，融合产生进步。尊重世界文明多样性，以文明交流超越文明隔阂、文明互鉴超越文明冲突、文明共存超越文明优越。世界上有200多个国家和地区、2500多个民族、多种宗教。不同历史和国情，不同民族和习俗，孕育了不同文明，文明没有高下、优劣之分，只有特色、地域之别。促进和而不同、兼收并蓄的文明交流对话，在竞争比较中取长补短，在交流互鉴中共同发展，使文明交流互鉴成为增进各国人民友谊的桥梁、推动人类社会进步的动力、维护世界和平的纽带。

构建人类命运共同体，要建设一个清洁美丽的世界。要坚持环境友好，合作应对气候变化，保护好人类赖以生存的地球家园。人类可以利用自然、改造自然，但归根结底是自然的一部分，必须呵护自然，不能凌驾于自然之上。建设生态文明关乎人类未来。要解决好工业文明带来的矛盾，以人与自然和谐相处为目标，实现世界的可持续发展和人的全面发展。要牢固树立尊重自然、顺应自然、保护自然的意识，绿水青山就是金山银山。要坚持走绿色、低碳、循环、可持续发展之路，平衡推进2030年可持续发展议程，采取行动应对气候变化等新挑战，不断开拓生产发展、生活富裕、生态良好的文明发展道路，构筑尊崇自然、绿色发展的全球生态体系。坚持环境友好，合作应对气候变化，保护好人类赖以生存的地球家园。习近平总书记指出，"工业化创造了前所未有的物质财富，也产生了难以弥补的生态创伤。我们不能吃祖宗饭、断子孙路，用破坏性方式搞发展"①。要牢固树立尊重自然、顺应自然、保护自然的意识，以人与自然和谐相处为目标，解决好工业文明带来的矛盾，实现世界的可持续发展和人的全面发展。倡导绿色、低碳、循环、可持续的生产生活方式，平衡推进联合国 2030 年可持续发展议程，采取行动应对气候变化的新挑战，不断开拓生产发展、生活富裕、生态良好的文明发展道路，构筑尊崇自然、绿色发展的全球生态体系。

构建人类命运共同体思想顺应了历史潮流，回应了时代要求，凝聚了各国共识，为人类社会实现共同发展、持续繁荣、长治久安绘制了蓝图。这一思想继承和发展了新中国不同时期的重大外交思想和主张，反映了中外优秀文化和全人类共同的价值追求，适应了新时代中国与世界关系的历史性变化，成为中国引领时代潮流和人类文明进步方向的鲜明旗帜，已被多次写入联合国文件，对中国的和平发展、世界的繁荣进步都具有重大和深远的意义。

习近平提出的构建人类命运共同体思想，具有三方面的特点，即它坚持了历史与现实的统一，坚持了全面与重点的统一，坚持了中国发展与世界发展的统一。

构建人类命运共同体思想，坚持了历史与现实相统一。"构建人类命运共同体"是中华优秀传统文化的价值凝练。"人类命运共同体"理念蕴藏着丰富的人文思想，能够从中国的优秀历史文化中找到思想根源。"构建人类命运共同体"主张政治上坚持对话协商，建设一个持久和平的世界，是对"仁义"思想的继承，强调和平、利他。安全上坚持共建共享，建设一个普遍安全的世界，是对"王道"思想的继承。中华传统文化强调仁、义、礼、智、信，追求兼济天下的王道，反对唯我独尊与唯利是图的霸道，追求天下一体、世界大同。经济上坚持合作共赢，建设一个共同繁荣的世界，是对"合和共生"思想的继承。各国经济各有优劣势与不同特色，只有坚持合作共进，才能实现持续的共同繁荣。文化上坚持交流互鉴，建设一个开放包容的世界，是对"和而不同"思想的继承。文化既是民族的，更是世界的，要以尊重民族文化多样性为前提推动文化融合发展。生态上坚持绿色低碳，建设一个清洁美丽的世界，是对"天人合一"思想的继承发展。这既继承了尊重自然、倡导人与自然和谐相处的生态伦理思想，又突破了传统"天人合一"局限于为君主利益而服务的框架，把全人类的

---

① 习近平．习近平谈治国理政：第二卷［M］．北京：外文出版社，2017：544．

共同利益统一起来。

"构建人类命运共同体"是中华民族复兴的当代实践。实现中华民族伟大复兴，使中华民族以昂扬的姿态屹立于世界民族之林，是近代以来的重要历史使命。为了实现这一使命，全体中华儿女付出了不懈的艰苦努力。而进入中国特色社会主义新时代以来，我国面临的国际形势有了新变化，国内的社会主要矛盾也有了新变化，党的奋斗目标和发展的历史起点更有了新变化。"构建人类命运共同体"作为新时代坚持和发展中国特色社会主义的基本方略之一，是实现中国梦的具体实践。

构建人类命运共同体思想，坚持了全面与重点相统一。"构建人类命运共同体"是缔造全方位外交关系的一整套中国方案。"人类命运共同体"理念强调我国与大国要构建总体稳定、均衡发展的关系格局，可以为我国乃至国际社会的和平与发展提供较为有利的基本框架与外部条件；与发展中国家要坚持正确的义利观和真实亲诚理念来进一步推动团结合作，可以为我国发展争取最坚实的支持力量，有效地推动国际秩序的健康发展；与周边国家则要按照亲诚惠容理念和与邻为善、以邻为伴的周边外交工作方针来深化同周边国家的关系，为实现中华民族伟大复兴以及更好地承担和履行大国责任与义务创造良好的周边环境。因此，人类命运共同体的实践不仅着眼于大国，也将周边国家和发展中国家放在了不可或缺的重要地位。它是在地域维度上着眼于缔造全方位外交关系的中国方案，摒弃了狭隘性的地域主义和冷战思维，将各国都放在相对平等的位置。

"构建人类命运共同体"是有层次、有重点的中国方案。一方面，"共同体"内部关系的处理有层次、有重点。它在地域上着眼于全世界，正确处理好与大国、发展中国家及周边国家的关系，但它不是将所有国家放在同等的位置，无差别地构建各国在人类命运共同体中的关系，而是准确地判断各国所面临的具体问题，定位不同国家的重要性和关系处理的迫切性，实现了"中国方案"的实事求是。另一方面，不同地域上的中国责任有层次、有重点。在"人类命运共同体"理念的实践过程中，中国作为一个新兴大国，正在积极地履行自己应当承担的大国责任。但是责任的履行并不是一成不变的，同样是根据各国发展的差异与实际需求来确定的。譬如在"中非命运共同体"和"中俄命运共同体"中，中国所承担的责任是不同的。

构建人类命运共同体思想，坚持中国发展与世界发展相统一。党的十九大报告中指出："中国人民的梦想同各国人民的梦想息息相通，实现中国梦离不开和平的国际环境和稳定的国际秩序。必须统筹国内国际两个大局，始终不渝走和平发展道路、奉行互利共赢的开放战略，坚持正确义利观，树立共同、综合、合作、可持续的新安全观，谋求开放创新、包容互惠的发展前景，促进和而不同、兼收并蓄的文明交流，构筑尊崇自然、绿色发展的生态体系，始终做世界和平的建设者、全球发展的贡献者、国际秩序的维护者。"中华儿女要实现民族复兴目标，就必须有步骤计划，有实现途径。"构建人类命运共同体"是实现中国梦的重要步骤，是实现社会主义现代化和中华民族伟大复兴的必经之路。它融入了全球性问题，是联系与发展一体化的创新性中国方案。

"人类命运共同体"作为一种创新性的中国方案，与西方历史上存在的一些发展构想具有本质上的差别，我们不能盲目地将其混为一谈。在历史背景上，"人类命运共同体"所处的时代大背景是求和平、谋发展，已经成为不可阻挡的时代潮流，它是和平与发展的产物。在思维逻辑上，"人类命运共同体"体现的是互利共赢思维，准确地贯彻了"和而不同"的共生思想。它用本国的发展为其他国家提供支持，成为国际社会发展的重要力量，它不以社会主义和资本主义为分界线看待国家发展，而是为实行不同社会制度的国家提供支持，进而实现了理论与实践的高度统一，充分发挥了各国的优势，将所有的有利因素尽可能地统一协调起来，形成了别具一格的中国方案。在地域范围上，"人类命运共同体"虽然是中国提出的，但涉及的国家分布范围很广，而且以开放包容的姿态欢迎更加广泛深入的交流合作。正如习近平总书记所强调的，"我们要把自己的事情做好，这本身就是对构建人类命运共同体的贡献。我们也要通过推动中国发展给世界创造更多机遇，通过深化自身实践探索人类社会发展规律并同世界各国分享"。为此，他呼吁"各国人民同心协力，构建人类命运共同体，建设持久和平、普遍安全、共同繁荣、开放包容、清洁美丽的世界"①。

"构建人类命运共同体"作为新时代的中国方案，坚持了传统价值与当代实践、全面外交与重点责任、中国发展与世界发展的统一，显现出鲜明的中国特色，是极富建设性和创新性的中国方案。

中国在推动构建人类命运共同体的历史进程中，必须积极发展全球伙伴关系，扩大同各国的利益交汇点。以周边和大国为重点，以发展中国家为基础，以多边为舞台，以深化务实合作、加强政治互信、夯实社会基础、完善机制建设为渠道，全面发展同各国的友好合作，不断完善我国全方位、多层次、立体化的外交布局，打造覆盖全球的"朋友圈"，与各国人民结伴而行、共创美好未来。

---

① 习近平. 习近平著作选读：第一卷［M］. 北京：人民出版社，2023：104.

推进大国协调和合作，构建总体稳定、均衡发展的大国关系框架。大国之间相处，要不冲突、不对抗、相互尊重、合作共赢。中俄互为最主要、最重要的战略协作伙伴，两国关系在各自外交全局和对外政策中都占据优先地位，两国要巩固战略和政治互信，增强在涉及对方核心利益问题上的相互支持；扩大务实合作，深化人文交流；密切在国际和地区事务中的协调和配合，维护世界和平、安全、稳定。中美两国作为世界两大经济体，在维护世界和平稳定、促进全球发展繁荣方面肩负着特殊的重要责任。发展长期健康稳定的中美关系，符合两国人民根本利益，也是国际社会的普遍期待。当前中美关系正处在新的历史起点上，已经变成"你中有我，我中有你"的利益共同体。本着相互尊重、互利互惠的原则，聚焦合作、管控分歧，确保中美关系长期稳定健康发展。欧洲是多极化世界的重要一极，是中国的全面战略伙伴。要从战略高度看待中欧关系，将中欧两大力量、两大市场、两大文明结合起来，共同打造中欧和平、增长、改革、文明四大伙伴关系，提升中欧全面战略伙伴关系的全球影响力，为世界发展繁荣做出更大贡献。全面深化金砖伙伴关系，致力于推进经济务实合作，致力于加强发展战略对接，致力于推动国际秩序朝更加公正合理方向发展，致力于促进人文民间交流，开启金砖合作第二个"金色十年"。

中国在推动构建人类命运共同体的历史进程中，必须积极参与全球治理体系改革和建设。习近平总书记指出："中国秉持共商共建共享的全球治理观，倡导国际关系民主化，坚持国家不分大小、强弱、贫富一律平等，支持联合国发挥积极作用，支持扩大发展中国家在国际事务中的代表性和发言权。中国将继续发挥负责任大国作用，积极参与全球治理体系改革和建设，不断贡献中国智慧和力量。"①

当前世界各国相互联系和依存日益加深，现行全球治理体系跟不上时代发展、不适应现实需要的地方越来越多，国际社会对变革全球治理体系的呼声越来越高。推动全球治理体系朝着更加公正合理有效的方向发展，符合世界各国的普遍需求。

推动全球治理体系变革是国际社会共同的事，要坚持共商共建共享原则，使关于全球治理体系变革的主张转化为各方共识，形成一致行动。习近平总书记指出："什么样的国际秩序和全球治理体系对世界好、对世界各国人民好，要

---

① 本书编写组．中国共产党第十九次全国代表大会文件汇编［M］．北京：人民出版社，2017：48.

由各国人民商量，不能由一家说了算，不能由少数人说了算。"① 推进全球治理体系变革并不是推倒重来，也不是另起炉灶，而是创新完善，使全球治理体系更好地反映国际格局的变化，更加平衡地反映大多数国家特别是新兴市场国家和发展中国家的意愿和利益。坚定维护以联合国宪章宗旨和原则为核心的国际秩序和国际体系，维护和巩固第二次世界大战胜利成果，积极维护开放型世界经济体制，提高国际法在全球治理中的地位和作用，推动建设和完善区域合作机制，加强国际社会应对资源能源安全、粮食安全、网络安全，应对气候变化，打击恐怖主义，防范重大传染性疾病等全球性挑战的能力。

全球经济治理是全球治理体系的重要内容。全球经济增长动能不足，贫富差距、南北差距问题更加突出，变革全球经济治理体系是大势所趋。必须坚持与时俱进，建设公正合理的全球经济治理模式。要以平等为基础，更好反映世界经济格局新现实，增加新兴市场国家和发展中国家的代表性和发言权，确保各国在国际经济合作中权利平等、机会平等、规则平等。以开放为导向，坚持理念、政策、机制开放，适应形势变化，广纳良言，充分听取社会各界建议和诉求，鼓励各方积极参与和融入，不搞排他性安排，防止治理机制封闭化和规则碎片化。以合作为动力，加强沟通和协调，照顾彼此利益关切，共商规则，共建机制，共迎挑战。以共享为目标，提倡所有人参与，所有人受益，不搞一家独大或者赢者通吃，而是寻求利益共享，实现共赢目标。

中国是现行国际体系的参与者、建设者、贡献者，是国际合作的倡导者和国际多边主义的积极参与者。推动全球治理理念创新发展，积极发掘中华文化中积极的处世之道、治理理念同当今时代的共鸣点，努力为完善全球治理贡献中国智慧、中国力量。坚持从我国国情出发，坚持权利和义务相平衡，既积极参与全球治理、主动承担国际责任，也要尽力而为、量力而行。提高我国参与全球治理的能力，着力增强规则制定能力、议程设置能力、舆论宣传能力、统筹协调能力。加强全球治理人才队伍建设，培养熟悉党和国家方针政策、了解我国国情、具有全球视野、熟练运用外语、通晓国际规则、精通国际谈判的专业人才，为我国参与全球治理提供有力的人才支撑。

习近平提出"人类命运共同体"的思想，在当下的世界具有以下几方面的时代意义。

第一，"人类命运共同体"提取人类价值认同的最大公约数，倡导公平合理

---

① 习近平. 习近平在庆祝中国共产党成立 95 周年大会上的讲话［N］. 人民日报，2016-07-02（02）.

的新型国际关系。

习近平提出"和平、发展、公平、正义、民主、自由是全人类的共同价值"。共同价值观秉持和而不同的价值观，倡导多种文明和谐发展，是构建人类命运共同体的价值观基础，是各国人民共有精神家园的最大公约数。

"人类命运共同体"超越单边的霸权稳定论，倡导构建持久和平的世界。查尔斯·P. 金德尔伯格等人主张的"霸权稳定论"，强调打造一个无所不能的超级大国来统领国际事务，由单一大国输出秩序和安全，国际社会将会因为霸权国家的统治而变得稳定。而在现实中，"人类命运共同体"主张以对话协商形式解争端、化分歧，在政治层面倡导相互尊重、平等协商，坚决摒弃冷战思维和强权政治，走对话而不对抗、结伴而不结盟的国与国交往新路。"人类命运共同体"强调国与国之间地位的平等性，注重维护弱国、小国的权利，坚持多边主义，开创大国之间、大国与小国之间交往新路，致力于建设一个持久和平的世界。

"人类命运共同体"超越片面的单边安全观，倡导构建普遍安全的世界。在全球化时代，各国安全是相互关联、彼此影响的，单独一国安全的取得，需要国际主体的共同建设。"人类命运共同体"强调坚持以对话解决争端、以协商化解分歧，统筹应对传统和非传统安全威胁，反对一切形式的恐怖主义，反对冷战思维和零和思维，是对大国沙文主义和孤立主义的双重否定，同时倡导营造公道正义、共建共享的安全格局，致力于建设一个普遍安全的世界。

"人类命运共同体"超越狭隘的个体利益观，倡导构建共同繁荣的世界。人类命运共同体思想在经济层面倡导的是"要同舟共济，促进贸易和投资自由化便利化，推动经济全球化朝着更加开放、包容、普惠、平衡、共赢的方向发展"。"人类命运共同体"反对较为单一的全球经济治理主体、反对全球经济公共产品的无效供给、反对日趋抬头的贸易保护主义，呼吁全球经济治理体制变革，倡导各国主动承担责任，主张构建开放型世界经济，致力于建设一个共同繁荣的世界。

第二，"人类命运共同体"超越"文明冲突论""文明优越论"，倡导全球新型文明观。

文明是人类进步的阶梯，世界因各种文明的汇集而变得丰富多彩。不同文明凝聚着不同民族的智慧和贡献。文化多样性是世界文明的本质特征之一，"物之不齐，物之性也"，世界文明正是因多样性才具备了交流互鉴的价值。不同文明没有高低之别，更无优劣之分，而如今西方中心论、文明等级论、文明冲突论仍不绝于耳，这无疑是旧有思想在作祟。

文明的交流互鉴，是人类命运共同体的牢固纽带。旧有的文明观念已经不合时宜，各国应在不同的文明之间展开平等对话，相互交流，兼收并蓄。习近平指出，"要跟上时代前进步伐，就不能身体已进入 21 世纪，而脑袋还停留在过去，停留在殖民扩张的旧时代里，停留在冷战思维、零和博弈老框框内"①。

"人类命运共同体"主张要摆脱以往不合时宜的征服型文明心态，破除文明等级观念，抛弃文明优越论，提倡各国之间包容互鉴、求同存异，充分尊重各国文明多样性、发展道路多元化，建构和而不同、兼收并蓄的全球新文明观，加强各国之间的思想文化交流，逐渐拉近各国之间的心理距离，消除前进道路上的障碍，相互借鉴、取长补短，共同推动人类文明进步。

第三，"人类命运共同体"提升中国的国际话语权，为塑造大国形象持续提供议题设置空间。

改革开放取得的巨大成就，为中国积极参与全球治理提供了契机，为中国国际话语权逐步增强提供了条件。"人类命运共同体"积极把握世界未来发展趋势，主动设置"和平发展、共同繁荣"议题，易理解、可接受，是融通中外的新概念新范畴新表述，加强了国际规则的博弈和国际机制的重塑，推动国际社会良性互动，为解决人类问题贡献了中国智慧和中国方案。同时，以共同利益关切为纽带，实现了中外两个话语体系的对接，是中国特色对外话语体系建设的伟大创举和重要实践。

"人类命运共同体"理念是继毛泽东提出"三个世界"理论、邓小平提出"和平与发展"是当今世界两大主题后，由中国再次提出的国际议题设置，倡导全人类携手共进、共谋发展、共同振兴的主张，获得广大发展中国家的积极响应和支持。虽然，中国目前还难以从根本上改变"西强我弱"的国际话语权现状，但是随着中国准确把握世界发展大势，积极参与全球治理体系改革和建设，特别是习近平引领的中国特色大国外交实践，牢牢抓住国际议题设置权，不断提出"人类命运共同体"系列等新议题，已经并将进一步提升中国的国际话语能力，开启国际话语的中国时代。

第四，"人类命运共同体"破解世界性难题，共同携手奔向美好未来。

"人类命运共同体"理念回应全球治理危机，贡献中国智慧。当前，全球面临严重的治理危机，金融风险、民粹思潮等此起彼伏，贫富差距、发展鸿沟等越发加深。现有国际政治经济秩序存在不适应形势发展的诸多弊端。在此背景

---

① 　十五、推动构建以合作共赢为核心的新型国际关系——关于国际关系和外交战略［N］.
人民日报，2016-05-11（09）.

下，中国认为，唯有各国共同书写国际规则，共同进行全球治理，人类社会才能取得长足进步。"人类命运共同体"主张扩大治理主体，强调治理主体之间平等参与、共建共享；改进治理方式，鼓励各方融入开放治理体系，在规则制度之下各方进行协调合作；改革治理路径，增加发展中国家在全球治理中的代表性和发言权；创新治理目标，实现全人类利益最大化。

"人类命运共同体"理念直面全球重大议题，贡献中国思想。"人类命运共同体"理念既是高屋建瓴的总体设计，也是直面问题的解决措施。在当今世界，无论是推动世界发展、维护全球安全，还是应对气候变化、打击恐怖主义，都需要在具有全新智慧的顶层设计下具体落实推进。"人类命运共同体"以其富于智慧的丰厚内涵，提供了解决全球重大议题的关键钥匙。

在西方主导的经济全球化中，广大发展中国家受限于自身的经济基础、基础设施水平、治理水平等因素，获益不多甚至自身利益受到损害。如任其恶化，不仅会引起地区动荡更会演变成全球危机。实际上，发展与安全相辅相成，落后与失衡是许多国家和地区动荡的根源，动荡又加剧了这些国家和地区的落后。"人类命运共同体"理念所倡导的合作共赢、共同繁荣，正是致力于加强国家之间的政策协调和产业合作，扩大贸易、加强投资，共享经济发展的红利，以消除落后贫穷之"本"，化解动荡不安之"源"。

当前世界饱受霸权主义和强权之苦，众多中小国家在国际问题上缺乏发言权，无从表达自身利益和诉求。同时，非传统安全风险在不断攀升，仅靠一国力量已经不能确保自身的安全。"人类命运共同体"理念强调国家之间平等协商、平等对话、平等相待，不搞对抗和结盟，而是建立相互尊重、互利共赢的伙伴关系，以超越传统的零和思维和强权逻辑，构建国际关系新模式。在处理各类非传统安全挑战时，则强调共享共建、普遍安全的理念，通过增进互信、加强协调、协商合作，最终实现共同安全、可持续安全。

"人类命运共同体"理念凝聚全球共同愿景，贡献中国方案。在世界面临百年未有之大变局之际，各国普遍求安全、求发展、求稳定，对美好生活的向往、对国家与世界"良治"的愿望，是当前全球的共同愿景。在此形势下，"人类命运共同体"理念的提出、实践的前行，为世界贡献了实现共同愿景的"中国版"解决方案。这一理念既有关于优化国际格局、改进世界秩序的总体思路，又有维护和平安全、实现稳定发展的具体设计。既源于中国的自身经验、自身智慧，又融合人类共同的价值观，具有全球普遍意义。既能够指导解决当前重大国际议题，又能够引领国际社会长期发展方向。正因如此，国际社会已经普遍认识到，这一理念具有长期的、历史性的意义，可成为实现人类美好愿景的伟大方略。

近年来，世界大变局加速演进，世界之变、时代之变、历史之变正以前所未有的方式展开。新冠疫情影响深远，逆全球化思潮抬头，单边主义、保护主义明显上升，世界经济复苏乏力，局部冲突和动荡频发，全球性问题加剧，世界进入新的动荡变革期。和平赤字、发展赤字、安全赤字、治理赤字加重，恃强凌弱、巧取豪夺、零和博弈等霸权霸道霸凌行径危害深重，人类社会面临前所未有的挑战，世界人民对和平、发展、合作、共赢的期待更加强烈，构建人类命运共同体的历史远见和时代意义更加凸显。

面对国际形势新动向新特征，习近平提出一系列重要新理念新倡议，深刻阐述积极应对全球性挑战的中国主张和中国方案，不断丰富完善构建人类命运共同体的思想体系，深刻体现了中国同各国一同建设更加美好世界的坚定决心和使命担当。

——提出全球安全倡议，强调安全是发展的前提，人类是不可分割的安全共同体，倡导坚持共同、综合、合作、可持续的安全观，坚持尊重各国主权、领土完整，遵守联合国宪章宗旨和原则，重视各国合理安全关切，通过对话协商，以和平方式解决国家间的分歧和争端，统筹维护传统领域和非传统领域的安全。我们在一系列国际和地区热点问题上独立自主地发挥建设性作用，积极参加联合国维和行动，致力于同直接当事国通过协商谈判解决领土主权和海洋权益争议，共同营造和维护安全的发展环境。

——提出全球发展倡议，强调坚持以人民为中心的发展思想，把促进发展、保障民生置于全球宏观政策的突出位置，落实联合国 2030 年可持续发展议程，加强宏观政策协调，推动建设开放型世界经济，促进全球平衡、协调、包容发展，共同构建全球发展命运共同体。我们秉持新发展理念，加快构建新发展格局，推动高质量发展，稳步推进共建"一带一路"，积极开展减贫、缓债、防灾减灾等国际发展合作，为各国分享中国机遇创造有利条件，为促进世界经济稳步复苏和实现共同发展注入中国力量。

——提出全球文明倡议，倡导尊重世界文明多样性，倡导弘扬全人类共同价值，倡导重视文明传承和创新，倡导加强国际人文交流合作。推动落实全球文明倡议，就要坚持文明平等、互鉴、对话、包容，以文明交流超越文明隔阂、文明互鉴超越文明冲突、文明包容超越文明优越；就要以宽广胸怀理解不同文明对价值内涵的认识，不将自己的价值观和模式强加于人，不搞意识形态对抗；就要充分挖掘各国历史文化的时代价值，推动各国优秀传统文化在现代化进程中实现创造性转化、创新性发展；就要探讨构建全球文明对话合作网络，丰富交流内容，拓展合作渠道，促进各国人民相知相亲，共同推动人类文明发展进步。

——践行真正的多边主义，致力于稳定国际秩序，维护以联合国为核心的国际体系、以国际法为基础的国际秩序、以联合国宪章宗旨和原则为基础的国际关系基本准则，反对单边主义、保护主义、霸权主义、强权政治，推动国际关系民主化和法治化，推动全球治理体系朝着共商共建共享的方向发展。我们在国际事务中仗义执言，推动提升广大发展中国家的代表性和发言权，坚决反对干涉别国内政和搞单边制裁施压，深化拓展新兴市场国家和发展中国家团结合作的机制平台，引领国际秩序发展的正确方向。

——推动构建人与自然生命共同体，倡导加快绿色低碳转型，实现绿色复苏发展，完善全球环境治理，积极应对气候变化，促进高水平的全球经济社会可持续发展，共同寻求人与自然共生共存的绿色之路，建设生态文明和美丽星球。我们宣布力争于2030年前实现碳达峰、2060年前实现碳中和目标，大力推动建设绿色丝绸之路，加大援助实施绿色环保和应对气候变化项目，为全球应对气候变化做出更大贡献；我国率先出资15亿元人民币，成立昆明生物多样性基金，共同促进全球生态文明建设。

在构建人类命运共同体理念的指引下，新时代中国特色大国外交积极开拓进取，勇于担当作为，坚定捍卫国家主权、安全、发展利益，维护国际公平正义，推动构建新型国际关系，积极建设覆盖全球的伙伴关系网络，积极参与全球治理体系改革和建设，为国家发展和民族复兴营造良好外部环境，为维护世界和平稳定和发展繁荣做出新的重要贡献，我国国际影响力、感召力、塑造力显著提升。

第十章

中国特色社会主义的本质特征与党的坚强领导

中国特色社会主义最本质的特征是中国共产党的领导，中国特色社会主义制度的最大优势是中国共产党的领导，这是中国特色社会主义制度具有旺盛生命力、巨大优越性的根本所在。要始终坚持中国共产党是最高政治领导力量不动摇，坚决维护党的最高领导人作为党中央的核心、全党核心的地位，坚持完善党的全面领导制度。全面增强党的执政本领，着力提高党把方向、谋大局、定政策、促改革的能力和定力。中国共产党能够带领人民进行伟大的社会革命，也能够进行伟大的自我革命。党的十九大站在新的历史起点上，号召全党必须毫不动摇地坚持和完善党的领导，毫不动摇地把党建设得更加坚强有力。

第一节　中国特色社会主义最本质的特征与中国特色社会主义制度的最大优势

党的十八大以来，习近平同志对中国特色社会主义的本质特征以及制度的最大优势做出了一系列重要论述，其中最重大最鲜明的论断就是："中国特色社会主义最本质的特征是中国共产党领导，中国特色社会主义制度的最大优势是中国共产党领导"①。2018 年 3 月，十三届全国人大一次会议审议通过的宪法修正案，把"中国特色社会主义最本质的特征是中国共产党的领导"载入宪法总纲，以国家根本大法的形式强调党的领导在中国特色社会主义中的核心地位，使党的领导在国家运行机制和各项制度中具有更强的制度约束力和更高的法律效力，有利于把党的领导贯彻落实到国家政治生活和社会生活的各个领域，确保中国特色社会主义事业始终沿着正确的轨道推进。

中国特色社会主义最本质的特征是中国共产党领导。这一论断符合科学社

---

① 习近平．习近平著作选读：第一卷［M］北京：人民出版社，2023：6.

会主义的基本原则，反映中国特色社会主义的历史经验，适应新时代历史使命的实践要求。

坚持无产阶级政党的领导是无产阶级革命和社会主义建设取得胜利的根本保证，这是历史经验证明了的科学社会主义的基本原则。无产阶级政党是无产阶级反对资产阶级的阶级斗争发展到一定阶段的产物。无产阶级要从自发走向自觉并取得斗争的胜利，必须建立起自己的革命政党。无产阶级政党由无产阶级中的先进分子组成，是各国工人运动中最坚决的、始终推动运动前进的部分；无产阶级政党是以科学理论武装起来的政党，"在理论方面，他们胜过其余无产阶级群众的地方在于他们了解无产阶级运动的条件、进程和一般结果"①，并具有坚定的社会主义理想信念；无产阶级政党实行民主集中制的组织原则，依靠统一的纲领和严格的纪律形成强大的组织力量。无产阶级通过革命斗争建立人民政权以后，要改造旧社会，实现向无阶级社会的过渡，必须坚持无产阶级政党即共产党的领导。这是无产阶级实现其推翻旧社会、建设新社会的历史使命的关键所在。历史证明，社会主义代替资本主义，必须通过无产阶级的革命运动来实现。无产阶级只有建立代表自己阶级利益的先进政党，才能最终完成阶级解放和人类解放的重大历史任务。中国特色社会主义是科学社会主义基本原理同当代中国实践和时代特征相结合的产物，是植根于当代中国的科学社会主义。坚持和发展中国特色社会主义，必须坚持中国共产党的领导。只有坚持中国共产党的领导，才能保证中国特色社会主义的性质和正确方向。

中国特色社会主义最本质的特征是中国共产党领导，反映中国特色社会主义的历史经验，适应新时代历史使命的实践要求。从历史发展进程来看，我们之所以能成功开创中国特色社会主义，首先是因为中国共产党团结带领全党全国各族人民，经过长期浴血奋斗，完成了新民主主义革命，建立了中华人民共和国，确立了社会主义基本制度。这是成功开创中国特色社会主义的根本政治前提和制度基础。新民主主义革命的伟大胜利来之不易，是中国共产党把马克思主义基本原理同中国革命具体实际结合起来的成果，是无数中国共产党人用生命和鲜血换来的。新民主主义革命的胜利、社会主义基本制度的确立，从根本上改变了中国人民和中华民族的前途命运，以铁一般的事实证明：只有坚持中国共产党领导才能走向民族复兴。

党的十一届三中全会以来，坚持和发展中国特色社会主义成为党的全部理论和实践的主题。中国特色社会主义是中国共产党领导人民历经千辛万苦、付

---

① 马克思，恩格斯. 共产党宣言［M］. 北京：人民出版社，2012：23.

出各种代价取得的宝贵成果。改革开放后，我们党把马克思主义基本原理同中国改革开放的具体实际结合起来，深刻总结社会主义建设正反两方面经验，借鉴世界社会主义发展历史经验，紧紧围绕什么是社会主义、怎样建设社会主义，建设什么样的党、怎样建设党，实现什么样的发展、怎样发展等重大课题，进行建设中国特色社会主义新的伟大实践，科学回答了事关中国特色社会主义的一系列基本问题，成功开创、推进和发展了中国特色社会主义。事实很明显，没有中国共产党的领导，就没有中国特色社会主义。

中国特色社会主义进入新时代后，其发展成就举世瞩目，这是我们党以巨大的政治勇气和强烈的政治担当领导全国各族人民不断奋斗得来的。党的十八大以来，我们党把马克思主义基本原理同新时代中国具体实际结合起来，以习近平同志为核心的党中央团结带领全国各族人民进行伟大斗争、建设伟大工程、推进伟大事业、实现伟大梦想，统筹推进"五位一体"总体布局，协调推进"四个全面"战略布局，党和国家事业全面开创新局面，从而使中国特色社会主义事业不断开拓前进。没有中国共产党的坚强领导，我们不可能取得全方位、开创性的历史成就，中华民族不可能迎来从富起来到强起来的伟大飞跃。

中国特色社会主义迎来从创立、发展到完善的伟大飞跃是中国共产党领导的结果，这决定了中国共产党领导是中国特色社会主义最本质的特征，同时也是中国特色社会主义制度的最大优势。中国共产党深入把握共产党的执政规律、社会主义建设规律、人类社会发展规律，使自己的领导始终遵循客观规律、反映人民意愿、推动实践发展，这是中国特色社会主义制度具有旺盛生命力、巨大优越性的根本所在。

中国特色社会主义制度是在中国共产党领导下探索形成和不断完善的。中国共产党把科学社会主义原则和中国实际相结合，创建了人民代表大会制度这一根本政治制度，和中国共产党领导的多党合作和政治协商制度、民族区域自治制度以及基层群众自治制度等基本政治制度，中国特色社会主义法律体系，公有制为主体、多种所有制经济共同发展的基本经济制度。在党的领导下，通过改革不断完善中国特色社会主义制度。党的十八届三中全会提出了全面深化改革的总目标，即完善和发展中国特色社会主义制度，推进国家治理体系和治理能力现代化，推动中国特色社会主义制度更加成熟、更加定型。不论是根本政治制度、基本政治制度、基本经济制度、中国特色社会主义法律体系，还是各方面的体制机制，都是在中国共产党领导下逐步建立和完善的。特别是进入新时代，在以习近平同志为核心的党中央坚强领导下，蹄疾步稳推进全面深化改革，坚决破除各方面体制机制弊端，重要领域和关键环节改革取得突破性进展，中国特色社会主义制度更加完善，国家治理体系和治理能力现代化水平明显提高。中国特色社会主义制度在中国共产党的领导下不断完善和发展，中国特色社会主义制度又确立和保障中国共产党的领导不断发挥这一最大优势，从而有力促进了中国特色社会主义事业发展。

党的领导是充分发挥中国特色社会主义制度优势的根本保障。中国特色社会主义制度是当代中国发展进步的根本制度保障，具有鲜明的中国特色，拥有明显的制度优势。中国共产党是中国工人阶级、中国人民和中华民族的先锋队，能够充分调动广大人民的积极性、主动性、创造性，有利于充分发挥中国特色社会主义制度在保持党和国家活力方面的优势；党是先进生产力、先进文化的代表，有利于发挥中国特色社会主义制度在解放和发展社会生产力、推动经济社会全面发展方面的优势；党代表了中国最广大人民的根本利益，有利于充分发挥中国特色社会主义制度在维护和促进社会公平正义、实现全体人民共同富裕方面的优势；党能够总揽全局，协调各方，有利于充分发挥中国特色社会主义制度集中力量办大事、有效应对前进道路上的各种风险挑战方面的优势；党是领导和团结全国各族人民的核心力量，有利于充分发挥中国特色社会主义制度在维护民族团结、社会稳定、国家统一方面的优势。

党的自身优势是中国特色社会主义制度优势的主要来源。中国共产党在长期奋斗中形成了独特的自身优势：以马克思主义为指导，用马克思主义中国化最新理论成果武装全党、教育人民的理论优势；坚定崇高的政治理想、政治信念和百折不挠的革命意志的政治优势；遵循马克思主义建党原则，严密组织体系、严格组织生活、严明组织纪律，使党成为统一整体的组织优势；坚持民主集中制这一制度优势；密切联系群众的优势。中国共产党作为具有领导地位的长期执政的党，以自身优势引领和锻造了中国特色社会主义的制度优势，保证了中国特色社会主义制度优势的有效发挥。

中国共产党领导作为中国特色社会主义制度的最大优势，反映了人民群众的意愿，推动了实践发展。我们党来自人民、扎根人民、造福人民，全心全意为人民服务是党的根本宗旨。中国共产党领导确保中国特色社会主义制度始终不偏离社会主义的正确方向，始终坚持以人民为中心，将实现好、维护好、发展好最广大人民的根本利益作为完善和发展中国特色社会主义制度的出发点和落脚点，从根本上解决了中国特色社会主义制度"为了谁"这个问题。正因如此，中国特色社会主义制度得到广大人民群众的衷心拥护。正是因为有中国共产党领导这一最大优势，中国特色社会主义制度在实践中展现出旺盛的生命力和巨大的优越性。回首改革开放以来我们走过的路，无论是战胜特大洪涝灾害，还是抗击非典、抗震救灾；无论是应对 1997 年亚洲金融危机、2008 年国际金融危机，还是应对当前错综复杂的国际局势，在中国共产党的领导下，中国特色社会主义制度充分展现出自身的优越性。

第二节　始终坚持中国共产党是最高政治领导力量不动摇

牢牢把握中国共产党领导这一中国特色社会主义最本质的特征、中国特色社会主义制度的最大优势，就要始终坚持中国共产党是最高政治领导力量不动摇。近一个世纪以来，中国共产党义无反顾肩负起实现中华民族伟大复兴的历史使命，团结带领人民实现中国从几千年封建专制政治向人民民主的伟大飞跃，实现中华民族由近代不断衰落到根本扭转命运、持续走向繁荣富强的伟大飞跃。中国共产党团结带领人民进行改革开放新的伟大革命，破除阻碍国家和民族发展的一切思想和体制障碍，开辟中国特色社会主义道路，使中国大踏步赶上时代潮流。历史充分证明，中国共产党作为最高政治领导力量，当之无愧、实至名归。中国特色社会主义最本质的特征是中国共产党领导，中国特色社会主义制度的最大优势是中国共产党领导，归结起来就是要坚持中国共产党是最高政治领导力量。我国宪法以根本大法的形式反映了党带领人民进行革命、建设、改革取得的伟大成果，确立了中国共产党在历史和人民的选择中所形成的领导地位。坚持依宪治国、依宪执政，就必须始终坚持宪法确定的中国共产党领导地位不动摇。

第一，党是最高政治领导力量，这是马克思主义政党学说的基本原则，是由我们党的性质决定的，是对历史经验的深刻总结，是历史和人民选择的，是推进伟大事业的根本保证。

坚持党对一切工作的领导，这是马克思主义政党的基本要求。无产阶级执政党必须坚持党对国家政权的最高领导权，这是马克思主义政党学说的基本原则。在《共产党宣言》中，马克思和恩格斯就指出，共产党是阶级斗争发展到一定阶段的产物，它成立的目的就是率领无产阶级进行阶级斗争；而共产党的最终目的，则是建立一个"没有阶级、没有私有制的新社会"。这就决定了，共产党人"第一步就是使无产阶级上升为统治阶级"①。无产阶级夺取政权后，列

---

① 中共中央马克思恩格斯列宁斯大林著作编译局．马克思恩格斯选集：第一卷［M］．北京：人民出版社，2012：421．

宁曾多次强调："党是直接执政的无产阶级先锋队，是领导者。"① 动摇了这个原则，共产党就会失去政权，社会主义就会蜕化质变。20 世纪末期一些社会主义国家发生剧变和解体，就是共产党放松了对国家各领域的领导权，最终丧失执政地位，导致制度演变。

坚持党对一切工作的领导是由我们党的性质决定的。中国共产党是中国工人阶级的先锋队，同时是中国人民和中华民族的先锋队，是中国特色社会主义事业的坚强领导核心。我们党始终高举马克思主义伟大旗帜，把实现社会主义、共产主义作为奋斗目标，历经革命、建设和改革的锤炼，已经锻造为成熟的马克思主义政党。正是有了这一先进成熟政党的领导，才形成了中国特色社会主义道路、理论、制度、文化。如果弱化党的领导，甚至放弃党的领导，党的执政地位就会丢失，中国特色社会主义性质就会改变，中国人民接续奋斗取得的伟大成就也会毁于一旦。中国特色社会主义是党领导人民经过长期探索取得的根本成就，也只有在党的领导下才能不断向前发展。要从根本上保证中国特色社会主义不变色、不变质，必须毫不动摇地坚持党的领导。

坚持党对一切工作的领导，是对党领导革命、建设和改革历史经验的深刻总结。在新民主主义革命时期，毛泽东从大革命失败的教训中，确立把"支部建在连上"，确立了党指挥枪的原则，坚持了党对军队的领导。1942 年 9 月，中央政治局通过的《中共中央关于统一抗日根据地党的领导及调整各组织间关系的决定》明确指出："党是无产阶级的先锋队和无产阶级组织的最高形式，他应该领导一切其他组织，如军队、政府和民众团体。"② 党的集中统一领导是革命取得胜利的根本保障。在社会主义建设时期，毛泽东再次明确指出："领导我们事业的核心力量是中国共产党""工、农、商、学、兵、政、党这七个方面，党是领导一切的"③。这就保证了完整的工业体系和国民经济体系的初步建立，并取得了一系列重大工业、科技、教育成就。党的十八大以来，以习近平同志为核心的党中央强化了党的领导，带领全党全国人民解决了许多长期想解决而没有解决的难题，办成了许多过去想办而没有办成的大事，推动党和国家事业发生历史性变革。习近平深刻地把握历史的经验教训，指出："只要我们深入了解中国近代史、中国现代史、中国革命史，就不难发现，如果没有中国共产党领

① 中共中央马克思恩格斯列宁斯大林著作编译局 . 列宁选集：第四卷 ［M］. 北京：人民出版社，2012：423.

② 求是网评论员 . 党是最高政治领导力量 ［EB/OL］. 求是网，2021-09-18.

③ 毛泽东文集：第八卷 ［M］. 北京：人民出版社，1999：305.

导，我们的国家、我们的民族不可能取得今天这样的成就，也不可能具有今天这样的国际地位。在坚持党的领导这个重大原则问题上，我们脑子要特别清醒、眼睛要特别明亮、立场要特别坚定，绝不能有任何含糊和动摇。"①

　　坚持党对一切工作的领导，是历史和人民的选择。邓小平同志指出："在中国这样的大国，要把几亿人口的思想和力量统一起来建设社会主义，没有一个由具有高度觉悟性、纪律性和自我牺牲精神的党员组成的能够真正代表和团结人民群众的党，没有这样一个党的统一领导，是不可能设想的，那就只会四分五裂、一事无成。"② 在近代以后中国社会的剧烈运动中，在中国人民反抗封建统治和外来侵略的激烈斗争中，在马克思列宁主义同中国工人运动的结合过程中，1921 年中国共产党应运而生。中国共产党一经成立就义无反顾肩负起带领人民谋求民族独立、人民解放和实现国家富强、人民幸福的历史重任。在革命、建设、改革的历史进程中，正是人民选择了中国共产党，中国彻底结束了半殖民地半封建社会的历史，完成了中华民族有史以来最为广泛而深刻的社会变革，开启了改革开放新的伟大革命，开辟了中国特色社会主义道路，取得了社会主义现代化建设的伟大成就。历史深重的轨迹清晰表明，没有共产党，就没有新中国，没有共产党，就没有中华民族从站起来到富起来再到强起来。这是中国人民从长期奋斗中得出的最基本的结论。

　　坚持党对一切工作的领导，是实现中华民族伟大复兴的根本保证。党的十九大描绘了决胜全面建成小康社会、夺取新时代中国特色社会主义伟大胜利的宏伟蓝图，进一步指明了党和国家事业的前进方向，为建设社会主义现代化强国、实现中华民族伟大复兴提供了行动纲领。要把宏伟蓝图变为现实，要把行动纲领落到实处，就要加强党中央的权威和集中统一的领导，把党的领导体现和落实到经济、政治、文化、社会、生态文明建设和国防军队、祖国统一、外交、党的建设等各个方面。近百年来，为了实现中华民族伟大复兴的历史使命，我们党初心不改、矢志不渝，团结带领人民历经千难万险，付出巨大牺牲，取得了一个又一个伟大斗争的胜利。实践证明，坚持和加强党的全面领导，是党和国家的根本所在、命脉所在，是全国各族人民的利益所在、幸福所在，是战胜一切困难和风险的"定海神针"。今天，中国比历史上任何时期都更接近、更有信心和能力实现中华民族伟大复兴的目标。同时要看到，在实现民族复兴的伟大征程上，不知还要爬多少坡、过多少坎，经历多少风风雨雨、克服多少艰

---

① 习近平. 习近平：在全国党校工作上的讲话［EB/OL］. 求是网，2016-05-01.
② 邓小平文选：第一卷［M］. 北京：人民出版社，1994：357.

难险阻。完成艰巨光荣的历史使命，战胜前进道路上的风险挑战，从根本上要靠党的全面领导，靠党把好方向盘。

第二，坚决维护党的最高领导人作为党中央的核心、全党核心的地位，保证全党令行禁止，形成思想和行动高度统一的整体，这是一个成熟的马克思主义执政党的必然要求，对维护党中央权威和集中统一领导，更好地凝聚党和人民的力量，推进中国特色社会主义伟大事业和民族复兴大业，具有十分重大而深远的意义。

确立和维护无产阶级政党的领导核心，始终是马克思主义建党学说的一个基本观点。马克思、恩格斯在领导欧洲工人运动和创立科学社会主义理论、建立无产阶级政党的实践中，始终强调"权威"的必要性和重要性。马克思曾指出，"一个单独的提琴手是自己指挥自己，一个乐队就需要一个乐队指挥"①。恩格斯指出，"没有权威，就不可能有任何的一致行动"②。关于领导核心，毛泽东同志曾形象地说："一个桃子剖开来有几个核心吗？不，只有一个核心。"③邓小平同志说过："任何一个领导集体都要有一个核心，没有核心的领导是靠不住的。"④ 我们党是一个有着9800多万名党员的马克思主义政党，是一个组织严密、纪律严明的党。我们党团结带领14亿多人民进行社会主义现代化建设，治国理政任务之艰巨、责任之重大、情况之复杂是世界上其他任何政党都无法比拟的。没有党中央的核心、全党的核心，就没有党中央的权威和集中统一领导，就会导致各自为政。船重千钧，掌舵一人。拥有一个全党公认的领袖，是我们党成熟的重要标志；拥有一个人民爱戴的领袖，是中华民族走向伟大复兴的可靠保证。

坚决维护习近平总书记党中央的核心、全党的核心地位，必须切实增强政治意识、大局意识、核心意识、看齐意识，自觉维护党中央权威和集中统一领导，自觉在思想上政治上行动上同党中央保持高度一致。每一个党的组织、每一名党员干部，无论处在哪个领域、哪个层级、哪个部门和单位，都要服从党中央集中统一领导，确保党中央令行禁止。坚持以党的旗帜为旗帜、以党的方向为方向、以党的意志为意志，实现全党思想上统一、政治上团结、行动上一

---

① 中共中央马克思恩格斯列宁斯大林著作编译局.马克思恩格斯文集：第10卷［M］北京：人民出版社，2009：372.

② 中共中央马克思恩格斯列宁斯大林著作编译局.马克思恩格斯文集：第10卷［M］北京：人民出版社，2009：372.

③ 蒋占峰.增强"两个维护"的自觉性和坚定性［EB/OL］.求是网，2021-02-08.

④ 逄先知.没有核心，共产党就不能取得胜利［EB/OL］.共产党员网，2019-08-01.

致，切实把党中央重大决策部署落实到改革发展稳定、内政外交国防、治党治国治军等各个方面。在思想上同党中央保持高度一致，就是要深刻领会、准确把握习近平新时代中国特色社会主义思想，用以观察事物、判断形势、分析和解决问题，用以武装头脑、指导实践、推动工作。在政治上同党中央保持高度一致，就是要始终保持高度的政治警觉性和政治敏锐性，坚定政治立场，坚持正确政治方向，始终与党中央同心同德，对党中央绝对忠诚，真正做到在政治上信得过、过得硬、靠得住。在组织上同党中央保持高度一致，就是在任何情况下，都必须自觉置身于党组织之中，时刻牢记党员的义务和责任，充分相信组织、信任党中央。在行动上同党中央保持高度一致，就是要自觉向党中央看齐，向习近平总书记看齐，向党的基本理论、基本路线和基本方略看齐，把"四个意识"落实到一言一行上、体现到本职工作中。

第三，坚持完善党的全面领导的制度，必须体现到治国理政的方方面面，体现到国家政权的机构、体制、制度等的设计、安排、运行之中，确保党的领导全覆盖，确保党的领导更加坚强有力。

坚持党总揽全局、协调各方的领导核心地位。这是我国社会主义政治制度优越性的一个突出特点。习近平总书记对这个问题讲得非常鲜明、生动、具体，他强调，这就像是"众星捧月"，这个"月"就是中国共产党。中央委员会、中央政治局、中央政治局常委会，这是党的领导决策核心。党中央做出的决策部署，人大、政府、政协以及法院、检察院等的党组织要贯彻落实。党的十八大以来中央政治局常务委员会先后多次召开会议，听取全国人大常委会、国务院、全国政协和最高人民法院、最高人民检察院党组工作汇报，这已成为实现党中央集中统一领导的重要制度安排。党中央做出的决策部署，党的组织、宣传、统战、政法等部门要贯彻落实，各事业单位、人民团体等的党组织也要贯彻落实。各方面党组织都要对党委负责，自觉向党委报告重大工作和重大情况，在党委统一领导下做好自身职责范围内的工作。各地区各部门党委（党组）要加强向党中央报告工作。

坚持和完善党的领导的体制机制。坚持党的全面领导，确保党的领导核心地位，首先要坚持党中央的集中统一领导。党中央对党和国家工作的全方位领导，涵盖了改革发展稳定、内政外交国防、治党治国治军的各个方面、各个领域，体现在统筹推进"五位一体"总体布局、协调推进"四个全面"战略布局全过程。要建立健全党对重大工作的领导体制机制，在中央政治局及其常委会领导下，优化党中央决策议事协调机构，负责重大工作的顶层设计、总体布局、统筹协调、整体推进。其他方面的议事协调机构要同党中央决策议事协调机构的设立调整相衔接，保证令行禁止和工作高效。要强化党的组织在同级组织中的领导地位，在国家机关、事业单位、群团组织、社会组织、企业和其他组织中设立的党委（党组），接受批准其成立的党委的统一领导，定期汇报工作，确保党的方针政策和决策部署在同级组织中得到贯彻落实，加快在新型经济组织和社会组织中建立健全党的组织机构，做到党的工作进展到哪里，党的组织就覆盖到哪里。

深化党和国家机构改革。深化党和国家机构改革是提高党的执政能力和领导水平的必然要求，是推进国家治理体系和治理能力现代化的一场深刻变革。坚持和加强党的全面领导，必须深化党和国家机构改革，努力从机构职能上解决党对一切工作领导的体制机制问题，解决党长期执政条件下党政军群的机构职能关系问题，把党的领导贯彻落实到党和国家机关履行职责的各方面各环节。要构建系统完备、科学规范、运行高效的党和国家机构职能体系，形成总揽全局、协调各方的党的领导体系，职责明确、依法行政的政府治理体系，中国特色、世界一流的武装力量体系，联系广泛、服务群众的群团工作体系，推动人大、政府、政协、监察机关、审判机关、检察机关、人民团体、企事业单位、社会组织等在党的统一领导下协调行动、增强合力，更好地适应新时代中国特色社会主义发展要求。

坚持完善严格执行民主集中制的具体制度。我们党实行的民主集中制，是民主基础上的集中和集中指导下的民主相结合的制度，既要充分发扬民主，又要善于集中。一方面，党的重大决策都要严格按照程序办事，充分发扬民主，广泛听取意见和建议，做到科学决策、民主决策、依法决策。另一方面，在充分发扬民主的基础上，要有正确的集中，党中央从全局出发、集中各方面智慧做出的决定，各地方、各部门要坚决贯彻执行。各地方、各部门要充分发挥积极性、主动性、创造性，但不允许自行其是、各自为政，不允许有令不行、有禁不止，不允许搞上有政策、下有对策。民主集中制是我们党和国家的根本组织制度和领导制度。它规范着我们党与国家权力机关、行政机关、监察机关、司法机关和人民团体的关系，规范着党员与党员、党员与组织、下级组织与上级组织、全党与中央的关系。坚持党对一切工作的领导，必须健全和认真落实民主集中制的各项具体制度，使上述各方面关系制度化、规范化、科学化。特别是要健全党领导国家权力机关、行政机关、监察机关、司法机关和人民团体的制度，健全各级党委（党组）的工作制度和行为规范，健全正确处理上下级党组织工作关系的具体制度，健全各级党委议事规则，把党章规定的基本原则具体化、制度化，保证全党在思想上、政治上和行动上的一致。

第三节　全面增强党的执政本领

中国共产党是世界上最大的执政党，面对新的形势新的挑战，要全面增强党的执政本领和应对风险的各种能力。

一是要增强不断学习的本领。学习是事业进步的阶梯。面对新时代新使命，必须在全党营造善于学习、勇于实践的浓厚氛围，建设马克思主义学习型政党，推动建设学习大国。要坚持用习近平新时代中国特色社会主义思想武装头脑、指导实践、推动工作，全面、系统、富有探索精神的学习，既把学到的知识运用于实践，又在实践中增长解决问题的新本领。

二是增强政治领导本领。我们党必须着力增强政治领导本领，不断提高把方向、谋大局、定政策、促改革的能力，提高保持政治定力、驾驭政治局面、防范政治风险的能力。要坚持战略思维、创新思维、辩证思维、法治思维、底线思维，科学制定和坚决执行党的路线方针政策，把党总揽全局、协调各方落到实处。

三是增强改革创新本领。各级党组织和广大党员要保持锐意进取的精神风貌，进一步解放思想、与时俱进，做到登高望远、居安思危，勇于变革、勇于创新、永不僵化、永不停滞；善于结合实际创造性推动工作，加强调查研究，坚持问题导向，精准施策发力，确保中央决策部署落地生根、开花结果；善于运用互联网技术和信息化手段开展工作，真正过好互联网这一关，不断提高信息化条件下党的执政能力和领导水平。

四是增强科学发展本领。要坚定不移贯彻创新、协调、绿色、开放、共享的发展理念，统筹推进"五位一体"总体布局，协调推进"四个全面"战略布局，不断增强我国经济创新力和竞争力，不断开创发展新局面。

五是增强依法执政本领。依法执政是新的历史条件下党执政的基本方式。要加快形成覆盖党的领导和党的建设各方面的党内法规制度体系，坚持依法治国与依规治党统筹推进、一体建设，坚持依法治国与依规治党有机统一，不断提升制度执行力。要加强和改善党对国家政权机关的领导，善于通过国家政权机关实施党对国家和社会的领导。

六是增强群众工作本领。要创新群众工作体制机制和方式方法，既要服务群众，又要带领群众坚定不移贯彻落实党的理论和路线方针政策，把党的主张变为群众的自觉行动，组织动员广大人民群众坚定不移跟党走。要加强和改进党对群团工作的领导，推动工会、共青团、妇联等群团组织建设，增强政治性、先进性、群众性，发挥联系群众的桥梁和纽带作用。

七是增强狠抓落实本领。要把党的十九大确定的宏伟蓝图变为现实，关键就是要狠抓落实。要坚持说实话、谋实事、出实招，把雷厉风行和久久为功有机结合起来，勇于攻坚克难，以钉钉子精神做实做细做好各项工作。

八是增强驾驭风险本领。当今世界国际力量对比发生新的变化，我国发展面临的国际环境更加严峻复杂。改革进入深水区，经济发展进入新常态，各种矛盾叠加，风险隐患集聚。这就要求我们健全各方面风险防控机制，善于处理各种复杂矛盾，勇于战胜前进道路上的各种艰难险阻，牢牢把握工作主动权。

坚持党对一切工作的领导，要着力提高党把方向、谋大局、定政策、促改革的能力和定力，善于处理各种复杂矛盾，勇于战胜各种艰难险阻，牢牢把握工作主动权，把党总揽全局、协调各方落到实处。

着力提高把方向的能力和定力。方向涉及根本、关系全局、决定长远。党的领导第一位就是举旗定向。把方向就是要高举中国特色社会主义伟大旗帜，坚持以习近平新时代中国特色社会主义思想为指导，以高度自觉推进社会革命和自我革命，坚持和发展中国特色社会主义，推进党的建设新的伟大工程，增强忧患意识、防范风险挑战。要进一步增强中国特色社会主义道路自信、理论自信、制度自信、文化自信，提高政治觉悟，保持战略定力，在大是大非面前旗帜鲜明，在大风大浪面前头脑清醒，始终坚定中国特色社会主义的正确方向。要进一步增强政治意识、大局意识、核心意识、看齐意识，坚持党中央权威和集中统一领导，坚定执行党的政治路线，严格遵守政治纪律和政治规矩，在政治立场、政治方向、政治原则、政治道路上同以习近平同志为核心的党中央保持高度一致。要增强敏锐性、提高协同性，有效发现处置改革发展中的苗头性、倾向性问题，做到未雨绸缪、防患于未然。

着力提高谋大局的能力和定力。谋大局，既体现了辩证唯物主义和历史唯物主义的思想方法和工作方法，也体现了中华优秀传统文化的思维方法。习近平总书记多次强调，不谋全局者不足谋一域，要善于观大势、谋大事，自觉在大局下想问题、做工作。要牢固树立大局意识，自觉把工作放到大局中去思考、定位、摆布，做到正确认识大局、自觉服从大局、坚决维护大局。要善于牵"牛鼻子"，抓住主要矛盾和矛盾的主要方面，落一子而全盘活，决不能眉毛胡子一把抓。要善于把局部利益放在全局利益中去把握，不能只见树木、不见森林；把眼前需要与长远谋划统一起来，不能急功近利、投机取巧；把解决具体问题与解决深层次问题结合起来，不能头痛医头、脚痛医脚。要始终胸怀大局、把握大势、着眼大事，有"登泰山而小天下"的气度，也有"功成不必在我"的胸襟，因势而谋、应势而动、顺势而为，不断增强工作的科学性、系统性、预见性。

着力提高制定政策的能力和定力。政策是体现执政党性质宗旨的试金石，是反映治国理政水平的标志。在推进经济社会发展中，要坚持以人民为中心，着眼解决人民日益增长的美好生活需要和不平衡不充分的发展之间的矛盾，抓住群众最关心最直接最现实的利益问题，制定切实管用的政策措施。要坚持实事求是，一切从实际出发，从群众中来到群众中去，广泛开展调查研究，具体问题具体分析，使政策决策、方案举措符合现实情况、反映客观规律、解决实际问题。要紧紧抓住决策这个重中之重，加强对世情国情党情民情的分析研判，完善决策程序，增强法治意识，"拍脑袋"不行，"越底线"也不行，努力做到科学决策、民主决策、依法决策。

着力提高促改革的能力和定力。改革开放是决定当代中国命运的关键一招，也是实现"两个一百年"奋斗目标、实现中华民族伟大复兴的关键一招。当前，全面深化改革已经进入新的阶段，必须一鼓作气、坚定不移，敢于啃硬骨头、敢于涉险滩，进一步解放思想、进一步解放和发展社会生产力、进一步解放和增强社会活力。要大力弘扬改革创新和自我革命精神，推进思想再解放、改革再出发，在全面深化改革新起点上实现新突破。要着眼推进国家治理体系和治理能力现代化，适应我国经济已由高速增长阶段转向高质量发展阶段的基本特征，科学确定改革发展思路、制定改革发展措施，敢于担当、能为善为，在实践中开新局、闯新路。要鼓励基层创新，倡导敢闯敢试、敢为人先，加强对改革成功经验的深入挖掘、科学总结、宣传推广，推动形成更加浓厚、更有活力的创新创造氛围，凝聚起坚定不移推进改革开放的强大力量。

坚持党对一切工作的领导，必须充分调动广大党员干部的积极性、主动性、创造性。广大党员干部工作在第一线，是推进党的理论和路线方针政策贯彻落实的重要力量，是党的事业的骨干。不能充分调动广大党员干部的积极性、主动性和创造性，不能着力增强他们的责任感和提升他们的执行力，再好的政策措施也会落空。广大党员干部要自觉增强改革创新精神，增强主动担当、积极作为的勇气，充分发挥模范带头作用。要旗帜鲜明地为那些敢于担当、踏实做事、不谋私利的干部撑腰鼓劲，形成有利于党员干部奋发有为的社会环境，激励他们更好地带领群众干事创业。

第四节　勇于自我革命，全面从严治党

勇于自我革命，从严管党治党，是我们党最鲜明的品格。中国共产党是马克思主义政党，以马克思主义为指导，是代表最广大人民根本利益的无产阶级政党，能够彻底地从人民立场出发检视自己，始终"为人民的利益坚持好的，为人民的利益改正错的"，因而具有区别于其他政党的彻底的、大无畏的自我革命精神。百年来，我们党能够从最初的 50 多名党员发展到今天的 9800 多万名党员（截至 2022 年 12 月 31 日），战胜一个又一个困难，取得一个又一个胜利，关键在于始终坚持党要管党、全面从严治党不放松，在推动社会革命的同时进行彻底的自我革命。尤其是党的十八大以来，以习近平同志为核心的党中央把全面从严治党纳入"四个全面"战略布局，以永远在路上的清醒和坚定，以前所未有的勇气和定力推进全面从严治党、正风肃纪反腐，打出了一套自我革命的"组合拳"，不断清除一切损害党的先进性和纯洁性的因素，不断清除一切侵蚀党的健康肌体的病毒。全面从严治党取得了历史性、开创性成就，产生了全方位、深层次的影响，党的自我净化、自我完善、自我革新、自我提高能力显著增强，党在革命性锻造中更加坚强有力、更加充满活力，在政治建设、反腐倡廉、正风肃纪及党的自我革命制度规范体系建设等方面成效显著。

习近平总书记指出，中国共产党能够带领人民进行伟大的社会革命，也能够进行伟大的自我革命。①办好中国的事情，关键在党。党的十八大以来，以习近平同志为核心的党中央，以坚定的决心、顽强的意志、空前的力度推进全面从严治党，推动党和国家事业发生历史性变革、取得历史性成就，对党、对国家、对民族都产生了不可估量的深远影响。党的十九大站在新的历史起点上，号召全党必须毫不动摇坚持和完善党的领导，毫不动摇把党建设得更加坚强有力。

第一，勇于自我革命，从严管党治党，是我们党最鲜明的品格，也是我们党最大的优势。要把新时代坚持和发展中国特色社会主义这场伟大社会革命进行好，我们党必须勇于进行自我革命。

我们党之所以有自我革命的勇气，是因为我们党始终不忘初心、牢记使命，

---

① 习近平：新时代要有新气象更要有新作为 中国人民生活一定会一年更比一年好［N］.人民日报，2017-10-26（02）.

坚持为中国人民谋幸福、为中华民族谋复兴。除了国家、民族、人民的利益，我们党没有任何自己的特殊利益。不谋私利才能谋根本、谋大利，才有资格、有底气敢于直面问题、勇于自我革命。在领导中国革命、建设、改革近一个世纪的奋斗历程中，我们党为什么能够在现代中国各种政治力量的反复较量中脱颖而出？为什么能够始终走在时代前列、成为中国人民和中华民族的主心骨？根本原因在于我们党始终保持了自我革命精神，一次次拿起手术刀革除自身的病症，一次次依靠自身力量和与群众结合的力量解决自身问题，攻克了一个又一个看似不可攻克的难关。习近平总书记指出，"中国共产党的伟大不在于不犯错误，而在于从不讳疾忌医，敢于直面问题，勇于自我革命"①。实践证明，我们党每一次自我革命，都不是简单的自我修复，而是从里到外的深刻改造、深度重塑，使我们党能够一次次转危为安、化危为机，不断由小到大、由弱变强，带领中国人民从胜利走向更大的胜利。

中国特色社会主义进入新时代，党的建设面临艰巨任务。一方面，决胜全面建成小康社会、实现中华民族伟大复兴，对我们党提出了前所未有的新挑战和新要求。另一方面，影响党的先进性、弱化党的纯洁性的各种因素具有很强的危险性和破坏性，党面临的执政考验、改革开放考验、市场经济考验、外部环境考验是长期的、复杂的，面临的精神懈怠危险、能力不足危险、脱离群众危险、消极腐败危险是尖锐的、严峻的。习近平总书记指出，我们党要担负起新时代的历史使命，始终成为时代先锋、民族脊梁，始终成为马克思主义执政党，自身必须始终过硬。怎样才算过硬？就是要敢于进行自我革命，敢于刀刃向内，敢于刮骨疗伤，敢于壮士断腕。我们党只有勇于直面问题，消除一切损害党的先进性和纯洁性的因素，清除一切侵蚀党健康肌体的病毒，不断增强党自我净化、自我完善、自我革新、自我提高的能力，才能确保党拥有旺盛的生命力和强大的战斗力，为党和国家事业发展提供坚强的政治保证。

勇于自我革命、全面从严治党，是党的建设的一贯要求和根本方针。党的十九大明确提出了新时代党的建设总要求，强调要坚持和加强党的全面领导，坚持党要管党、全面从严治党，以加强党的长期执政能力建设、先进性和纯洁性建设为主线，以党的政治建设为统领，以坚定理想信念宗旨为根基，以调动全党积极性、主动性、创造性为着力点，全面推进党的政治建设、思想建设、组织建设、作风建设、纪律建设，把制度建设贯穿其中，深入推进反腐败斗争，不断提高党的建设质量，把党建设成为始终走在时代前列、人民衷心拥护、勇

---

① 习近平. 习近平著作选读：第一卷［M］. 北京：人民出版社，2023：592.

于自我革命、经得起各种风浪考验、朝气蓬勃的马克思主义执政党。新时代党的建设总要求，对推进党的建设新的伟大工程做出了顶层设计和战略部署，进一步丰富发展了马克思主义的建党学说，标志着我们党对执政党建设规律的认识达到新的高度，为新时代推进党的建设新的伟大工程，继续推进党的自我革命指明了前进路径和努力方向。

第二，党的政治建设是党的根本性建设，决定党的建设方向和效果。党的十九大把党的政治建设纳入党的建设总体布局并摆在首位，明确了政治建设在新时代党的建设中的战略定位，抓住了全面从严治党的根本性问题。

我们党作为马克思主义执政党，讲政治是一以贯之的要求。习近平总书记反复强调，讲政治是我们党补钙壮骨、强身健体的根本保证，是我们党培养自我革命勇气、增强自我净化能力、提高排毒杀菌政治免疫力的根本途径。实践证明，我们党之所以能够始终保持团结和集中统一，始终保持进取精神和强大力量，历经磨难而不衰、千锤百炼更坚强，同我们党始终注重讲政治是密不可分的。进入新时代，面对错综复杂的国际形势和艰巨繁重的改革发展任务，只有旗帜鲜明地加强党的政治建设，才能保证党的政治方向对头、政治原则坚定、政治路线正确，才能统一全党意志、凝聚全党力量，为实现党的纲领和目标而共同奋斗。

加强党的政治建设，首要任务就是保证全党服从中央，坚决维护党中央的权威和集中统一领导。牢固树立"四个意识"，坚定执行党的政治路线，严格遵守政治纪律和政治规矩，在政治立场、政治方向、政治原则、政治道路上同以习近平同志为核心的党中央保持高度一致。党的任何组织和成员，无论处在哪个领域、哪个层级、哪个单位，都要维护党中央权威和集中统一领导；凡属部门和地方职权范围内的工作部署，都要以坚决贯彻党中央决策部署为前提，做到令行禁止，决不允许背着党中央另搞一套。

加强党的政治建设，要严肃党内政治生活。尊崇党章，严格执行党章关于党内政治生活的各项规定，敢于坚持原则，勇于开展批评和自我批评，带头弘扬正气、抵制歪风邪气。严格执行新形势下党内政治生活若干准则，增强党内政治生活的政治性、时代性、原则性、战斗性，自觉抵制商品交换原则对党内生活的侵蚀，营造风清气正的良好政治生态。完善和落实民主集中制的各项制度，坚持民主基础上的集中和集中指导下的民主相结合，既充分发扬民主，又善于集中统一。注重加强党内政治文化建设，弘扬忠诚老实、公道正派、实事求是、清正廉洁等价值观，坚决防止和反对个人主义、分散主义、自由主义、本位主义、好人主义，坚决防止和反对宗派主义、圈子文化、码头文化，坚决反对搞两面派、做两面人。

加强党的政治建设，要求全党同志特别是高级干部必须不断提高政治能力。政治能力，就是把握方向、把握大势、把握全局的能力，就是保持政治定力、驾驭政治局面、防范政治风险的能力。在领导干部的所有能力中，政治能力是第一位的，起着领头和总管的作用。全党同志特别是高级干部必须牢固树立政治理想，提高政治觉悟，加强政治历练，把政治能力训练贯穿党性锻炼全过程，努力做到信念过硬、政治过硬、责任过硬、能力过硬、作风过硬，使自己的政治能力与担当的领导职责相匹配，确保党的事业始终沿着正确的政治方向胜利前进。

第三，思想建设是党的基础性建设，坚定理想信念是党的思想建设的首要任务。革命理想高于天。共产主义远大理想和中国特色社会主义共同理想，是中国共产党人的精神支柱和政治灵魂，也是保持党的团结统一的思想基础。加强党的思想建设，必须坚定党员干部的理想信念。

坚定理想信念，坚守共产党人精神追求，始终是共产党人安身立命的根本。理想信念是共产党人精神上的"钙"，理想信念坚定，骨头就硬，没有理想信念，理想信念不坚定，精神上就会"缺钙"，就会得"软骨病"，就会在风雨面前东摇西摆。近百年来，共产主义远大理想激励了一代又一代共产党人英勇奋斗，成千上万的共产党人为了这个理想献出了宝贵生命。历史和实践都充分证明，有了坚定的理想信念，站位才能高，眼界才能宽，心胸才能开阔，才能始终坚持正确的政治方向，在胜利和顺境时不骄傲不急躁，在困难和逆境时不消沉不动摇，经受住各种风险和困难的考验，自觉抵制各种腐朽思想的侵蚀，永葆共产党人政治本色。每一名在党旗下宣过誓的共产党员都必须铭记，为了理想信念，就应该去拼搏、去奋斗、去献出全部精力乃至生命。

崇高信仰、坚定信念不会自发产生。习近平总书记指出："要练就'金刚不坏之身'，必须用科学理论武装头脑，不断培植我们的精神家园。"① 认真学习马克思主义基本理论特别是习近平新时代中国特色社会主义思想，学会运用马克思主义立场观点方法观察和解决问题，把理想信念建立在对科学理论的理性认同上，建立在对历史规律的正确认识上。教育引导全党牢记党的宗旨，挺起共产党人的精神脊梁，解决好世界观、人生观、价值观这个"总开关"问题，自觉做共产主义远大理想和中国特色社会主义共同理想的坚定信仰者和忠实实

---

① 全国干部培训教材编审指导委员会组织．推动社会主义文化繁荣兴盛［M］．北京：人民出版社，党建读物出版社，2019：103．

践者。弘扬马克思主义学风，以县处级以上领导干部为重点，在全党开展"不忘初心、牢记使命"主题教育，不断筑牢理想信念，真正做到虔诚而执着、至信而深厚，让理想信念的明灯永远在心中闪亮，推动全党更加自觉地为实现新时代党的历史使命不懈奋斗。

第四，要坚持党管干部原则，坚持德才兼备、以德为先，坚持五湖四海、任人唯贤，坚持事业为上、公道正派，把好干部标准落到实处。我们党历来高度重视选贤任能，始终把选人用人作为关系党和人民事业的关键性、根本性问题来抓，目的就在于培养造就一支具有铁一般信仰、铁一般信念、铁一般纪律、铁一般担当的干部队伍。

坚持好干部标准。什么是好干部？习近平总书记鲜明提出"信念坚定、为民服务、勤政务实、敢于担当、清正廉洁"的新时代好干部标准，为选人用人树起了时代标杆。信念坚定，就是要坚定共产主义远大理想，真诚信仰马克思主义，为新时代坚持和发展中国特色社会主义而奋斗，坚持党的基本理论、基本路线、基本方略不动摇。为民服务，就是要做人民公仆，忠诚于人民，始终要把人民放在心中最高的位置，始终全心全意为人民服务，始终为人民利益和幸福而努力工作。勤政务实，就是要勤勉敬业、求真务实、真抓实干、精益求精，创造出经得起实践、人民、历史检验的实绩。敢于担当，就是要坚持原则、认真负责，面对大是大非敢于亮剑，面对矛盾敢于迎难而上，面对危机敢于挺身而出，面对失误敢于承担责任，面对歪风邪气敢于坚决斗争。清正廉洁，就是要敬畏权力、管好权力、慎用权力，守住自己的政治生命，保持拒腐蚀、永不沾的政治本色。

坚持正确选人用人导向。用一贤人则群贤毕至，见贤思齐就蔚然成风。严格执行《党政领导干部选拔任用工作条例》，匡正选人用人风气，突出政治标准，培养选拔牢固树立"四个意识"和"四个自信"、坚决维护党中央权威、全面贯彻执行党的理论和路线方针政策、忠诚干净有担当的干部；培养选拔具有专业能力专业精神、适应新时代中国特色社会主义发展要求的干部；培养选拔在基层扎实历练、在"吃劲"岗位和艰苦地区经受磨炼、业绩突出的干部，优化干部成长路径，拓宽选人视野，统筹干部资源，把党和人民需要的好干部精心培养起来、及时发现出来、合理使用起来。强化党组织领导和把关作用，对政治上不合格的要"一票否决"，把廉洁作为底线要求，有问题的坚决不用；要着力破解"唯票取人""唯分取人""唯GDP取人""唯年龄取人"的问题，不搞"海推""海选"；坚决查处说情打招呼、跑官要官、买官卖官、拉票贿选等行为，以用人环境的风清气正促进政治生态的山清水秀。

坚持党管干部原则。党要管党，首先是管好干部。习近平总书记指出："我们党之所以坚强有力，党管干部原则是很重要的原因，要自觉坚持党管干部原则。"① 把从严管理干部贯彻落实到干部队伍建设全过程，坚持从严教育、从严管理、从严监督，让每一个干部都深刻懂得，当干部就必须付出更多辛劳、接受更严格的约束。坚持严管和厚爱结合、激励和约束并重，完善干部考核评价机制，建立激励机制和容错纠错机制，旗帜鲜明地为那些敢于担当、踏实做事、不谋私利的干部撑腰鼓劲，调动广大干部的积极性、主动性、创造性。坚持党管人才原则，聚天下英才而用之，加快建设人才强国。

加强基层组织建设。基础不牢，地动山摇。党的基层组织是确保党的路线方针政策和决策部署贯彻落实的基础。习近平总书记指出："上面千条线、下面一根针，必须夯实基层。要有千千万万优秀基层骨干，结合实际情况落实好各项工作。"② 针对一些基层党组织弱化、虚化、边缘化问题，切实在打基础、补短板上下功夫。着力增强党的意识、党员意识，持续整顿软弱涣散的基层党组织；着力抓好基层组织设置和活动方式创新，推动基层党建传统优势与信息技术深度融合，不断扩大基层党组织教育和管理的覆盖面；着力抓好党的组织生活制度落实，认真执行"三会一课"、组织生活会、谈心谈话等制度，严把发展党员政治关，稳妥有序开展不合格党员组织处置工作。以提升组织力为重点，突出政治功能，真正把基层党组织建设成为宣传党的主张、贯彻党的决定、领导基层治理、团结动员群众、推动改革发展的坚强战斗堡垒。

第五，党的作风就是党的形象，关系人心向背，关系党的生死存亡。我们党作为一个在中国长期执政的马克思主义政党，对作风问题任何时候都不能掉以轻心。

作风建设的核心问题是保持党同人民群众的血肉联系。全心全意为人民服务是党的根本宗旨，人民立场是党的根本政治立场。始终坚持人民立场，坚持人民主体地位，虚心向人民学习，倾听人民呼声，汲取人民智慧，把人民拥护不拥护、赞成不赞成、高兴不高兴、答应不答应作为衡量一切工作得失的根本标准，凡是群众反映强烈的问题都要严肃认真对待，凡是损害群众利益的行为都要坚决纠正。始终坚持走群众路线，增强群众观念和群众感情，锲而不舍落实中央八项规定精神，持之以恒正风肃纪，坚决反对形式主义、官僚主义、享乐主义和奢靡之风，让干部知敬畏、群众有信心，以优良党风凝聚党心民心。

---

① 习近平. 习近平著作选读：第二卷 ［M］. 北京：人民出版社，2023：288.
② 徐彬，孙成尧. 建设高素质基层党员干部队伍 ［EB/OL］. 光明日报，2018-04-17.

党的作风建设关键在于解决问题、务求实效。党的十八大以来，以习近平同志为核心的党中央把加强党的作风建设紧紧抓在手上，首先制定和落实中央八项规定，作为解决党的作风问题的切入口、动员令。党中央连续开展了党的群众路线教育实践活动，着力解决"四风"问题，取得了重大成果；开展了"三严三实"专题教育，对县处级以上领导干部在思想、作风、党性上进行了又一次集中"补钙"和"加油"；推进"两学一做"学习教育常态化制度化，进一步解决党员队伍在思想、组织、作风、纪律等方面存在的问题。党中央以踏石留印、抓铁有痕的劲头狠抓作风建设，推动党风政风为之一新，党心民心为之大振。

作风建设永远在路上，永远没有休止符。作风问题具有顽固性和反复性，形成优良作风不可能一劳永逸，克服不良作风也不可能一蹴而就。泰山半腰有一段平路叫"快活三里"，有经验的挑山工一般不在此久留，因为休息时间长了，腿就会发懒，再上"十八盘"就更困难了。作风建设同样如此，越到紧要关头越不能有丝毫松懈，不能有任何喘口气、歇歇脚的念头。作风建设是攻坚战、持久战，既要以滚石上山的劲头、爬坡过坎的勇气，深化整治、见底见效，又要坚持抓常、抓细、抓长，锲而不舍、持之以恒。坚持从领导干部抓起，带头转变作风，身体力行，以上率下，形成"头雁效应"。在"不忘初心、牢记使命"主题教育中，要力戒形式主义，以好的作风确保好的效果。自觉接受群众评议和社会监督，为作风建设提供长效保障。

第六，加强纪律建设是全面从严治党的治本之策。党的十九大把纪律建设纳入党的建设总体布局，在党章中充实完善了纪律建设相关内容，推动实现了党建理论、实践和制度的重大创新。

我们党是靠革命理想和铁的纪律组织起来的马克思主义政党，纪律严明是党的光荣传统和独特优势。习近平总书记强调："党要管党、从严治党，靠什么管，凭什么治？就要靠严明纪律。"① 我们党有 9800 多万名党员，在一个幅员辽阔、人口众多的发展中大国执政，如果没有铁的纪律，就没有党的团结统一，党的凝聚力和战斗力就会大大削弱，党的领导能力和执政能力就会大大削弱。只有把纪律挺在前面，坚持纪严于法、纪在法前，才能用纪律管住全体党员，激发出全党步调一致向前进的气势。

严明党的纪律，首先要严格遵守党章。党章是党的根本大法，是全党必须

---

① 中共中央文献研究室. 习近平关于全面从严治党论述摘编 [M]. 北京：中央文献出版社，2016：110.

遵循的总规矩。每一个共产党员都要牢固树立党章意识，自觉用党章规范自己的一言一行，在任何情况下都要做到政治信仰不变、政治立场不移、政治方向不偏。把学习党章作为必修课，自觉遵守党章、贯彻党章、维护党章，做认真学习党章、严格遵守党章的模范。加强对遵守党章、执行党章情况的督促检查，对党章意识不强、不按照党章规定办事的要及时提醒，对严重违反党章规定的行为要坚决纠正，全党共同维护党章的权威性和严肃性。

严明党的纪律，要增强纪律教育针对性。开展经常性纪律教育，把党章党规党纪作为党校、干部学院和党委（党组）理论学习中心组的必修课，增强教育实效性，让党员干部知敬畏、存戒惧、守底线，习惯在受监督和约束的环境中工作生活。发挥先进典型引领作用，让党员干部学有榜样、行有示范、赶有目标。提高警示教育的政治性，凡查结的党员领导干部违纪违法案件，都要在本地区本部门本单位开展警示教育，以案明纪、引为镜鉴，使铁的纪律转化为党员干部的日常习惯和自觉遵循。

严明党的纪律，要深化运用监督执纪"四种形态"。党的十九大把运用监督执纪"四种形态"写入党章，这是全面从严治党的重大举措。"禁微则易，救末者难。"坚持惩前毖后、治病救人方针，坚持严管和厚爱结合，在早发现上深化，把纪律挺在前面，提高发现违纪问题能力，抓早抓小、防微杜渐；在分类处置上深化，强化分析研究，提高精准把握执纪标准和运用政策能力，防止出现适用不当、尺度不准、畸轻畸重现象；在用好第一种形态上深化，下大功夫加强日常管理和监督，使批评教育成为常态，关口前移、防患于未然；在谈话函询上深化，被谈话函询的党员干部要在民主生活会上做出说明，发挥采信告知的教育激励作用和抽查核实的监督作用，防止敷衍塞责、欺骗组织，对边谈边犯、边询边犯的党员从严从重处理。强化日常监督执纪，做到真管真严、敢管敢严、长管长严，使纪律始终成为带电的高压线。

第七，推进全面从严治党，既要解决思想问题，也要解决制度问题。全面推进党的各项建设必须让思想建党和制度治党同向发力，把制度建设贯穿其中，加快形成覆盖党的领导和党的建设各方面的党内法规制度体系，全方位扎牢制度的笼子。

制度建设是全面从严治党的重要保障。习近平总书记指出："把权力关进制度的笼子里，首先要建好笼子。笼子太松了，或者笼子很好但门没关住，进出自由，那是起不了什么作用的。"① 党的十八大以来，以习近平同志为核心的党

---

① 习近平. 关于严明党的纪律和规矩论述摘编 [M]. 北京：中央文献出版社，2016：293.

中央坚持依法依规治党，一方面坚持党领导人民制定宪法法律、执行宪法法律，党自身必须在宪法和法律内活动，真正做到党领导立法、保证执法、支持司法、带头守法；另一方面与时俱进深化党的建设制度改革，注重党内法规同国家法律的衔接和协调，不断把管党治党创新成果固化为法规制度，先后组织制定修改90多部党内法规，管党治党的"螺栓"越拧越紧。我们党已初步形成了以党章为根本，以民主集中制为核心，以准则、条例等党内法规为主干的党内法规制度体系，做到前后衔接、左右联动、上下配套、系统集成，党内生活主要领域实现了有章可循、有规可依。

健全党和国家监督体系。习近平总书记指出，自我监督是世界性难题，是国家治理的"哥德巴赫猜想"。增强党的自我净化能力，根本靠强化党的自我监督和群众监督。要加强对权力运行的制约和监督，让人民监督权力，让权力在阳光下运行。党的执政地位决定了党内监督在党和国家各种监督形式中是最基本的、第一位的。要坚持党内监督没有禁区、没有例外，强化自上而下的组织监督，改进自下而上的民主监督，发挥同级相互监督作用，让日常管理监督与党员领导干部如影随形、不留空当。要深化政治巡视，坚持发现问题、形成震慑不动摇，建立巡视巡察上下联动的监督网，切实发挥监督"利剑"和巡视"千里眼"作用。要继续健全派驻机构领导体制和工作机制，实现中央和地方纪委向同级党和国家机关派驻纪检机构全覆盖，切实把制度优势转化为治理效能。要构建党统一指挥、全面覆盖、权威高效的监督体系，把党内监督同国家机关监督、民主监督、司法监督、群众监督、舆论监督贯通起来，增强监督合力。

完善我国监督体系，既要加强党内监督，又要加强国家监察。国家监察体制改革是事关全局的重大政治体制改革，是强化党和国家自我监督的重大决策部署。党的十九大对推进国家监察体制改革做出重要部署。十三届全国人大一次会议审议通过了《中华人民共和国监察法》，设立国家监察委员会。监察委员会与党的纪律检查机关合署办公，代表党和国家行使监督权和监察权，履行纪检、监察两项职责，加强对所有行使公权力的公职人员进行监督，从而在我们党和国家形成巡视、派驻、监察三个全覆盖的统一的权力监督格局，形成发现问题、纠正偏差、惩治腐败的有效机制，为实现党和国家长治久安走出了一条中国特色监察道路。

制度的生命力在于执行。贯彻执行法规制度关键在真抓，靠的是严管。加强党内法规制度建设，必须一手抓制定完善，一手抓贯彻执行，制度执行到人到事，坚决纠正随意变通、恶意规避、无视制度等现象。要坚持制度面前人人平等、制度执行没有特权，制度约束没有例外，坚决维护制度的严肃性和权威性，坚决纠正有令不行、有禁不止的行为，使制度成为硬约束而不是橡皮筋。对违规违纪、破坏法规制度踩"红线"、越"底线"、闯"雷区"的，要坚决严肃查处，不以权势大而破规，不以问题小而姑息，不以违者众而放任，不留"暗门"、不开"天窗"，坚决防止"破窗效应"，真正让铁规发力、让禁令生威，确保各项法规制度落地生根。

第八，党风廉政建设和反腐败斗争是一场输不起的斗争。人民群众最痛恨腐败现象，腐败是我们党面临的最大威胁。习近平总书记指出："党风廉政建设和反腐败斗争是一场输不起的斗争，不得罪成百上千的腐败分子，就要得罪十三亿人民。这是一笔再明白不过的政治账、人心向背的账！"① 党的十八大以来，我们党以零容忍的态度重拳反腐，坚定不移"打虎""拍蝇""猎狐"，不敢腐的目标初步实现，不能腐的笼子越扎越牢，不想腐的堤坝正在构筑，反腐败斗争压倒性态势已经形成并巩固发展。

同时要看到，当前滋生腐败的土壤依然存在，反腐败斗争形势依然严峻复杂，特别是政治问题和经济问题交织、区域性腐败和领域性腐败交织、用人腐败和用权腐败交织、"围猎"和甘于被"围猎"交织等问题依然突出，全面从严治党依然任重道远。反腐败斗争要持续保持高压态势，深化标本兼治，决不能半途而废、功亏一篑，必须坚定不移、精准有序、更有效地遏制增量、更有力地削减存量，推动反腐败斗争压倒性态势向压倒性胜利转化。

习近平指出，"我们党反腐败不是看人下菜的'势利店'，不是争权夺利的'纸牌屋'，也不是有头无尾的'烂尾楼'"②。"老虎"露头就要打，"苍蝇"乱飞更要拍。深入进行反腐败斗争，要坚持无禁区、全覆盖、零容忍，坚持重遏制、强高压、长震慑。推动全面从严治党向基层延伸，严厉整治发生在群众身边的腐败问题，把扫黑除恶同反腐败结合起来，既抓涉黑组织，也抓后面的"保护伞"。坚持国际追逃追赃不停步，加强反腐败综合执法国际协作，持续推进"天网行动"。通过深化改革和制度创新切断利益输送的链条，加强对权力运行的制约和监督，形成不敢腐、不能腐、不想腐的体制机制，保证干部清正、政府清廉、政治清明，赢来海晏河清、朗朗乾坤。

打铁必须自身硬，全面从严治党是我们党立下的军令状。习近平总书记指出，中国共产党是世界上最大的政党，大就要有大的样子。我们党要承担起新

---

① 习近平 . 在第十八届中央纪律检查委员会第六次全体会议上的讲话 [M]. 北京：人民出版社，2016：53.

② 习近平 . 坚持全面从严治党依规治党 创新体制机制强化党内监督 [EB/OL]. 人民网，2016-01-13.

时代坚持和发展中国特色社会主义的历史使命，确保党始终走在时代前列，始终成为领导核心，始终成为中国人民和中华民族的主心骨，就必须一以贯之、坚定不移把全面从严治党向纵深推进，不断提高党的执政能力和领导水平。只有全面增强执政本领，把我们党自身建设好、建设强，才能赢得主动、赢得优势、赢得未来，才能不负人民重托、无愧历史选择，团结带领全国人民在习近平新时代中国特色社会主义的伟大实践中，奋力实现"两个一百年"奋斗目标，实现中华民族伟大复兴的中国梦。

新时代新起点新征程，面对新问题新挑战新要求，需要我们秉持须臾不松懈的态度，发扬彻底的自我革命精神，以坚定的决心、顽强的意志、空前的力度深入推进全面从严治党。

新征程解决大党独有难题需要发扬彻底的自我革命精神。习近平总书记指出，我们党作为世界上最大的政党，大就要有大的样子，大也有大的难处。他在二十届中央纪委二次全会上指出，如何始终不忘初心、牢记使命，如何始终统一思想、统一意志、统一行动，如何始终具备强大的执政能力和领导水平，如何始终保持干事创业精神状态，如何始终能够及时发现和解决自身存在的问题，如何始终保持风清气正的政治生态，都是我们这个大党必须解决的独有难题。解决这些难题，是实现新时代新征程党的使命任务必须迈过的一道坎，是全面从严治党适应新形势新要求必须啃下的硬骨头。习近平总书记指出，"只有严管严治，才能保持大党应有的风范，解决大党独有的难题"①。我们党作为长期执政的马克思主义政党和世界上第一大政党，管党治党任务繁重，只有整体地而不是局部地、系统地而不是零碎地、持久地而不是短暂地、高标准地而不是一般化地全面从严治党，才能使我们党永葆先进性和纯洁性。这就要求我们必须发扬彻底的自我革命精神，将党的自我革命进行到底，深入推进全面从严治党。

新征程践行"三个务必"需要发扬彻底的自我革命精神。在全党全国各族人民迈上全面建设社会主义现代化国家新征程、向第二个百年奋斗目标进军的关键时刻，习近平总书记向全党同志发出"三个务必"的谆谆告诫，要求"全党同志务必不忘初心、牢记使命，务必谦虚谨慎、艰苦奋斗，务必敢于斗争、善于斗争"②。行进在新的赶考路上，一方面，世界百年未有之大变局与中华民

① 习近平. 习近平著作选读：第一卷 [M] 北京：人民出版社，2023：176.
② 习近平. 高举中国特色社会主义伟大旗帜 为全面建设社会主义现代化国家而团结奋斗——在中国共产党第二十次全国代表大会上的报告 [N]. 人民日报，2022-10-26 (01).

族伟大复兴战略全局相互激荡，党面临复杂的国际环境和形势，来自外部的打压遏制随时可能升级，随时要准备经受风高浪急甚至惊涛骇浪的重大考验；另一方面，各种弱化党的先进性、损害党的纯洁性的因素无时不有，各种违背初心和使命、动摇党的根基的危险无处不在，"四大考验""四种危险"依然复杂严峻。这就要求我们党必须始终保持自我革命的清醒和自觉，发扬彻底的自我革命精神，践行"三个务必"，不断增强应对风险挑战的历史自信和历史主动。

新征程建设，长期执政的马克思主义政党需要发扬彻底的自我革命精神。习近平总书记指出："越是长期执政，越不能丢掉马克思主义政党的本色，越不能忘记党的初心使命，越不能丧失自我革命精神。"① 中国共产党长期执政的事实是历史和人民所造就的，是中国共产党以伟大的自我革命引领伟大社会革命的必然结果。如何跳出"其兴也勃焉，其亡也忽焉"的治乱兴衰历史周期率，确保党长期执政，经过一百余年的不懈奋斗特别是党的十八大以来新的实践，我们党又给出了第二个答案，这就是自我革命。新征程上，我们党面临的一个总体性的挑战和时代性课题，就是既要长期执掌政权，又要高效推进国家现代化建设。为此，必须发扬彻底的自我革命精神，敢于刀刃向内，勇于刮骨疗毒，臻于自我完善、锻造先进纯洁、长期执政的马克思主义执政党。

---

① 习近平：牢记初心使命，推进自我革命［EB/OL］. 求是网，2019-07-31.

参考文献

一、著作

［1］本书编写组．马克思主义基本原理概论［M］．北京：高等教育出版社，2021．

［2］邓小平文选：第1卷［M］．北京：人民出版社，1994．

［3］邓小平文选：第2卷［M］．北京：人民出版社，1994．

［4］邓小平文选：第3卷［M］．北京：人民出版社，1993．

［5］胡锦涛．在庆祝中国共产党成立90周年大会上的讲话［M］．北京：人民出版社，2011．

［6］胡锦涛文选：第2卷［M］．北京：人民出版社，2016．

［7］江泽民．论"三个代表"［M］．北京：中央文献出版社，2001．

［8］江泽民文选：第3卷［M］．北京：人民出版社，2006．

［9］毛泽东选集：第1卷［M］．北京：人民出版社，1991．

［10］毛泽东选集：第2卷［M］．北京：人民出版社，1991．

［11］毛泽东选集：第3卷［M］．北京：人民出版社，1991．

［12］毛泽东选集：第4卷［M］．北京：人民出版社，1991．

［13］习近平．习近平谈治国理政：第二卷［M］．北京：外文出版社，2017．

［14］习近平．习近平谈治国理政：第三卷［M］．北京：外文出版社，2020．

［15］习近平．习近平谈治国理政：第四卷［M］．北京：外文出版社，2022．

［16］习近平．习近平谈治国理政：第一卷［M］．北京：外文出版社，2014．

［17］习近平新时代中国特色社会主义思想三十讲［M］．北京：学习出版社，2018．

［18］习近平著作选读：第二卷［M］．北京：人民出版社，2023．

［19］习近平著作选读：第一卷［M］．北京：人民出版社，2023．

［20］中共中央马克思恩格斯列宁斯大林著作编译局．马克思恩格斯全集：

第 23 卷 [M]. 北京：人民出版社，1972.

[21] 中共中央马克思恩格斯列宁斯大林著作编译局. 马克思恩格斯全集：第 24 卷 [M]. 北京：人民出版社，1972.

[22] 中共中央马克思恩格斯列宁斯大林著作编译局. 马克思恩格斯选集：第 1 卷 [M]. 北京：人民出版社，1995.

[23] 中共中央马克思恩格斯列宁斯大林著作编译局. 马克思恩格斯选集：第 2 卷 [M]. 北京：人民出版社，1995.

[24] 中共中央马克思恩格斯列宁斯大林著作编译局. 马克思恩格斯选集：第 4 卷 [M]. 北京：人民出版社，1995.

[25] 中共中央文献研究室编. 十八大以来重要文献选编：上 [M]. 北京：中央文献出版社，2014.

[26] 中共中央文献研究室编. 十七大以来重要文献选编：上 [M]. 北京：中央文献出版社，2009.

二、期刊

习近平. 深入理解新发展理念 [J]. 求是，2019（10）.

三、报纸

[1] 习近平. 决胜全面建成小康社会　夺取新时代中国特色社会主义伟大胜利——在中国共产党第十九次全国代表大会上的报告 [N]. 人民日报，2017-10-18（1）.

[2] 习近平. 在庆祝改革开放 40 周年大会上的讲话 [N]. 人民日报，2018-12-18（1）.

[3] 习近平. 在纪念邓小平同志诞辰 110 周年座谈会上的讲话 [N]. 人民日报，2014-08-20（1）.

[4] 习近平. 在纪念马克思诞辰 200 周年大会上的讲话 [N]. 人民日报，2018-05-04（1）.

后　记

马克思主义深刻地改变了中国，中国极大地丰富和发展了马克思主义。马克思主义创立170多年来，虽然科学社会主义经历了从理论到实践、从一国到多国胜利的辉煌，也陷入过苏联解体、东欧剧变的低潮，但马克思主义没有过时，马克思、恩格斯关于资本主义社会基本矛盾的分析没有过时，关于资本主义必然消亡、社会主义和共产主义必然胜利的历史唯物主义观点也没有过时。马克思主义中国化时代化不断取得成功，使马克思主义以崭新形象展现在世界上，使世界范围内社会主义和资本主义两种意识形态、两种社会制度的历史演进及其较量发生了有利于社会主义的重大转变。历史充分证明，社会主义道路必将越走越宽广，共产主义必将从理想变为现实。

解放思想、实事求是、与时俱进既是马克思主义活的灵魂，也是马克思主义的理论品质。坚持马克思主义基本原理同中国具体实际相结合，同中华优秀传统文化相结合，不断推进马克思主义中国化时代化，以马克思主义指导中国实践，又以中国实践丰富和发展马克思主义。紧密联系马克思主义中国化时代化的理论创造和历史奋斗，对于把握和理解马克思主义基本原理，自觉以习近平新时代中国特色社会主义思想武装头脑、铸魂育人，实现思想政治理论课教、学目标，具有重大意义。

本书从构思到成稿3年有余，在3位作者的集体讨论、共同写作、反复修改之下终于顺利完成。感谢刘昱老师、李宁老师、董杨老师、何佳芮老师、章润兰老师等在本书写作过程中给予的帮助和支持。本书在写作过程中借鉴了学界的相关研究成果，在此特别鸣谢。感谢促成出版并付出辛勤劳动的编辑老师，感谢光明日报出版社的大力支持。

对于本书的错漏之处，恳请读者朋友批评指正。

作者

2023 年 10 月